国家林业和草原局普通高等教育"十四五"规划教材

# 农耕文化教育

张子睿　主编

中国林业出版社
China Forestry Publishing House

## 内 容 简 介

农耕文化是中华优秀传统文化的根基，应时、取宜、守则、和谐等理念深入人心，艰苦奋斗、勤俭持家、重义守信等品质融入血脉，滋养着中华民族的精神家园。在党和国家大力倡导劳动教育的背景下，学习农耕文化精髓，并发挥农林高校学生掌握现代农业知识的优势，开展农耕文化教育对新时代农耕文化发展具有重要意义。

本教材分为两篇，基础篇介绍农耕文化的基本概念、传统农业技术的系统性与演化性、中国古代农耕文明的文化衍生物，可以概括为农耕文化概说。教学篇围绕中小学涉农劳动教育教师培养这一主题展开，以介绍劳动教育与马克思主义农业思想为起点，逐一介绍农耕文化教育学习方法与社会属性、农耕文化教育从业者能力养成、农耕文化教育教师需要掌握的典型方法，为想成为中小学涉农劳动教育教师的农林高校学生补充教育领域的知识。本教材可以作为立志投身中小学涉农劳动教育大学生的教材，也可以作为对涉农劳动教育感兴趣的读者的自学读物。

图书在版编目（CIP）数据

农耕文化教育 / 张子睿主编. -- 北京：中国林业出版社，2025.1. --（国家林业和草原局普通高等教育"十四五"规划教材）. --ISBN 978-7-5219-2940-9

Ⅰ.F329

中国国家版本馆 CIP 数据核字第 20243SR387 号

责任编辑：曹 阳 曹潆文
责任校对：苏 梅
封面设计：睿思视界视觉设计

出版发行：中国林业出版社
　　　　　（100009，北京市西城区刘海胡同 7 号，电话 83223120）
电子邮箱：jiaocaipublic@163.com
网　址：https：//www.cfph.net
印　刷：北京中科印刷有限公司
版　次：2025 年 1 月第 1 版
印　次：2025 年 1 月第 1 次
开　本：787mm×1092mm 1/16
印　张：10.75
字　数：251 千字
定　价：42.00 元

# 编写人员

主　　编　张子睿
副 主 编　郭传真　史　伟
编写人员　（按姓氏拼音排序）
　　　　　郭传真（北京农学院）
　　　　　李　杨（北京市房山区良乡第二小学）
　　　　　刘翠竹（北京市大兴区安定镇中心幼儿园）
　　　　　史　伟（北京农学院）
　　　　　谭军华［哈尔滨工业大学（威海）］
　　　　　王万江（贵州医科大学）
　　　　　张子睿（北京农学院）

# 前　言

2018年9月10日，全国教育大会在北京召开，习近平总书记出席会议并发表重要讲话。习近平总书记指出："要在学生中弘扬劳动精神，教育引导学生崇尚劳动、尊重劳动，懂得劳动最光荣、劳动最崇高、劳动最伟大、劳动最美丽的道理，长大后能够辛勤劳动、诚实劳动、创造性劳动。"这一要求也向各级各类学校提出了科学构建劳动教育体系、切实加强劳动教育的时代命题。

农耕文化是中华优秀传统文化的根基，应时、取宜、守则、和谐等理念深入人心，艰苦奋斗、勤俭持家、重义守信等品质融入血脉，滋养着中华民族的精神家园。各地各民族的传统农事节庆是农耕文化传承、发展、提升的重要载体，具有很高的历史价值、文化价值、社会价值，是鲜活的实践教育资源。中国农民丰收节作为新时代党中央设立的重大节日，影响力、号召力、凝聚力不断增强，逐渐成为乡村振兴国家战略的文化符号，是青少年农耕文化教育的重要实践形式。依托中国农民丰收节，通过开展丰富多彩的主题教育活动，让青少年感知民俗、追寻历史、体验农事、崇尚自然，对于树立文化自信、厚植爱国情怀、提升品格修养、培养奋斗精神等具有重要意义。

2020年9月10日农业农村部办公厅、教育部办公厅联合发布了《关于开展中国农民丰收节农耕文化教育主题活动的通知》，文件提出的工作目标是："遵循青少年学龄特点和认知规律，统筹农耕文化教育教学资源，推动各地各校因地制宜组织开展主题教育活动，推动中国农民丰收节成为农耕文化教育的常态化实践载体，纳入各级党委政府丰收节庆工作重要内容。力争用3~5年时间，打造一批中国农民丰收节农耕文化实践教育基地，形成一批实践教育活动品牌。"上述目标为开展农耕文化教育指明了方向。

2021年10月，在吉林农业大学召开的全国新农科建设工作推进会，系统总结新农科建设的新进展、新成效，合力推动新农科建设再深化、再提高，为推进乡村全面振兴提质赋能。19日下午，时任教育部高等教育司司长的吴岩出席全国新农科建设工作推进会，并发表题为《高质量建设新农科，服务乡村全面振新》的主旨演讲。

吴岩同志在推进会上强调，答好农业农村现代化之卷、答好国家粮食安全之卷、答好生态文明建设之卷、答好世界发展贡献之卷，这是高等农林教育战线的初心和责任。教育部和各地各高校始终牢记习近平总书记嘱托，面向新农业、新乡村、新农民、新生态加快新农科建设，为农业农村现代化提供强有力的人才和科技支撑并指出新农科建设的十大举措，第一条便是："构建耕读课程教材体系，将耕读教育相关课程作为涉农专业学生必修课，编写中华农耕文明相关教材。"

农耕文化与劳动教育一直是我国教育的重要组成部分。进入新时代，劳动教育被赋予新的内涵，同时也面临着许多新的问题亟须解决，如何全面、系统地做好劳动教育工作则是重中之重。结合全面推进乡村振兴和乡村人才振兴战略，开展青少年农耕文化教育意义重大。

在北京京师同创教育咨询有限公司的支持下，作者团队深入研究了不同阶段学生开展涉农劳动和农耕文化教育的需求。在此基础上，提出了本教材的编写思路。本教材分为两篇，基础篇主要介绍农耕文化基本问题、传统农业技术的系统性与演化性、中国古代农耕文明的文化衍生物 3 方面的内容；教学篇主要介绍劳动教育与马克思主义农业思想、农耕文化教育学习方法与社会属性、农耕文化教育从业者能力养成，以及基于系统论思想的农耕文化教育思路。

本教材可以作为中等职业学校和高等院校大学生开展涉"三农"领域劳动教育的教材，也可以作为参与涉农劳动与农耕文化教育基础教育教师的培训教材和自学读本，还可以作为对此领域感兴趣的朋友的阅读读本。

由于作者水平有限，书中不当之处亦在所难免。恳请领导、专家、教师同行以及阅读本书的朋友们批评指正！

编　者

2023 年 12 月

# 目 录

前 言

## 基础篇

第一章　农耕文化基本概念 ········································································· 2
第二章　传统农业技术的系统性与演化性 ··················································· 16
　第一节　系统性及其在农业活动中的表现 ··············································· 16
　第二节　技术演化规律及其在传统农业技术中演进的表现 ······················· 26
第三章　中国古代农耕文明的文化衍生物 ··················································· 37
　第一节　中国古代农耕文明培育的传统饮食文化 ···································· 37
　第二节　中国古代农耕文明孕育的传统民俗文化 ···································· 47
　第三节　中国古代农耕孕育的汉字与民间艺术文化遗产 ························· 56
　第四节　中国农耕时代孕育的传统对联与灯谜文化 ································ 64

## 教学篇

第四章　劳动教育与马克思主义农业思想 ··················································· 84
　第一节　劳动及劳动的意义 ···································································· 84
　第二节　劳动的特征、属性和价值 ·························································· 86
　第三节　不同阶段人类劳动地位 ····························································· 87
　第四节　马克思主义典型农业思想概述 ·················································· 90
第五章　农耕文化教育学习方法与社会属性 ················································ 93
　第一节　农耕文化教育中的学习方法 ····················································· 93
　第二节　农耕文化教育的社会属性 ························································· 101
第六章　农耕文化教育从业者能力养成 ······················································· 104
　第一节　提升科技素养、创新能力与工匠精神的价值 ····························· 104
　第二节　农耕文化教育从业者提出问题和解决问题能力 ························· 110
　第三节　青少年农耕文化教育从业者文化素养及表达能力 ····················· 116

**第七章 农耕文化教育需要掌握的典型方法** ·············································· 121
    第一节 农耕文化教育需要掌握的逻辑方法 ·············································· 121
    第二节 农耕文化教育需要掌握的创新及教学方法 ······································ 129
    第三节 农耕文化教育与"五育"系统结合 ·············································· 148
**参考文献** ······································································································ 160

# 基础篇

# 第一章 农耕文化基本概念

农业的发展，是人类发展的基础，同时也引发了一些令人不安的、涉及广泛的社会问题。要做好农耕文化与涉农劳动教育工作，就需要理解农业的内涵，并了解其发展历程和规律。理解农耕文化，就要从了解农业及其发展历程与规律出发，去探索农耕文化教育方向与中国农耕文化核心思想。

## 一、农业的定义

在农业的发展历程中，农业产业的具体功能不断分化和细化，人类对农业的认识也不断深入。中国古代对农业的认识为"辟土殖谷曰农"，西方农业（agriculture）一词来源于拉丁语 agricultura，agri 的意思是田地，cultura 是指栽培、耕作。但是，关于农业概念外延之争，古而有之。最早关于这个问题的论争可以从瓦罗在《论农业》中的叙述见到："和农业有关的是只有土地的播种呢，还是要牵连到土地上带来的诸如牛羊等这样一些东西。"瓦罗进一步分析："因为一个所有主从他的土地直接或间接取得的一切受益，不能一律归之于农业，只有那些在播种之后，从土地里生长出来，以供人们消费的东西，才可以归之于农业。"由此不难发现，古代农业的重点是种植业。

查阅古今中外文献，可以找到关于农业重要地位的论述。《尚书》中说"食为政首"，《国语·周语》中说"夫民之大事在农"，《劝农诏》中说"国以民为本，民以食为天"，《王祯农书》中提到"农，天下之大命也……古先圣哲敬民事也，首重农"。毛泽东也说过："手中有粮，心中不慌。"古希腊思想家色诺芬十分重视农业的社会地位，认为农业是其他技艺的母亲和保姆，是增加财富、维持军队开支和缴纳贡物的手段，是锻炼身体、培养技艺和造就人的手段。亚当·斯密则认为，农业提供国民经济中每年全部生产物的一部分，为都市和工业提供原料与生活资料，为工业提供制成品的市场。

在农业产生之前，人类主要依靠简单的采集、狩猎等方式生存，利用来自大自然的生物作为食品来源。由于没有剩余食品，此时人类社会发展缓慢。只有当人类生存所需的食品得到基本满足之后，人类才能不断进步。正如马克思所论述的："最文明的民族也同最不发达的未开化民族一样，必须先保证自己有食物，然后才能去照顾其他事情。财富的增长和文明的进步，通常都与生产食品所需要的劳动和费用的减少成相等的比例。"

以种植业和养殖业为主要形式的农业生产的出现，为人类发展提供了关键条件。农业生产力和劳动生产率的不断提高，使人类生存所需的食物不断增多。剩余产品的增多，使得一部分劳动力可以从农业中分离出来，其他产业和经济形式逐步出现，人类开始从事其他生产和文化、政治活动。马克思认为，"在一个国家里，剩余劳动首先必须在农业中出现，然后才有可能再从农业取得原料的那些工业部门中出现""农业劳动的这种自然生产率，是一切剩余劳动的基础，因为一切劳动首先而且最初是以占有和生产食物为目的的"。

# 第一章 农耕文化基本概念

1989年版《辞海》中对"农业"一词的解释为:"利用植物和动物的生活机能,通过人工培育以取得农产品的社会生产部门。"农业的产生并不是人类"突如其来的灵感",而是人类长期改造自然的结果,在自身进化的过程中,形成人类社会与自然的关系,是改造、协调、妥协的结果。旧石器时期,农业尚未产生,制造石器和利用火可以提高人类采集植物和捕猎动物的效率,丰富人类食物来源。然而,在早期的采集、捕猎活动中,人们无法控制所需的食物的生长和再生产,只能靠自己的体力和耐力在自然环境中猎取所需产品。因此,刀耕火种成为农业的表现形式。日本技术哲学家星野芳郎认为:"为了支配自然,人类领悟或认识自然规律,并把它们在实践中加以利用,这就是技术的本质。"随着时间的推移,人类关于植物、动物的知识和实践经验越来越丰富,植物、动物生长特性及其与环境关系的经验逐步成为技术知识的基础。于是,以畜力或风力等来自自然的动力驱动,使用石、木、铁为材质等简单工具,对土地进行简单的物理形状的改变,对动植物进行驯养而不改变其本质的农业形态,农民播种以后,基本上需要靠自然规律等待作物成熟。

马克思指出:"经济的再生产过程,不管它特殊的社会性质如何,在这个部门(农业)内,总是同一个自然的再生产过程交织在一起。"所以,农业是人与自然、社会与自然全面融合的产物。在具体的生产实践中表现为如下几方面。

首先,农业实现了自然再生产与经济再生产的有机结合。农业的生产劳动实践对象是动植物,动植物的生长、繁殖都需要遵循自然规律,并受到所处环境的影响。农业劳动实践过程可以直接干预植物的生长、动物的繁殖过程,通过改变动植物生长、繁殖的环境条件,可以获得人类所需的食品,及其他物质产品。由于农业是利用动植物生长发育进行生产实践的,因此就需要在遵守自然规律的基础上进行再生产。绿色植物利用太阳能,把无机物转变为有机物,获得种植领域产品。以植物为原料,通过人工饲养活动,将动物培育成畜禽产品,同时将动物排泄废物经微生物进行分解,作为肥料投入到种植生产,这样种植养殖就成为一个循环系统。

农业的经济再生产主要通过农业领域生产者,借助农业生产劳动工具,投入一些资金和农资,以相对较少的劳动消耗,利用动植物的生命活动规律进行生产实践活动,最终尽可能多地生产出人类生活所需要农产品的过程,这个过程可以不断重复和更新。农业领域生产者生产的农产品可以用于自身消费,也可以成为新的农业生产过程的生产资料(如种植出的饲料),还可以成为商品,进入交换和流通环节,以帮助农业领域生产者获得自身所需的其他消费和生产资料。

其次,农业生产的主要方式是对动植物的生命过程进行干预,以达到生产目标的活动。农业生产要遵循自然规律,不等于人类无所作为。为了提高农产品的数量和质量,农业领域生产者必须对动植物的生命过程进行人为干预,对有利于农产品生产的因素加以促进,对不利于农产品生产的因素加以抑制。

农业种植业需要遵循植物在自然环境中获得二氧化碳、水和矿物质,在太阳光的作用下进行光合作用这一基本规律。但是可以通过人工手段,增加水和矿物质,调节温度和湿度以实现生产目标。农业养殖业需要遵循动物的生长发育规律,以获得肉、蛋、奶、毛、皮、骨等动物性产品。由于动物既不能直接从太阳能中吸取能量,也不能直接把无机物合成蛋白质、脂肪、碳水化合物和维生素等有机物,人类就需要把农业种植业所生产的根、茎、叶、果实作为农业养殖业所需饲料，开展生产活动，获得食品和工业生产原材料。

最后，农业生产涉及的劳动手段也会改变自然环境。马克思指出："劳动资料是劳动者置于自己和劳动对象之间，用来把自己的活动传导到劳动对象上去的物或物的综合体。劳动者利用物的机械的、物理的和化学的属性，以便把这些物当作发挥力量的手段，依照自己的目的作用于其他的物。"农业生产的劳动手段主要包括劳动组织形式、劳动工具、肥料、种植和养殖方法等。这些劳动手段对自然环境的改变主要表现为两类情况：一是为动植物的生长发育创造最适宜的条件，从而改造和控制动植物生存的农业环境；二是为培育高产、优质、抗逆、低耗的农业新品种，实现动植物适应环境的目标。随着科学技术的进步，农业科技技术手段已经涉及细胞、分子、基因等因素，在空间上也深入动物、植物、微生物、土壤、水、太空等人类能力所及的领域。

人类科学技术的进步和社会的发展，必然导致不同产业门类综合发展，商品化、多元化、集约化、信息化和可持续化的发展理念也融入现代农业之中。高新技术与农业生产有机结合，丰富了农业生产的形式。同时，农业生产与其产前、产后工商化，对农业经营、管理、科研、教育都提出了崭新的要求。

虽然在不同的历史时期、不同的自然环境条件下，农业生产的表现形式存在着差异。但是，农业生产还是有一些可以归纳的特性。

首先，农业生产必须依赖自然环境才得以实现。恩格斯指出："对自然界的统治的规模，在工业中比在农业中大得多，直到今天，农业不但不能控制气候，还不得不受到气候的控制。"人类赖以生存、生活和生产所涉及的自然条件与自然资源被称为自然环境。农业生产与自然环境密切相连，自然环境也反过来影响农业生产过程。在农业生产中，人工选择和培育新品种的活动必须服从自然规律、适应自然环境。人类为了实现生产目标只能人工改造或创建局部小环境。农业生产涉及的自然环境因素包括空气、水、岩石、土壤、阳光、气温等，这些要素构成不同的自然环境，也使人类创造出不同的农业生产类型、品种、耕作制度和栽培管理技术。

农业生产必须依赖自然环境这一原则，主要体现为：农业生产必须充分考虑土地、自然生态环境和气候等因素。土地是农业劳动实践的场地，土壤、岩石、植被、气候、地貌、地质、水文等自然要素决定了土地的基本情况，这些基本要素也决定了农业生产涉及的物种及其生长发育的方式。即便是依托现代技术实现围海、围湖工程产生的土地，也要因地制宜，才能提高人类农业的生产质量。

农业生产的主要对象是按照人类的需要选育、培养，并经过生产实践验证，适宜当前自然环境生存的动植物。这些动植物受到同化和异化、遗传和变异、生长和发育等自然规律的制约。

其次，农业生产受到社会经济的影响。农业是社会大系统的有机组成部分，在国民经济中举足轻重。农业生产实践必须遵守社会经济、政治和文化规律，充分考虑人类对农产品的需要、政策导向、经济投入、市场容量与远近、价格因素、国民素质的高低和社会文化特征等因素的影响。同时，国家政府需要建立和完善一系列规章制度、规避农业生产风险，确保农业发展，保障国家稳定。人类对农业生产干预的原因是社会政治、经济、文化等方面的需要。在人类不同的历史发展阶段中，人类在农业生产系统中都扮演者生产者、改造者、设计者和破坏者等多重角色。社会制度、社会经济条件和人们的科学文化水平都可能会影响到农业生产实践的具体工作内容。

再次，农业生产受到季节性和地区性因素制约。农业生产涉及的动植物种类繁多，不同动植物品种的最佳生长发育时期是由季节时令所决定的，所以农业生产受到季节性影响。不仅如此，农业生产涉及的动植物种群分布在不同类型的生态区域中差异也很大，这些都是制约农业生产的地区性因素。

最后，农业生产者的劳动时间与农业生产涉及的动植物生长发育的时间存在差异。虽然农业生产涉及的动植物生长发育长达数月甚至数年，但是农业生产者并不需要在整个生长发育过程中持续劳动。农业生产者的劳动主要在动植物生长发育周期的某一阶段，也就是说农业生产者的劳动时间呈现出很强的季节性特点。生产季节中的劳动结束了，动植物按照自然规律生长发育，农业生产者的劳动则可以暂停。

## 二、农业发展的基本历程

要学习农业劳动、理解农耕文化，就需要了解农业发展的基本历程。虽然世界上不同区域、不同民族因为自然条件和社会条件等方面的差异，农业发展历程存在差异，但是根据农业科学技术和生产力水平区分，农业发展的基本历程可以分为原始农业、传统农业和现代农业3个基本时期。

在新石器时代，农业逐步从采集、狩猎方式，向以围绕水土肥美地域为中心的相对固定的生产区域开展生产实践活动转化，实现了人类直接从自然环境中获得现成食物，向根据人类意愿创造生产所需产品转化的过程。在底格里斯河和幼发拉底河流域、埃及的尼罗河流域、中国的黄河流域的考古发现都证明了这一点。

农业生产实践帮助人类实现了围绕农业生产区域定居，实现了人类聚落的逐步扩大，也标志着人类第一次革命性生产变革的实现。这次变革，为人类未来的社会分工、物质文明和精神文明的发展创造了条件。在父系氏族社会时代，人类通过种植和饲养活动所获得的生活、生产资料在人类需求中所占比重逐步加大，原始农业的形态开始形成，人类进入了农业社会时代。在这一时期，农业生产实践所使用的工具比较简陋，挖穴点种主要依靠石器和木器，种植农作物所需的肥料则主要依靠用火烧后的草木灰。原始农业主要包括播种和收获两个环节，完全靠自然植被的自我恢复实现土地营养平衡。这种粗放的生产方式，土地利用率很低，产量很少，仍然需要采集、狩猎等人类获取生活资料的方式来补充农业产量不足。

随着铁器和畜力成为农业生产实践的重要因素，人类从原始农业阶段逐步过渡到传统农业阶段。这个时期，农业生产实践以手工劳动为主，畜力、金属农具为辅助手段，形成粮食生产为主，并兼营副业的农业生产模式，从而逐步实现以满足生产者需要为价值取向的自给自足目标。舒尔茨认为传统农业是"完全以农民世代使用的各种生产要素为基础的农业""技术保持不变，持有和获得收入来源的偏好和动机状况保持不变，这两种状况保持不变的持续时间，足以使获得作为收入来源的农业要素的边际偏好和动机同作为一种对持久收入流投资的这些来源的边际生产力，以及接近于零的纯储蓄，达到一种均衡状态"。

畜力是传统农业的主要动力，铁、木制手工工具是传统农业时期劳动者的主要劳动工具。在传统农业时期，人类建立了以育种、施肥、耕作体系、灌溉制度、耕作方法为核心的农业耕作体系，形成了农牧结合、以农养牧、以牧促农、农牧两旺的良好农业生产体系，并形成了系统的农业管理思想和农耕文化。

在技术、文化和社会建设方面，传统农业呈现出如下特征。

首先，传统农业是以农业系统自身的物质、能量循环，不增加外部的物质、能量为表现形式的一种低水平循环利用的有机农业模式。因此，对环境的改变程度较低，增长速度较为缓慢。

其次，传统农业以家庭为主要生产实践单位，在家庭中可以实现种、管、收、营，甚至加工活动。家庭成为规模小、不分化、效率低的多种经营的综合生产载体。

再次，传统农业种植、养殖业相互联系、相互促进、相互结合，形成一个系统。正如瓦罗指出的："你怎能把牲畜和土地分开呢？因为对土地极其有用的粪，不就是由畜群供给的吗？"

最后，手工劳动是传统农业的主要形式，大量的劳动力投入，使传统农业成为一种劳动密集型产业。

随着以蒸汽动力为代表的工业革命的开始，人类社会逐步进入现代农业时期。在这个时期，农业科学成果迅速转化为农业技术，以机械、化学技术为代表的现代科学技术和工业成果迅速应用到农业领域，在提高农业生产水平的同时，也加速了农业产品的商品化。

现代农业的主要特征表现为以下几个方面。

第一，随着以自然科学为基础的现代农业技术体系的形成和推广，农业生产中大规模采用以现代科学技术为基础的生产工具和生产方法，使农业生产和经营的科学化程度空前提高。

第二，随着现代农业机械体系的形成和各种农机具的广泛应用，农业由畜力——改良农机具生产型转变为机械动力——现代机器生产型，农业及其相关产业成为石化能源最大的消耗部门之一。

第三，随着现代科技的推广和机械化的实行，农业生产的专业化程度越来越高，农业生产中的社会分工日益深化。

第四，随着商品经济的高度发展，形成了发达的农业市场经济。

第五，随着专业化和协作的发展，农业开始实行一体化经营和企业化管理。

第六，随着教育事业，特别是农业技术教育的深入发展，农民开始具有现代的文化、科技素质和经营管理知识。

第七，农村基础设施完备，特别是交通便利，为农业生产和农民生活提供了方便条件，城乡差别明显缩小。

当然，在农业现代化的问题上，也有很多学者提出了自己的看法。

黄国桢认为，要冲破产业的局限，在更广阔的视野内确定其农业现代化的内涵。农业现代化的内涵应该包含农村现代化和农民现代化。当今的农业现代化内涵应包含农业产业现代化、农业环境现代化和农业主体现代化三大块。农业产业现代化是作为物质生产部门的农业本身的现代化，主要涉及发展模式、结构布局、物质装备、技术手段、经营管理5个方面；农业环境现代化是农业产业外部社会环境的现代化，实质上是农村的现代化，主要涉及空间环境、经济环境、政治环境、文化环境；农业主体现代化是农业劳动者的现代化，即农民的现代化，它主要涉及价值观念、文化素质、生产技能和生活方式。

刘巽浩认为，农业现代化应摒弃那种"工业化""化学化"的发展模式。他强调4个方面的"现代化"：物质装备现代化，即用现代工业武装农业，因地制宜地实现机械化、水利化、化学化、电气化和通信网络化；技术现代化，即用现代科学技术武装农业，改变几千年靠老经验、老品种的传统做法，实现土地利用集约化、高产优质高效化、良种化、农民知识化；经营管理现代化，即用现代社会经济科学武装农业，将几千年以来封闭的自给型经济转变为开放式的商品经济；资源环境现代化，即用现代环境保护意识武装农业，力争在人口增加、经济发展与农业高产高效化的同时，不断改善资源环境状态，进而实现自然生态人控化、资源永续利用。4个方面的"现代化"是相互联系、缺一不可的。

阮正福认为，现代农业是生产技术的现代化、生产组织方式的现代化和生产过程的生态化、持续化。

综上，农业现代化的基本特征表现在以下几个方面。

第一，农业现代化意味着现代科学知识和现代大机器——化工技术体系在农业生产中的广泛应用。

第二，现代农业的基础是大机器生产的现代工业，因此农业现代化是现代工业技术在农业中的应用，不仅包括物化层面的工业技术，如机械化、化学化，还包括知识层面的工业技术，如现代科学方法、现代管理方法。

第三，农业现代化是农业生产结构的合理布局和生产组织的社会化。现代农业建设以农、林、牧各业紧密结合，并协调发展的生产结构，以商品经济代替自给自足的小农经济。农业生产组织进一步社会化、区域化，以实现经济、生态环境和社会生活的均衡和谐。

### 三、农业发展的基本规律

农业是人类创造的、受人的主观意愿和能动性支配的生产实践活动，所以，农业既要遵守人类社会的发展规律，又要遵循农业生产实践所涉及动植物及其生长环境的自然客观规律。因此，把握农业发展的总体规律十分必要。

农业发展的总体规律主要表现为如下几个方面。

首先，农业发展是一个从简单向复杂、从低级向高级的过程。人类社会早期农业的生产工具是木器、石器，人力是主要生产动力。随着时代的发展，生产工具逐步变成以铁器农具、大牲畜为主要驱动工具，同时风力、水力也得到了应用。到了现代社会，新材料不断涌现，自动化、半自动化机械的广泛应用，直接导致农业生产效率大幅度提高。同样，人类最初是通过刀耕火种、放火烧荒，在新开荒地上种植谷物，再生荒地的自然肥力丧失后，撂荒另垦荒地。随着耕作方式的进步，精耕细作成为主要生产模式。现代社会建立了结构复杂、社会组织化程度高的耕作制度，工业成果迅速转入农业，农工商产业融合，使农业在播种、施肥、改良土壤、种子储存、运输和销售服务等方面越来越规范。农业产业化不仅提高了劳动生产率，也实现了国民经济的快速发展。

其次，农业产业功能是一个不断丰富的过程。人类农业生产实践的最初目的是从根本上解决人类生存所需的部分食品来源。农业实践的主要功能是生产人类所需的食物。随着时代发展,农业还增加了为手工业提供生产原料的功能。现代农业不仅为人类提供食物,为工业等其他产业提供生产原料,而且传统农耕文化的传播与体验也成了农业的新功能。结合休闲产业发展农业的美育、观赏、陶冶情操等功能也通过农耕文化这一载体逐渐显现出来。

再次,从改造自然到与自然融合统一是农业发展的脉络。虽然农业发展的历史体现为对工具和环境的改造历程,但是人类对自然的改造也带来了环境问题。因此,以习近平总书记为代表的中国领导人更加关注绿色发展问题。2013年4月,习近平总书记在参加首都义务植树活动时发表谈话,指出:"森林是陆地生态系统的主体和重要资源,是人类生存发展的重要生态保障。不可想象,没有森林,地球和人类会是什么样子。全社会都要按照党的十八大提出的建设美丽中国的要求,切实增强生态意识,切实加强生态环境保护,把我国建设成为生态环境良好的国家。"

2013年5月24日上午,中共中央政治局,就大力推进生态文明建设进行第六次集体学习。习近平总书记在主持学习时强调,"生态环境保护是功在当代、利在千秋的事业""建设生态文明,关系人民福祉,关乎民族未来"。在提出上述观点后,习近平总书记进一步指出:"要正确处理好经济发展同生态环境保护的关系,牢固树立保护生态环境就是保护生产力、改善生态环境就是发展生产力的理念,更加自觉地推动绿色发展、循环发展、低碳发展,决不以牺牲环境为代价去换取一时的经济增长。国土是生态文明建设的空间载体。要按照人口资源环境相均衡、经济社会生态效益相统一的原则,整体谋划国土空间开发,科学布局生产空间、生活空间、生态空间,给自然留下更多修复空间。要坚定不移加快实施主体功能区战略,严格按照优化开发、重点开发、限制开发、禁止开发的主体功能定位,划定并严守生态红线,构建科学合理的城镇化推进格局、农业发展格局、生态安全格局,保障国家和区域生态安全,提高生态服务功能。要牢固树立生态红线的观念。在生态环境保护问题上,就是要不能越雷池一步,否则就应该受到惩罚。"

2013年7月19日至21日,生态文明国际论坛2013年年会在贵阳举行。中共中央总书记、国家主席习近平向论坛发来贺信,指出:"走向生态文明新时代,建设美丽中国,是实现中华民族伟大复兴的中国梦的重要内容。"在贺信中,习近平总书记进一步强调:"保护生态环境,应对气候变化,维护能源资源安全,是全球面临的共同挑战。中国将继续承担应尽的国际义务,同世界各国深入开展生态文明领域的交流合作,推动成果分享,携手共建生态良好的地球美好家园。"

因此,尊重自然、尊重客观规律,与自然和谐统一是农业发展的必然趋势和必然规律。

最后,基础自然科学理论、实验技术在农业生产实践中的作用越来越大。在人类社会早期,人类通过观察研究自然,人类对自然的原始观察记载、农作物育种和种植绿肥等经验知识是生产实践的主导。但是,建立在对自然现象和农业生物体生长发育进行直接观察基础的认识和改造自然的能力极为有限,甚至有些是不可靠的。随着自然科学理论的推动和实验方法的渗入,工业方法不断向农业提供生产手段,农业科学实验便逐步从生产实践中分化出来,成为一种独立的实践活动。恩格斯指出:"只有在这些关于统治着非生物界的运动形式的不同的知识部门达到高度发展以后，才能有效地阐明各种显示生命过程的运动进程。对这些运动进程的阐明，是随着力学、物理学和化学的进步而前进的。"借助于比较精密的实验手段，控制实验条件，就可以模拟农业生物与自然环境的联系，把复杂多变的自然和农业生产过程加以简化与缩小，把人类关心的某种属性和联系，以纯粹的状态呈现出来。这样经过多次反复实验、科学分析，就可以揭示出支配自然现象或生产实践的客观规律。精密实验使农业科学研究由定性化转为定量化，促进农业产业更加准确、科学、有效地发展。随着人类基础自然科学迅猛发展，数学、物理、化学、天文学、地质学、生物学等向农业中广泛渗透，使农业科学有了划时代的发展，农业的本质功能不断丰富和发展。不仅如此，随着时代的变迁、科学技术的进步，农业的生产技术也不断丰富，例如，当代中国在保留中国传统农耕生态耕作方式的同时，以现代科学研究成果引领的农业新技术也在不断出现。

## 四、以"三才"理念为核心的中国古代农耕文化思想回顾

开展青少年农耕文化教育，理解中国古代农耕文化思想十分重要。

生命伦理学者邱仁宗先生指出："农业属于第一产业。利用土地资源进行种植的活动部门是种植业；利用土地空间进行水产养殖的是水产业，又叫渔业；利用土地资源培育、采伐林木的部门是林业；利用土地资源培育或者直接利用草地发展畜牧的是牧业；对这些产品进行小规模加工或者制作的是副业；对这些景观或者所在地域资源进行开发、展出的是观光业，又称休闲农业。"因此，不难看出农业从古到今一直是一个相对比较庞大的系统。中国传统农业系统为世界留下很多宝贵农业知识与精神财富，具体地说，主要包括如下一些内容：首先，农业生产者结合农业生产中涉及的具体农业技术，提炼出的一些农业生产技术原理、原则；其次，服务农业生产，促进农业技术发挥作用的以农业土壤知识、农业气象知识和农业生物知识为代表的基础性农业知识；最后，指导农业生产、技术实施与发展的农业思想。随着时代的发展、学科融合，农业生产技术、基础性农业知识不断丰富。中国古代农耕时代的优秀农业文化思想流传至今，不仅具有历史价值，而且具有现实指导意义。

中华民族拥有悠久的农业历史，形成了别具一格的与中国传统农业密切相关的优秀文化思想。其中最早见于《周礼》的"三才"思想是中国古代农耕时代优秀农业文化思想的核心和总纲。"三才"指天、地、人或天道、地道、人道。中国古人认为，包罗万象的大千世界可以归结为天、地、人三大要素，而且可以把世间一切事物都放到"三才"这个框架中去考察。《周礼·地官·司徒》中这样描述："惟王建国，辨方正位，体国经野，设官分职，以为民极。乃立地官司徒，使帅其属而掌邦教，以佐王安扰邦国。"同时，正如唐代贾公彦在《周礼正义序》中所指出的："夫天育烝民，无主则乱；立君治乱，事资贤辅。但天皇地皇之日，无事安民。降自燧皇，方有臣矣。是以易通卦验云：'天地成位，君臣道生，君有五期，辅有三名。'"在中国古代的"三才"思想理论体系中，人不是自然的主宰者，而是自然的参与者，人努力实现与自然协调、和谐的关系，并不寻求与自然的对抗。

农业是在人的劳动干预下，以农作物、畜禽等的生长、发育、成熟、繁衍过程为基础的自然再生产过程，人的预定目标是这个自然再生产过程的方向。因此，古人认为，人是

农业生产的主体，农业生产离不开它周围的自然环境，更离不开作为农业生产主导者的人。农业生物、自然环境和人构成相互依存、相互制约的生态系统和经济系统，是农业的本质。从农业总体来分析，在人的主导下，农业技术措施可以分为两个方面：一方面，适应和改善农业生物生长的环境条件；另一方面，提高农业生物自身的生产能力。按照中国古代的"三才"思想，两个方面的农业技术措施被中国古代农业研究者和生产者分别用"天"和"地"两个范畴来概括。

《吕氏春秋》中有这样的论述："夫稼，为之者人也，生之者地也，养之者天也。"这里的"稼"是指农作物，也可以推而广之，理解为作为农业生产对象的农业生物。这里的"天"和"地"主要是指自然界的气候和土壤、地形等农业生产的环境因素。因此，这段论述揭示了农业生产中农作物（或农业生物）与自然环境和人类劳动之间的关系，也就是认为农业生产是稼、天、地、人诸因素组成的整体。

上述观点是中国古代"三才"理论首次出现在关于农业生产的表述中。从此，以天、地、人"三才"为主线的农业思想，成为《氾胜之书》《齐民要术》、陈旉《农书》、《王祯农书》、徐光启《农政全书》等中国古代农书立论的依据和思想出发点。从"三才"思想中演绎出很多"爱民""惠民"的农业思想和农业管理理念，比较有代表性的是时宜、土宜和物宜的"三宜"理念。

"三才"思想属于典型的整体系统思维，对传统农业有巨大的指导作用。农业是生产者以自然界生物生长、发育、成熟、繁衍规律为基础，通过人为调控方法来获得所需产品的过程。自然界的一切生物，首先受气候变化的影响，与气候的年周期节律保持一致。因此，在人类技术不十分发达、还不能左右气候变化的农耕文明时代，农业表现出十分明显的季节性。"三才"思想的"天"在古代农业生产中主要是指气候，由于一年四季气候变化表现为春、夏、秋、冬的时间顺序，因此，"三才"思想的"天"又被称"天时"或"时"。古人从农业生产的角度来研究"天时"，并把"天时"称作"农时"，对"天时"的认识和掌握就是"三才"思想中的"天"在农业生产领域的表现形式。《尚书》中的《洪范》篇，把"时"概括为雨、旸、燠、寒、风等5种气候因素，这5种气候因素对应着现代农业科技领域常用的降水量、日照、湿度、温度、气流等重要参数。这5种因素按合理的数量和一定次序消长，万物就能繁盛。反之，如果某种气候因素太过或者不及，农作物的生长就会受到影响。中国古人分析农业生产时，总是把"天时"作为第一要素进行论述。不违农时的"授时"观和阴阳八卦的"占候"观就是"三才"思想演绎出的"时宜"理念。

中国古代农耕文化思想表现为顺应天时、趋利避害。春秋战国时期诸子百家争鸣，在政治见解和学术观点上分歧严重。但是，在认识农业生产规律方面的理念却趋于一致，"不违农时""勿失农时""使民以时"等主张都是要求劳动者从事农业生产时要遵守自然界气候变化规律，进而要求政府在使用民力时也要注意这个客观规律，不要在农忙时节大兴土木、大兴兵甲，以保证广大农民有机会适时开展农业劳动生产活动，保护农业发展、维护国家稳定。在中国历史上，不违农时的"授时"观念被很多古代学者所推崇，这种思想首先体现在播种阶段要"适时"。《吕氏春秋·审时》比较了6种主要粮食作物种植"得时""先时"或"后时"的不同效果：数量相同的植株，"得时"的籽实多、产量高；数量相同的谷粒，"得时"的出米率高；数量相同的米粒，"得时"的吃起来香、耐饥、令人身强体壮、耳聪目明。《管子》中强调"稷"的播种必须在冬至后75天至100天内完成。《氾胜之书》把"趣（趋）时"作为耕作栽培第一条原则，并在书中对每种作物的播种适期进行了介绍。《齐民要术》进一步把各种作物的播期划分为"上时""中时"和"下时"。要获得农作物的丰收，就不能错过大自然的节候，春耕、夏耘、秋收、冬藏的时间规律是必须遵守的。正如徐光启先生指出的："四时各有其务，十二月各有其宜，先时而种，则失之太早而不生；后时而艺，则失之太晚而不成。故曰虽有智者，不能冬种而春收。"

能否准确把握"天时"，事关农业发展、国家稳定、人民生活。查阅中国历史典籍，发现从传说的黄帝、颛顼、尧舜时开始，历代国家领导者都把观察天象、制历授时作为施政的重要任务。

为了在没有温度计、湿度计、风向仪，不能直接测定气候变化，也没有及时预报的条件下，完成确定农时的这个艰巨的任务，中国远古的先民就从草、木、鸟、兽和冰、霜、雨、雪等方面的动态变化来感知气候变化的情况，并用获取的这些信息指导农业生产活动。这些来自大自然的信息，被称为"物候"。所谓"物候"是指自然界生物和非生物对节候的反应，主要表现为草木的荣枯、鸟兽的出没、冰雪的凝消等外在形式的信息。传说与黄帝同时代的东夷首领少昊氏曾经"以鸟名官"：负责确定春分、秋分的官职叫"玄鸟氏"，负责确定夏至、冬至的官职叫"伯赵氏"。这里的"玄鸟"指的是燕子，"伯赵"指的是伯劳鸟。燕子春分来、秋分去，被称为"玄鸟司分"；伯劳鸟夏至鸣、冬至止，被称为"伯赵司至"；青鸟立春鸣、立秋止，被称为"青鸟司开"（另一种表述方式为"青鸟司启"）；丹鸟立秋来，立冬去，被称为"丹鸟司闭"。这是中国远古时代用物候指时的主要表现形式。

随着时代的进步，中国古人已经有了比较精确的历法，但是物候作为指示农时的辅助手段被长久保存下来，并得到进一步发展。历史上，成书于春秋前、保留了夏代历法基本面目的《夏小正》，反映周代农事活动的《诗经·七月》篇，以及在后世的许多农书和农业文献中，都保存了大批物候指时的资料。后世历代流行的农谚，也有很多是讲物候指时的，比较典型的如山西谚语"榆钱黄、种麦忙"，陕西谚语"山黄石头黑，套犁种早麦"。当代中国南方一些保存原始农耕文化的少数民族，大都掌握一套以物候指示农时的经验，有的民族甚至还在使用以物候为标志的计时系统——物候历。

虽然，物候指时可以比较准确地反映气候的实际变化。但是，不同地区、不同地形物候差异很大，唐代诗人白居易作品《大林寺桃花》写道："人间四月芳菲尽，山寺桃花始盛开。长恨春归无觅处，不知转入此中来。"反映的就是这种现象。即使在同一地点，由于其他各种气候因素的复杂变化，同一物候在不同年份出现早晚也不尽相同。因此，以物候作为"计时制历"的标志缺乏确定性，适用范围较窄。这就需要寻找比较固定、适用范围更广的标志，选择其他方法为农业指时。中国古人在对瑰丽的星空进行长期观察之后逐渐发现，一些星星的出没时间和方位变化很有规律，并与气候的季节变迁有着密切的关联，如北斗星座。后来，天象指时逐步取代了物候指时的地位。中国远古时代就曾实行过"火历"，以"大火"星（即心宿二）在黄昏时出现为岁首，并按"大火"星在太空中的不同位置确定季节与农时。《尚书·尧典》中记载，中国古人曾经根据黄昏时出现于南方天空的鸟星、火星、虚星、昴星等恒星来划分不同季节。

依靠物候、星象来把握天时，虽然科学，但是不够精确，于是，中国古人设计了阴阳合历。阴阳合历最晚在商代就已经形成，以月亮圆缺的一个周期为一月，这就是所谓朔望月。这种历法的优点是标志清楚、便于计时，缺点是难以确切反映气候的季节变化。由于寒暑气候变迁是由地球绕太阳公转所决定的，朔望月和由地球绕太阳公转一周所形成的回归年并不是倍数整合的关系，12个朔望月比一个回归年少11天左右。中国古人就设置闰月来解决这个问题，协调两者的关系。这种设置闰月的方法就成为阴阳合历的重要标志。在此基础上，为了更准确地反映气候的季节变化、把握农时，中国古人确定了几个最能反映季节变化的时间节点，将太阳年划分为若干时段，形成标准时体系，这就形成冬夏至、春秋分等概念。中国古人用土圭（测日影的竿子）实测日晷，可以更准确地测定日影最长的冬至和日影最短的夏至（被称为两至），以及两至间昼夜时间相等的春分和秋分（被称为两分）。在此基础上，在两分两至之间增加立春、立夏、立秋、立冬（被称为四立）4个节点。在上述8个节点的基础上，根据气温、降水等自然现象，又确立了16个节点，这样就形成了比较均匀的24个等分点。这24个点合起来就将一个太阳年均分为24个时间段，每一时段就成为一个节气。成书于战国时期的《周髀算经》，就已经有二十四节气的记载。汉代《淮南子》书中的二十四节气名称和顺序就已经与现代的节气基本一致了。二十四节气准确地反映了地球公转所形成的日地关系，与黄河流域一年中冷暖干湿的气候季节十分切合，比之前以月亮盈缺为依据制定的月份，更便于对农事季节的掌握，是中国古代劳动人民的独特创造。

在二十四节气的基础上，中国古代劳动人民又整理出七十二候，具体地说以5日为一候，以"桃始花""蚯蚓出""螳螂生"等生物的动态变化为主的自然现象为标志。每一节气三候，形成严格的物候历。七十二候是中国古代劳动人民对物候知识的系统总结，有利于农业生产者更详细地把握气候季节变化的时序，发展农业生产。但是正如前文提到的，这种经验是以"黄河流域一年中冷暖干湿的气候"为背景进行总结形成的，这种把地域性很强并具有不稳定性的物候固定在节气系统中的方法，适用范围是相对有限的，而且由于近年来全球气候变化日趋严重，生产者要十分谨慎地使用。

用物候、星象、节气来确定农时是中国古人探索农业时序规律的历程，而中国农耕文明时代的劳动者在使用这些方法时，是努力将三者结合起来，建立一种确定农时的体系。二十四节气等是根据气候变化规律制定的，但是环境变化因素很多，一些细小因素也会引起变化。所以，当二十四节气被固定下来以后，不可能分毫不差地反映每年气候的实际变化。如果刻板地按照历法中的"时"安排农事，就可能会影响农业生产。为了把农事安排在适应气候实际变化的基础之上，就需要采取节气与物候相互参照的办法。因此，中国古代月令体裁的农书，大多会列出每月的星象、气象、物候等信息，增加生产者安排农事的依据。

在研究、顺应自然界大气候的同时，中国古代农业劳动者也在努力利用自然界特殊的地形小气候，并在此基础上实施改造，形成一些人工小气候。中国古代农业劳动者利用地形小气候和创造人工小气候的实践活动最早出现在园艺和花卉的促成栽培等方面，从而生产出各种"反季节农产品"。秦始皇时代，中国古代农业劳动者在骊山山谷温暖处成功实现了冬种甜瓜；唐代以前，苏州太湖洞庭东西山农业劳动者利用当地湖泊小气候种植柑橘，成为中国东部沿海最北的柑橘产区；唐代官府利用京城附近温泉水培育早熟瓜果，唐代诗人王建的《宫前早春(一作华清宫)》写道:"酒幔高楼一百家,宫前杨柳寺前花。内园分得温汤水,二月中旬已进瓜。"就是对这一活动的记载。上述这些都是顺应自然界大气候创造人工小气候的典型。中国温室栽培最初出现在汉代宫廷中,《汉书》记载西汉时政府的太官园冬天在菜圃上盖起屋棚,昼夜不停点燃暗火,使蔬菜获得其生长所需的"温气",种植"葱韭菜茹"。这些记载是世界上最早的温室生产情况记录,西欧的温室记载则是在此1000多年以后才出现的。此外,《王祯农书》记载有风障育早韭、冷床育菜苗等方法。

在古代,由于生产力水平较低,农业劳动者一般难以抵御水、旱、霜、雹、风等气候造成的自然灾害。于是,人们探索出各种避害的办法,其中重要的方法之一就是暂时地、局部地改变农田小气候。果树在盛花期怕霜冻,农业劳动者依据在实践中掌握的晚霜一般出现在"天雨新晴(湿度大)、北风寒切(温度低)"之夜的自然规律,将预先准备好的"恶草生粪"点着,使之"暗燃生烟",帮助果树免除霜冻。

"三才"思想中的"地",在农业生产领域主要表现为对"土"的认识和对土壤环境进行改造的思想。虽然农业生产涉及的土壤环境是自然形成的,需要农业生产者加以适应,但是土壤、地形都可以在一定程度上改变的。在"三才"思想的影响下,通过耕作、施肥、排灌等技术手段努力实现土壤环境的改造。按照由"三才"思想派生出的"时宜""土宜"和"物宜"的"三宜"理念,"三才"思想中的"地"体现为"土宜论"和"土脉论"。

从事农业生产,尤其是种植农作物都需要以土壤为基础,所以劳动者需要认真考虑不同地区土地环境的特点以安排农业生产。所谓"土宜之法"包括多层含义:首先,指根据地势高下、土壤肥瘠来安排农作物的种植,在不同的土壤上种植不同的作物;其次,指在不同种类的土地上发展不同的生产项目。中国古人将山林、薮泽、丘陵、坟衍(河流两旁平坦肥沃之地)、原隰(广平低湿之地)统称为"五地",要求国家管理农业的官员根据对这5类土地的动植物资源调查结论,合理安排农、林、牧、渔的各项生产;最后,指按不同地区的特点发展农业,即注意农业的地区性。《尚书·禹贡》中将九州土壤共分为白壤、黑坟、白坟、赤埴坟、涂泥、壤、坟垆、青黎、黄壤9类,这其中壤、坟、埴、坊等指土壤质地,白、黑、赤、青、黄等指土壤色泽,都是反映土壤质量的标准。按照现代科学理论,这些土壤的含义如下:

"壤"主要是指在黄土上的土壤,以及由它演变成的冲积土,土性和美。雍川(今陕西中部、北部,甘肃东部)的原生黄土称黄壤;冀州(今山西和河北北部)土壤因含较多盐碱物呈白色,故称白壤;豫州(今河南)黄河两岸的冲积土直接称壤。"坟"主要是指松隆而肥沃的土壤,一般指近期开垦的富含腐殖质的森林土壤,如兖州(今河北东部、山东西北部)的黑坟;青州(今山东东北部)丘陵坡地的土壤,因含较多盐碱物呈白色,被称为白坟。长江中下游及其南境的荆州和扬州的黏质湿土地被称为"涂泥",坚硬致密的土壤被称为"垆",黏质土壤则被称为"埴"。

在"三才"思想影响下,中国古代土壤理论的另外一个重要特点就是,把土壤看作可以变动的物质,这种观点被农业学术界称为"土脉论"。早在西周时期,中国古代农业生产者开始动态观察土壤,并把土壤中受气候变化影响的温度、湿度、水分和气体的流通等性状概括为"土气"或者"地气",通过"土气"或者"地气"这个相对笼统的概念,把土壤看作有气脉的活的机体,也就产生了土脉论。古人认为:每年立春以后,土温上升,土壤中的水分和土膏(指营养物质)开始流动,被称为"上脉发动"。这时土壤呈松解状态,要抓紧春耕,如果耽误了农时,就会导致土壤脉满气结,不长庄稼。西汉氾胜之认为:每年立春后、夏至和秋分,天气和地气的变动达到某种和谐状态时,就是耕作的合适时期。

战国时代的中国农业生产者已经认识到土壤的肥力是可以变化的。同时,土壤其他性状也是可以改变的。因此,农业生产者耕作的任务就是,当土壤某种性状发生偏颇时,使之转变为适中状态。也就是说,让坚密的土壤松软些,让过于松软的土壤坚密些;土壤闲置过的土地要开耕,耕种久了的土壤要休养闲置;要使瘦瘠的土壤肥沃起来,使过肥的土壤瘦些;要使肥力释放太快的土壤释放慢些,使肥力释放慢的土壤释放快些。西汉氾胜之以土壤性状可以变化为前提,进一步把这些要求概括为一个总原则——"和土"。所谓"和土"就是使土壤达到刚柔、肥瘠、燥湿适中的最佳状态。东汉王充继承了土壤性状可变的观点,认为地势的高低可以用"挖高垫低"的办法,低产瘠土可以通过"深耕细锄,厚加粪壤,勉致人功,以助地力"等方法转化为高产沃土。

针对土壤肥力递减的问题,南宋陈旉在"地力可变论"和"地力人助论"的基础上,提出了"地力常新壮"的思想。他指出:只要农业生产者经常施肥,就能使土壤愈益精熟肥美,使地力经常保持新壮。在这种思想指导下,依靠施肥改土和合理耕作栽培,中国耕地才能实现种植几千年,却总体上地力不衰的奇迹。

在此基础上,陈旉将"土脉论"和"土宜论"思想有机结合起来,认为:土壤肥瘠美恶的差异,是由于其气脉类别不一所致。虽然"土壤异宜",但是只要针对其特点进行恰当的整治,都可以获得好收成。按照"土宜论"思想,农业生产者不是简单机械地适应土壤环境,而是发挥主观能动性改良土壤环境,实现农业生产的目标。

"三才"思想将农业生产视为各种因素相互联系的整体,包含着农业生产的整体观、联系观、动态观,贯穿于我国传统农业生产技术的各个方面。但是,要使"三才"思想、"三宜"理念在农业生产实践中发挥更大作用、实现可持续发展的关键是"人"。2018年5月18日,习近平总书记在全国生态环境保护大会上作了重要讲话。在谈到"生态文明建设是关系中华民族永续发展的根本大计"时,就引用《孟子·梁惠王上》中的观点:"不违农时,谷不可胜食也;数罟不入洿池,鱼鳖不可胜食也;斧斤以时入山林,材木不可胜用也。谷与鱼鳖不可胜食,材木不可胜用,是使民养生丧死无憾也。养生丧死而无憾,王道之始也。"大意是说,只要不违背农时、耽误百姓耕种,粮食就吃不完;不用细密的网在池塘里捕捞,鱼鳖就吃不完;按照时令采伐林木,木材就用不完。这些就是老百姓生老病死没有遗憾的大道。因此,可以认为早在先秦时代,中国人就已经产生保护自然资源的思想。

"三才"思想将农业生产中"人"的因素首先归结为"力",也就是现代理念所说的"生产劳动"。在自然环境中生长的农业生物,要遵循客观规律,农业生产者的"生产劳动"就是在认识"天""地"等客观条件的基础上,根据自己的目标,人工干预农业生物在自然环境中的生长过程的行动。这就要求人类的一切活动都要符合自然界客观规律,而不是凌驾于自然界客观规律之上。

中国传统农业在"三才"思想指导下强调因时、因地、因物制宜,即所谓"三宜",并把"三宜"理念确立为一切农业活动必须遵循的生产原则。因此,农业生产者需要首先认识天时、地利的规律,并且按照农业生产客观规律办事,这样才能趋利避害,达到生产目的。同时，"三才"思想也说明，劳动者要在农业生产中发挥作用，不仅要勤劳，而且要尊重科学，运用知识的力量去解决问题。这就进一步将农业生产中"人"的因素引申为"知识"和"力量"两个方面，而且"知识"的作用必须被排在第一位，这是"三才"思想在农业领域的合理表达。

因此，在认识"三才"思想天、地、人三要素在农业生产领域的作用时，应当在遵循客观规律的基础上，充分发挥人的主观能动性，利用自然条件的有利方面，克服其不利方面，以实现农业生产的目标。

# 第二章 传统农业技术的系统性与演化性

英国著名中国科技史专家李约瑟认为：中国的科学技术观是一种有机统一的自然观，以"三才"思想为重要指导思想的中国古代农业科技活动，是最为典型的案例。"三才"思想既是从中国古代哲学思想中移植到农业生产中的指导思想，也是以精耕细作为代表的中国古代长期农业生产实践经验的升华，是农业哲学思想对中国哲学体系的丰富。

研究农耕文化中传统农业技术蕴含的系统思想和技术演化内容，就要从两个角度入手研究中国传统农业技术的系统性，及其进化过程与规律。一方面，要在理解系统、技术系统概念的基础上，研究系统思想在传统农业活动中的表现形式；另一方面，则需要研究技术演化规律，及传统农业工具在创新与演进中的表现。

## 第一节 系统性及其在农业活动中的表现

在中国古代长期农业生产实践基础上，劳动者逐步形成了系统性思维，并把这种思维应用到农业生产中，推动了农业及其相关领域技术的发展，丰富了农耕文化的内容。要理解这些文化遗产，就需要在理解系统与技术系统基本理念的基础上，学习蕴含系统思想内容的工作成果。

### 一、系统与技术系统概述

对于系统的定义，尚无明确统一的认识，相对权威的文献中有一些较为通用的解释。美国《韦氏（Webster）大词典》中"系统"一词被解释为："有组织的或被组织化的、结合着的整体所形成的各种概念和原理的综合；由有规则的相互作用、相互依存的形式，组成的诸要素集合等。"

《中国大百科全书·自动控制与系统工程》解释为："系统是由相互制约、相互作用的一些部分组成的具有某种功能的有机整体。"日本工业规格标准中，"系统"被定义为："许多组成要素保持有机的秩序，向同一目标行动的集合体。"很多著名学者、专家对"系统"也做了一些经典论述，含义相近不再一一叙述。综合以上记载，"系统"可以定义为：系统是由若干可以相互独立、相互联系，而又相互作用的元素组成，在一定层次结构中分布，在给定的环境约束下，为达到整体目的而存在的有机集合体。

技术是人类在实践活动中，为了一定目的，根据科学原理与实践经验，所创造或发明的各种调节、改造、控制自然的物质手段及方式方法之总和。而农业技术是人类社会最早掌握和使用的技术之一。因此，研究传统农业中的技术，就要从技术系统的特征入手开始。

人类以能理性思维区别于所有动物。在思维支配下的理性劳动是保证人类生存与发展需求的重要手段。技术与人类的理性劳动同时产生，并在人类文明发展中起着重要作用。

人类的生存要直接面对自然与社会两大环境，并与之产生频繁的相互作用。按照系统的观念，人与自然和社会便构成一个最为庞杂的大系统。社会的进步，形成了所谓的社会文化系统，它包括制度、观念与技术3个子系统，技术子系统又可以划分为自然技术、社会技术与思维技术3个低一层次的系统，如图2-1所示。

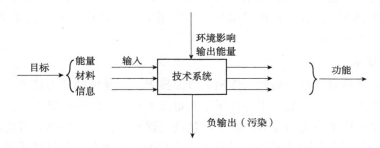

图 2-1 技术的三角形结构

技术作为承上启下的中间环节，客观上便具有系统的属性、功能、作用与规律等全部特征。

技术系统作为改造自然与社会不可或缺的手段与工具，在社会发展中起到最为重要的作用，涉及领域广泛。因而对技术系统的理解有多种认识和解释。综合对技术系统本质的理解，对技术系统含义可以做如下表述：技术系统是由相互作用的输入、运作和输出3个子系统结合成特定的结构，具有独自的功能，并在自然和社会环境中进化发展的整体，如图2-2所示。

图 2-2 技术系统输入、运作和输出三个子系统结构

对技术系统的理论与应用研究，是以技术观与系统观相融合形成的技术系统观为指导思想的。技术系统本身也具有技术与系统的双重综合属性。

第一，技术系统以人或人群（技术专家、工程师、技师、工人等）为研究与实施主体，所针对的研究对象（客体）包括人工自然界、人化自然界，以及人类社会中的组织、制度、管理、法规、军事等。

第二，技术系统的研究与实施具有明确目的性。其最直接的目的是技术发明、技术创新、制度创新、体制创新、管理创新等，其最终目标是通过其特有功能满足人类的需求。某些技术在一定时期内以知识产权（专利）形式具有私有性，但其根本属性是公有的、为社会服务的，否则技术系统将失去其存在的价值。

第三，技术系统的成果是为了对自然界、人类社会和思维进行改革和控制而转变为技术目的的，形成了计划、设计方案、规程、准则、程序标准以及经验知识、技术原理与方法等，即如何做、做什么等知识。

第四，技术系统具有功能特性。其功能体现在两个方面，一是直接的作用功能。通过对客体的技术作用来表现；二是间接的社会功能。首先，是对经济发展起推动作用。其次，是对社会发展产生深刻影响，使人们的生产、生活方式发生变化，并引起社会的发展

和变迁。再次，对国家政治、法律、安全、军事、国际关系等带来重大影响。最后，形成社会文化系统中的技术文化，推动精神文明发展。

第五，技术系统在应用中具有双重属性，既能造福于人类，也会对环境造成负面影响，对人类的生存环境是有害的。

技术系统与技术的分类方法大同小异，也可以理解为按技术本身的特征采用不同分类方法。技术系统作为社会文化系统的一个子系统，包括自然技术系统、社会技术系统和思维技术系统。下面将就各类技术系统，做出介绍与分析，以便为技术系统的创新与应用提供必要的理论与知识。

《自然辩证法百科全书》把技术解释为："人类为了满足社会需要而依靠自然规律和自然界的物质、能量和信息来创造、控制、应用和改进人工自然系统的手段和方法。"上述解释实质上是把技术的范围限定在自然技术范围内的一种狭义理解，但是表明了在整个技术系统中自然技术占有的特殊重要地位。

物质、能量和信息是构成世界的三大要素，技术系统的根本功能也是实现物质、能量、信息三大要素的转换。因此，我们可以把自然技术划分为物质、能量和信息3个大类。应当指出的是，在实际的技术活动与实践中，3类技术是密不可分的。任何一种孤立的技术是不可能存在的。在3种技术相互渗透作用中，"物质"是一切技术活动中的根本。3种技术的介绍如下。

（一）能量技术

能量技术是指能量释放、转化、传输和节能技术。工业中的动力技术、电力技术、部分电气技术、能源技术、节能技术等均属于能量技术范围。值得一提的是，能源技术在国民经济与人民生活中地位尤为显著。由于能量消耗逐年增长，人类面临着能源短缺和能源生产的负功能（污染）作用双重压力，新能源开发已成为技术系统创新的重要课题。特别是与清洁能源开发（如太阳能、风能、潮汐能）和二次能源——电池（高效电池、燃料电池等）相关的技术与设备更是创新开发的首选。

（二）信息技术

信息已经与物质、能源并列为人类社会发展的三大资源，并以其广泛的渗透性和无与伦比的先进性与传统产业结合。信息技术的发展，使人类生产方式发生革命性变化，促使世界经济步入信息经济时代，也使信息产业成为世界范围内的朝阳产业和新的经济增长点。

信息技术包括：①信息获取技术（信息测量、存储、感知、采集技术，特别是直接获取自然信息的技术）；②信息传输技术（发送、转输、接口与数据交互、显示记录技术，特别是人—机信息交换技术）；③信息处理技术（信息、交换、加工、放大、滤波、提取、压缩技术，特别是数值信息处理与知识信息处理技术，主体是计算机技术）；④信息利用技术（信息控制操纵、指挥、管理、决策、安全技术，特别是人—机协调的智能控制与智能技术）；⑤信息的支撑技术（电子技术、微电子技术、激光技术等）。

现代信息技术的核心是微电子技术、电子计算机技术和现代通信技术（数字、光波、光纤通信等），其发展趋势是高速、大容量、综合化（信息业务综合化、网络综合化）和数字化。

信息技术的发展也带来了信息产业的蓬勃发展。目前信息技术与信息产业已成长为高新技术和支柱产业，竞争与垄断并存。通过合理竞争打破垄断是必然趋势，技术创新是参加竞争和打破垄断的重要手段。通信技术可谓日新月异，是科研与技术课题的密集区。发展我国信息产业，缩小乃至赶超发达国家，是每个科技工作者义不容辞的责任。

(三) 物质技术

物质技术主要包括采掘技术、材料技术和加工制造技术等。由于加工制造技术是典型的物质技术，为便于技术创新工作的开展，我们将着重对加工制造技术和加工制造过程涉及的问题进行一些简要的理论分析和论述，以利于技术系统的建构和开发。

**1. 自然资源与原材料**

自然界的物质是无限的，对人类生存有益的物质却是有限的，这些有限的物质便是自然资源。自然资源以实用价值和交换价值在社会中流通和应用。实用价值反映了人类生活中需求的必要性(如水、矿物等)；流通价值同样为满足人类的需求。对因为稀少导致价格更昂贵的资源(如钻石、黄金等)的价值在技术产品生产的应用，不仅要考虑其自身的特性、作用，也要兼顾到产品的成本。同时，随着社会需求的增加，自然资源急剧减少，节约资源为子孙留有生活空间的同时，还需要增加技术创新力度，开发新的资源和实现自然资源的循环利用。

在生产过程中，自然资源成为人们劳动和技术的作用对象。在生产过程中，作为技术作用对象的物质称为原料或材料。生产过程中的原材料可能是天然资源，也可能是通过资源生产出来的"人工"原材料。原材料是物质，自然也有着自己的本性——物质的性能。原材料是不可能脱离自身的性能发挥作用的，而只能是以其自身的性能为基础和前提，在技术和产品开发中发挥作用。原材料的作用是为产品的总目的和总功能服务的。原材料在生产过程中，经过一系列的技术作用(加工和变化)而成为产品，并通过自身固有的性能使技术目的变成现实。因此在技术创新中必须充分认识原材料的性能特质，并在创新产品中发挥其相应的作用。

**2. 工具与机器**

原材料通过生产加工成为产品并组装成工具、机器和设备，工具和机器又成为加工原材料的重要手段。典型的机器(设备)结构可分为4个组成部分：即动力部分(如发动机)、传动机构(对一些设备来说可能是管路等其他输送机构)、工具机(工作机或相应的反应装置等)和控制装置。其整体功能是把动力通过传送机调节改变运动形式和作用形式，使工具机(工作机)获得各种运动形式或作用方式，作用于劳动对象，以改变劳动对象的形状、性质。所以，工具机也可以称为执行机构。而这一改变是按照一定目的进行的，并以实现工作目的为结果。控制部分则是按照人的意愿，实现整机运行过程的协调和实现目的的保证。通过以上分析可以认定，工具和机器本身只是实现目标的中介，是达到目的的途径，是途径的终端。

实现目的的途径是多种多样的。随着科学技术的发展，中介的路线也更加复杂和新颖。因此，在生产与技术领域，进步与创新最重要的表现形式就是为同样的生产目的而发明更新的技术系统(机器、设备或新的工艺以及新的技术路线)。综上所述,技术系统是达到目的的中介途径,这种途径涵盖两个方向:一是为同一目的寻求更多的中介途径;二是把同一途径通过中介扩展到更多的生产与技术领域。

**3. 操作与程序**

(1) 操作

如果说原材料与机器设备是生产过程的物质条件,是硬件方面的准备工作,那么生产过程的工艺流程和操作程序,则是达到生产目的的途径和方法。因此,工艺流程和操作程序的计划和设计,则是生产前提的"软件"准备,也是技术创新的又一个技术范围。

所谓操作,是生产制造过程中工作人员使用工具或机器,对相应的加工对象施加动作,使加工对象实现形状或性质等作适应目的的改变。因此,可以说操作是技术路线的终端,具有与目的直接对应的功能作用。

最直接的操作是人在人脑的支配下,通过人体,特别是人手的功能,作用于作为原料的加工对象的行为。操作是操作主体和操作对象间的某种特定形式的运动和相互作用,操作主体和操作对象都是客观存在的实体,而操作却不是实体。人脑是有思维、有意识的,实际操作过程是人手与人脑结合在一起进行,并按照目的在大脑支配下进行操作的。现代一些机器延长或取代了手的作用,但其操作仍然是在人的主观意识支配下完成的,因此机器操作同样是与人脑的结合,这种结合表现为生产准备时的程序设计。因此操作本身就是按照一定程序和技术要求进行的活动。

(2) 界面

操作环节实现的是操作者和操作对象的物质性相互作用,作用及其结果就是技术系统的目的指向、功能表现和目标体系。操作者与操作对象相互作用的实体体现部分,即为操作界面,也是一项技术创新目标的载体和成败的关键。作用界面的指标表现可能是加工对象的实体呈现(如形状),也可能是性质变化。例如,瓷器加工的界面是瓷制品的表面和形状的变化;零件加工的界面是刀具与材料的作用表面;而汽车的直接作用表面为车轮表面与地面,体现为附着性(驱动性)、平顺性、导向性3个指标。

从操作过程和例证实践中可以看出,操作界面分为两类:一类是用人手操作的界面,如某些瓷器成型界面;另一类是使用工具或机器操作的界面,通常包括两个界面:第一操作界面为操作者和机器之间的操作界面,第二操作界面为机器和劳动对象之间的操作界面。

在第一操作界面上实现的是人与物之间的相互作用。操作者和机器之间的相互作用,贯彻了人的主观意识和意愿,但是由于人在设计和制造技术系统时不得不使系统的设计与制造符合"物的标准"或"物的尺度",这种标准和尺度与"人的标准"或"人的尺度"不能完全吻合,有时甚至是矛盾的。因此,人必须面对一个与人的尺度不能良好匹配的技术系统。这种技术系统只具有强大的物性(自然性),而缺乏良好的人性(社会性)。很显然,人作为操作者处于第一操作界面时,处于一种异化的环境中,因此技术系统对环境产生的"负面影响"是不可避免的。

第二操作界面是物与物之间的相互作用。人的技术创造或生产的目的最终是通过这一界面,由机器和劳动对象两个物与物之间的相互作用而实现的。因此,人在设计和制造技术系统(如机器、设备等)时，也就不得不使系统的设计制造在客观上符合物的标准或物的尺度，即物的自然特性。

通过上述分析我们意识到，在技术系统创造与开发过程中，必须清楚地认识到以下几个问题。

首先，界面设计与制造是技术系统设计制造和使用达到新核心技术水平和实现目的的根本。两个界面建立起系统三元素中的两两联系，第一操作界面建立的是人和"机"的联系，第二操作界面则是"机"与"机"加工对象的联系。界面设计的失败也标志着创新愿望无果而终。

其次，界面设计，尤其是第二界面创造与设计，是以物性——物质自然性为依据的，反映了客观的自然特性。这既是技术系统开发的客观理论依据，也是技术演化的根本因素。

最后，技术系统对客观环境的负功能(破坏)作用有时是不可避免的。随着社会的进步，人在技术系统开发时，应有意识地使系统设计与制造在符合"物的标准"和"物的尺度"——物质客观自然性的同时，也应尽可能地使之适应"人的标准"和"人的尺度"，使技术系统在具有"强大的悟性"的同时，又取得良好的"人性化"的人—机界面和目的特性。这也是创新过程中的优化问题。

(3) 单元操作与操作程序

对于一个技术系统，生产过程不是一次操作就可以结束的，生产任务也不是一次操作就可以完成的。生产任务的多次生产、多次操作过程，必须按照加工对象的生产机理与加工规律顺次完成。

所有操作都是指某种类型的相互作用，一般也有最小的作用单位，称为操作单元。构成基元性的操作模块，一般称为工序。每个操作单元都将使作用对象产生质和量的变化。"质"是指实体相互作用的性质；而"量"则指相互作用量的多少，实质是生产率问题。一个加工制造过程都是由一系列操作单元组成，操作单元之间根据"质"与"量"的要求形成有机的内在联系，排成相应的顺序，构成操作的系列，即称之为操作程序。程序的合理性是物质生产和技术系统创新中一个关键性问题。同一的"质"和"量"的要求可以采用不同的相互作用方式，而对两个实体间采用相同作用方式，又可以有"质"和"量"的不同效果。因此对于同一相互作用关系也可以产生多种程序。选择何种程序、程序是否合理，及合理性的程度在很大程度上决定着技术系统创新、物质生产和工程实施阶段能否成功及成功程度。程序带有很大的普遍性，如法律程序、计算机程序、工业生产中的加工程序、工艺工序等。

## 二、农业技术的特征及符合系统性观念的中国农业技术成果

### (一)农业技术的特征

作为生产重要领域的农业技术的特征，表现为如下几方面。

**1. 农业技术具有复杂性**

农业生产的主要形式是对农作物、畜禽进行品质改良、培育、饲养、利用和繁殖，并防治危害农作物、畜禽的病虫、杂草等。为了给农业生物有机体生长创造良好的营养、温

度、湿度环境，开展土壤耕作和施肥、水利灌排、机械利用等工作，并对自然生态环境进行干预和改造。生物有机体的自然机制具有自己独特的特点和客观规律。现代农业在使用农业技术干预和改变动植物固有属性的过程中涉及因素很多，是一个极其复杂的过程。农业技术的复杂性，说明农业技术本身就是一个相对独立的技术系统。

**2. 农业技术受到空间和时间影响**

空间主要指地理和气候条件，空间的差异导致出现完全不同的农业技术体系，如我国北方和南方养殖品种、耕作方式、饲养方式和管理方式都完全不同。时间是指不同历史阶段的农业生产技术形态也大不相同。空间和时间等影响农业技术的要素说明，农业技术系统属于农业系统的组成部分，是农业系统的子系统。

**3. 农业技术系统具有动态性**

农业技术过程和农业生产过程可以在一定时期内分离。在工业领域，生产流程是对原材料进行开采、加工的过程。在生产过程中技术连续地作用于技术对象，并与生产过程几乎同步。在农业领域，生产流程则是自然再生产和经济再生产的混合体，生产对象和自然条件等因素对农业生产影响巨大。虽然农业技术涉及耕作、栽培、管护、收获等环节，但是农业技术并不是连续地作用于技术对象的，即农业生产实践劳动过程间断时，农作物和所养殖动物的生长过程仍然在进行，并依据人类的需要、技术目的和生物生长规律生产出人类所需的农产品。正如马克思指出的：“农业是一种特殊生产方式，因为除了机械过程和化学过程以外，还有有机过程，而对自然的再生产过程只要监督和指导就行了。"农业技术的过程性，反映了技术系统的动态特征，因此，农业技术系统是一个不断发展的动态系统。

**4. 农业技术与自然关系十分紧密**

"植物和动物是以长期以来在自然中建立起来的方式养育、生长和再生产的。它们之间的内部联系也同样自然。"在农业生产领域，人们依靠土体作为生产资料，种植农产品、饲养动物，解决人类生存必需。农业技术的产生与使用，彻底改变了人与自然的关系。农业技术与自然的关系表明，农业技术以及农业都需要与外部自然环境发生联系，也就是说农业需要在农业技术的支持下，适应自然环境系统，并完成对自然环境进行部分改造。

### （二）中国农业技术成果

回顾中国农耕时代，很多农业技术和成果都是符合系统思维理念的。中国农耕时代的农业生产涉及很多方面，按照从环境到系统的方向逐一评价，比较典型的技术应用可以分为3类：第一类，改变自然环境辅助农业的技术，比较典型的技术成果是水利工程；第二类，如何使用土地开展农业生产，比较典型的技术表现为农业土地的利用方式；第三类，如何具体开展农业生产，比较典型的技术表现为各领域农业技术的应用。下面按照上述分类，介绍中国农耕时代几个典型的科技成果案例。

**1. 水利工程**

在中国古代有许多著名的工程，直至今天，仍然有许多工程成果使当代人受益，其中比较著名的中国古代工程之一，就是为中国农业发展做出巨大贡献的都江堰水利工程。

公元前3世纪，战国时期秦国的水利专家李冰，主持修建了引岷江水灌溉成都平原的都江堰水利工程。这项工程使生活在那里的人们受益 2000 多年，四川由此成为名副其实的"天府之国"。

都江堰水利工程在四川都江堰市城西，是全世界至今为止，年代最久、唯一留存、以无坝引水为特征的宏大水利工程。至今仍然连续使用，发挥巨大效益。李冰治水，功在当代，利在千秋。都江堰水利工程是文明世界的伟大杰作，造福人民的伟大水利工程。

都江堰枢纽工程渠首系统主要由鱼嘴分水堤、飞沙堰溢洪道、宝瓶口进水口三大部分构成，科学地解决了江水自动分流、自动排沙、控制进水流量等问题，消除了水患，使川西平原成为"水旱从人"的"天府之国"。目前其灌溉面积已达 40 余县，1998 年超过一千万亩\*。

岷江是长江上游的一条较大支流，发源于四川北部高山地区。每当春夏山洪暴发之时，江水奔腾而下，从灌县进入成都平原，由于河道狭窄，古时常常引起洪灾，洪水一退，又是沙石千里。灌县岷江东岸的玉垒山又阻碍江水东流，造成"东旱西涝"。秦昭襄王五十一年（公元前 256 年），李冰任蜀郡太守，他为民造福，排除洪灾之患，主持修建了著名的都江堰水利工程。都江堰的主体工程是将岷江水流分成两条，其中一条水流引入成都平原，这样既可以分洪减灾，又可以引水灌田、变害为利。为此，李冰在其子二郎的协助下，邀集有治水经验的农民，对岷水东流的地形和水情做了实地勘察，决心凿穿玉垒山引水。在无火药（火药发明于东汉时期，即公元 25 年至 220 年）不能爆破的情况下，他以火烧石，使岩石爆裂（利用热胀冷缩的原理），大大加快了工程进度，终于在玉垒山凿出了一个宽 20 米、高 40 米、长 80 米的山口（低水位每秒流速 3 米，高水位每秒流速 6 米）。因形状酷似瓶口，故取名"宝瓶口"，开凿玉垒山分离的石堆叫"离堆"。

宝瓶口引水工程完成后，虽然起到了分流和灌溉的作用，但因江东地势较高，江水难以流入宝瓶口。李冰父子率众又在离玉垒山不远的岷江上游和江心筑分水堰，用装满卵石的大竹笼放在江心堆成一个狭长的小岛，形如鱼嘴，岷江流经鱼嘴，被分为内外两江。外江仍循原流，内江经人工造渠，通过宝瓶口流入成都平原。

为了进一步起到分洪和减灾的作用，在分水堰与离堆之间又修建了一条长 200 米的溢洪道流入外江，以保证内江无灾害。溢洪道前修有弯道，江水形成环流，江水超过堰顶时洪水中夹带的泥石便流入到外江，这样便不会淤塞内江和宝瓶口水道，故取名"飞沙堰"。为了观测和控制内江水量，雕刻了三个石桩人像，放于水中，让人们知道"枯水（低水位）不淹足，洪水（高水位）不过肩"。另外还凿制石马置于江心，以此作为每年最小水量时淘滩的标准。

**2. 农业工地的利用方式**

土地利用是农业技术的基础。按照"三才"思想，符合系统论思想的农业土地利用方式就是集约型方式，这种土地利用方式在中国农耕时代主要表现为如下几种形式。

（1）"多种不如狭收"的思想

提高农产品产量的方式主要有两种，一种是扩大农用地面积，另一种是提高单位农用地面积的产量。在中国历史上，农业生产者通过建设圩田、涂田、梯田等多种方法，努力

---

\* 1 亩 ≈ 666.67 平方米。

扩大耕地面积和农用地范围。同时，在"多种不如狭收"的思想指导下，农业管理者开始认真思考如何提高单位面积产量，并逐步把农业生产者精力的重点引导到如何提高农业土地生产率问题上。战国初年魏相李悝变法，提出"尽地力"的思想，指出治田勤谨或不勤谨，每亩将增产或减产3斗，在方百里可垦田600万亩的范围内，粮食总产的增减达180万石，幅度为20%。后来历史上很多农学家都提倡集约经营，少种多收，通过提高单产而不是盲目扩大经营规模来增加农产品总产量。用"多种不如狭收"思想指导农业生产，不仅是因为人口增加、耕地紧缺和小农经济力量薄弱，更重要的是，农业管理者在长期的实践中认识到，集约经营、少种多收比粗放经营、广种薄收在对自然资源的利用和人力财力的使用上都更为节省。

（2）种无闲地与种无闲日

在人类社会早期，农业产生之初，人类经历了刀耕火种的农业阶段。人们把草木砍倒晒干后烧掉，不经翻土而直接播种，导致耕地只种一年就要抛荒，这种方法被称为"生荒耕作制"。当人类学会制造和使用以"锄耜"为代表的翻土工具后，就可以播种前先进行土壤翻松。这样，一块土地砍烧后可以种植若干年再抛荒，这种方法被称为"熟荒耕作制"。

按照"种无闲地与种无闲日"的思想，人类以种植制度为中心的耕作制度逐步从撂荒制（包括生荒耕作制和熟荒耕作制）转为休闲制，并最终实现连种制。

所谓休闲制是耕地实行有次序的、短周期的轮种轮休制度。施肥、禾豆轮作等恢复和培肥地力技术的发展，为实行连种制创造了条件，这使中国从战国时代起即由以休闲制为主转变为以连年种植的连种制为主。

在实行连种制的基础上，中国古代农业劳动者还创造出许多耕作模式。

①轮作倒茬　所谓"茬"是指作物收获后留在耕地中的根部和残茎，倒茬就是指一种作物收获后换种另一种作物。这样做的主要原因是防止一块地里连续种植一种作物引起某种营养元素的匮乏和病虫害、杂草的滋生等现象，合理的倒茬可以调节甚至加强地力，减轻病虫害和杂草等的危害。在生产中一般会选择有肥地作用的豆科作物或绿肥作物与禾谷类作物轮作。

②间作套种　所谓"间种"是指在同一块土地上成行或成带状相间地种植两种或两种以上作物；所谓"套种"是指前季作物收获前在行间播种下一季作物，前季作物收获后，套种作物继续生长，这样可以充分利用耕地和作物的生长季节。这种耕种模式要求高秆与矮秆、喜阳与喜阴、深根与浅根以及生育期和对肥料需求不同的各种作物合理搭配，互不妨碍，甚至相互促进。比较典型的间作套种形式包括麦豆间种、粮菜间种、稻豆套种、稻肥套种、稻稻套种（套种双季稻）、麦棉套种、桑菜套种、桑豆套种等耕作形式。

③多熟种植　所谓"多熟种植"是指在同一田块上一年内先后植种两种或两种以上作物的种植方式，"多熟种植"可以包括一年两熟、三熟等。多熟种植的主要作用是最大程度地利用土地，提高光能利用率，增加作物产量。理论上，在最优条件下，带有间混套作的复种比单作有更多的收获量。在劳动密集的地方，还可以提高劳动就业率。在当代世界，多熟种植多数盛行于发展中国家。

以多熟种植与轮作倒茬、间作套种相结合的中国传统耕作制度，一方面尽量扩大绿色植物的覆盖面积，以至"种无闲地"；另一方面尽量延长耕地里绿色植物的覆盖时间，以至"种无闲日"，使地力和太阳能得到充分利用，以提高单位面积产量。

（3）形成"立体农业"的雏形

把一种多物种、多层次立体布局的土地利用思想，从旱田运用到水田，从种植业发展到多种经营的领域，就形成了"立体农业"的雏形。汉代出现的陂塘灌溉种稻，塘内养鱼种莲，堤上植树的综合农业生产模式就是典型"立体农业"的开端。随着时代的进步，这种"立体农业"模式的作用也越来越大。

中国传统农业在系统思想引导下，开展提高土地利用率和土地生产率的实践，不仅形成精耕细作的技术体系，而且通过集约的土地利用方式提高了农产品产量，解决了社会所需农产品的供给问题，也为现代农业发展提供了可借鉴的经验。

**3. 各领域农业技术的应用**

在具体技术应用到农业各生产领域的过程中，系统思维也有比较明显的作用。在具体活动中，系统思维的作用主要体现在以下两个方面。

（1）对环境的适应与改善

在禽、畜动物生产过程中，表现为对环境的适应与改善。具体地说，从3个方面出发，处理动物生产与环境条件的关系。

①在禽、畜动物生产中的"无失其时"　虽然禽、畜的生长规律不像农作物那样完全依赖自然界冷暖变迁，但是气候节律同样可以制约动物的生息活动。因此，在动物生产活动中同样要关注时令变化。在人类开始牲畜驯化、饲养的初期，牲畜依旧保持着某些野生状态下形成的性状，发情在很大程度上受气候影响，表现为明显的季节性。这就需要按照动物的发情期安排生产活动。随着技术的进步，人工饲养的牲畜发情期已不表现为明显的季节性，但是仍旧可以根据时令选择适应牧草荣枯的自然规律开展动物繁殖、放牧活动，以提高生产水平。

②用系统思维实施禽、畜舍饲　在动物生产初期，人类主要依靠放牧形式开展生产。随着时间的推移，生产者发现如果完全依靠天然牧场，动物生产实践活动会受到很多限制。为了解决这个问题，生产者开始畜、禽舍饲，这样既可以避免放牧过程需要面对的虎狼等动物威胁，也可以解决冬季天然牧草供应不足问题，还可以避免极寒、极热天气对畜、禽的伤害。

实行舍饲，就必须根据不同动物特点建立不同标准的圈舍。例如，在马厩中要垫草，春季要将垫草清除，冲洗马厩，以保持清洁，马厩中还要准备铁楺等加工饲草的工具；在养牛过程中，春季要将牛栏中的粪尿和薄草清除干净，平时每10日打扫一次。喂牛的草料要洁净、晒干、切细，与麦麸、谷糠、碎豆混合，并保持微湿；羊圈内要填高地面，开洞排水，使圈内没有积水。雨天清扫一次，避免污染羊毛。圈内四周竖高出围墙的栏栅，防止羊身揩墙污毛和猛兽入圈。为了备足冬季饲料，贾思勰在《齐民要术》中还提出种大豆作青饲料的办法。猪圈建得小，可以限制猪的运动便于育肥。猪不怕脏，污泥浊水可以起到降温避暑的作用。此外，中国古人还充分发挥舍饲有利于牲畜育肥的特点，实施快速育肥，养鸡速肥、填鸭育肥、栈鹅易肥等方法就是这一思路指导下的典型做法。

③对动物实施人工选择　在禽、畜动物生产过程中，去劣存优是一项关键的工作。第一步，要做好选择种畜的工作。根据家畜、家禽外形特征鉴别其优劣，"伯乐相马"讲的就是这个道理。在此基础上，通过种内杂交干预动物遗传变异，可以达到人类的目标。例

如，西汉为了提高军用骑乘马的素质，从西域引入乌孙马、大宛马等良种马。唐代广泛从北部少数民族地区引入各种良种马，每种马都有一定印记，建立严格的马籍制度，并把陇右牧场建设成为牲畜杂交育种的基地。这些举措迅速提高了当时的军马质量。

（2）良种选育与种子处理

在植物生产过程中，实施良种选育与种子处理工作。在具体的生产实践中主要表现为如下几种形式。

①去劣培优  战国人白圭说："欲长钱，取下谷；长石斗，取上种。"意思是：想赚钱，要收购便宜的粮食；想增产，要采用好种子。贾思勰在《齐民要术》中强调种子要纯净，指出混杂的种子存在成熟期不一、出米率下降等弊病；禾谷类作物要年年选种，选取纯色的好穗，悬挂起来，明年开春后单独种植，加强管理，提前打场，单收单藏，作为第二年的大田种子。在西方，德国育种专家仁博在1867年首先用这种方法改良黑麦和小麦时，已经比《齐民要术》的记载晚了1300年。

②做好藏种工作  选出好的种子，还要收藏得法，在播种前进行恰当的处理，才能保持和增强其生命力。中国古代农业生产者已经认识到：种子含水量太多或环境湿度大会引起种子发热变质，浥郁的种子不能发芽，发了芽也会很快死亡。解决这个问题的办法：一是保持藏种环境干燥；二是收藏前晒种，去掉种子中过多的水分。麦种容易生虫，要曝晒得极为干燥，并伴放着艾草等药物密封储藏。播种前要抓好3个处理环节：第一个环节是水选。目的是去掉浮在水面的秕粒杂物，之后的泥水选种和盐水选种都是在这一基础上发展起来的；第二个环节是水选后的晒种。目的是增加种皮透气性，降低种子含水量，提高细胞液浓度，从而增强播种后种子的吸水能力，使之发芽整齐。这是一项经济且有效的增产措施；第三个环节是浸种催芽。种子经过催芽，有利于早出苗和出全苗。

③人工无性繁育技术  人工无性繁育技术在中国古代农业中的园艺、花卉、桑树、林木等生产领域应用广泛，既是促进提早开花结实的有效措施，也是培育良种的重要手段。《齐民要术》把果木的繁育归纳为种、栽、插3种，相当于现在所说的实生苗繁殖、扦插和嫁接。比较典型的人工无性繁育技术形式是扦插和嫁接两种方法。扦插技术也称插条，是指剪取植物的茎、叶、根、芽，或插入土中、沙中，或浸泡在水中，等到生根后就可栽种，使之成为独立的新植株。嫁接是在扦插技术基础上利用植物受伤后具有愈伤的机能进行的人工无性杂交法，即把一株植物的枝或芽，嫁接到另一株植物的茎或根上，使接在一起的两个部分长成一个完整的植株。嫁接的方式分为枝接和芽接。枝接是用枝条作接穗材料的方法，通常有切接法、劈接法、腹接法、靠接法等多种方法。枝接是用母树枝条的一段（枝上须有1~3个芽），基部削成与砧木切口易于密接的削面，然后插入砧木的切口中。注意砧穗形成层对体吻合，并绑缚覆土，使之结合成活为新植株。芽接，是从枝上削取一芽，略带或不带木质部，插入砧木上的切口中，并予绑扎，使之密接愈合。

## 第二节  技术演化规律及其在传统农业技术中演进的表现

农业生产技术和农业工具是从事农业生产不可或缺的手段，是农业生产力发展水平的重要标志。在中国古代农业发展过程中，农具的质料、形制和使用的动力不断进步。这些农具适应精耕细作农业技术的要求，体现中国古代人民的智慧，也对世界农业的发展产生过重要影响。农业生产技术和农具的进步需要符合技术系统演化规律，理解这些规律可以更好地理解传统农业生产技术和农具创新与演进的过程。

## 一、技术系统进化概述

一个产品或物体都可以看作是一个技术系统，可以简称为系统。系统由多个子系统组成，并通过子系统原理结构的相互作用来实现一定功能。以大系统观论，系统处于"超系统"之中，超系统是系统所在的环境，环境中其他相关系统可以看作是超系统的构成部分。

技术系统的进化，是指系统功能的技术实现从低级向高级变化的过程，进化是遵循客观规律进行的。认识和掌握系统进化的原理与客观规律将有利于技术系统的创造与创新，以便提高技术系统的性能、水平和产品开发能力，提升产品的竞争力。

技术系统的进化，决定于其自身的成长、变异和环境的选择。环境变化改善了系统功能建构的基础与科技知识条件和需求应用范围，对系统的进化，影响更为显著。任何系统的进化机制可以归结为正、负反馈的某种往复循环过程。正反馈是系统变异产出的条件，而负反馈是系统变异稳定的条件，只有通过"正反馈——自生成"和"负反馈——自稳定"反复循环，系统的变异才能经选择而稳定存续下来。这一点也支持了系统是循序渐变进化的理论。

技术系统进化的逻辑结构主要决定于其内部各子系统之间的相互作用，也受更大系统（环境）内外相互作用的影响。前文已述及，人—自然—文化三者构成人类生存环境最大的系统。文化系统，由技术—制度—观念3个子系统构成，技术子系统又包括自然技术、社会技术和思维技术3个低一层次的子系统。为了形象地理解技术系统的行为及相互关系，可以把每一层次3个子系统的关系看成一个技术三角形，按数学理念，正三角形处于稳定的平衡形态。那么系统的变异也就相当于三角形的变形，如图2-3所示。相关事物之间不平衡是常态，平衡是趋向。技术进化是在子系统间或大系统环境的相关关系和条件作用下，在平衡与不平衡间循环变动，螺旋上升以形成技术系统的进化。

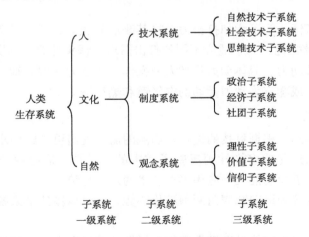

图 2-3 技术系统进化的逻辑结构

技术系统进化过程中，应当关注如下基本原则。

**(一)自我增长原则**

技术本身是为满足社会需求，用以改造自然(含人工自然)的重要手段。而对于具体技术也有明确的需求，两者各自需求的目的是有区别的。社会需求通常是原则性的、定性的，技术目的则是具体的、明确的、甚至是有定量指标的。技术目的与技术手段之间存在矛盾是客观的必然。

技术的发展有其内在的根据和机制，因此技术也是原动力，技术的自我增长决定于内在矛盾机制。内在矛盾主要表现为技术目的与手段的矛盾、继承与创造的矛盾、结构与功能的矛盾、专门化与综合的矛盾、规范与实践的矛盾等，这些内部矛盾也就构成了技术发展的原动力。

技术的目的与手段的划分是相对的，技术目的的设定随着科学技术进步而变化，因具备更先进的技术手段而逐步升级。技术手段的完善又会成为技术自身的目的，技术手段的目的化使技术目的与技术手段相互推移、相互转化，构成技术的自我发展、自我成长、自我积累，永无休止地运动。如发电机性能与系统冷却直接相关，水冷好于风冷，然而对于转动部件的水冷却无法实现。目的与手段的差距关键在于水冷系统与机件密封问题。加工技术的提高，解决了密封的精密度，才有了双水内冷发电机的产生。

应用这一法则进行技术创新，应注意以下问题：第一，技术目的不能脱离技术手段，两者必须相互依存、相互制约；第二，技术目的的合理性、可行性与技术手段的完善性、有效性互为依存。

**(二)连续性原则**

技术本质是根据需求完成某种功能。当需求功能不变的情况下，随着环境及需求品质要求的不断提高，技术系统进化则保持连续的变化过程。在满足基本功能的情况下，不断提高品质，而产生连续的进化过程。如锤子是用来粉碎(脆性物)和锻打(韧性物)的，以使被作用物体产生整体变形(尺寸或性状改变)，这一过程中是用冲击力来实现系统功能的。

古人最早使用石锤，为了增加打击力，将其改造为加柄石锤。当有了金属材料后，石锤进化为金属(铜、铁)锤，为了适应不同的打击需求，锤头部的结构发生了性状变化。锤的进一步发展由机械动力、流体动力代替人力操作，演进为由偏心轴、曲轴、带动的机械锤，以及由高压空气或蒸汽为动力带动的空气锤和蒸汽锤。

**(三)多样性原则**

如果说进化的连续是根据科技的进步、功能的需求提出更高的要求，使技术系统向复杂、高效发展，那么进化的多样性则反映了需求的广泛性，适应性与专业化的发展和进化，反映了同类系统近似功能类型应用多种技术的发展趋势。

技术的多样性可分为纵向和横向两种进化趋势。现以运输技术系统这个庞大的体系来说明。

运输技术系统的基本功能是运送人和物，早期运输只有水上和陆地两种运输方式。运输工具包括人、畜力、车辆、船舶等，原动力除人力、畜力外，还有风力、水力。随着科学技术的发展，人类又发明了火车与飞机，原动力机也逐步被蒸汽机、内燃机、电动机、燃气轮机所取代。先进的磁悬浮列车采用的则是先进的电磁原理，这也是车辆原理一次质的突变。运输技术系统作用力分析见表3-1所列。

表3-1 运输技术系统作用力分析

| 支持力 | 汽车 | 火车 | 船舶 | 飞机 | 其他 |
| --- | --- | --- | --- | --- | --- |
| | 地面支持力 | 地面—铁轨 | 水浮力 | 空气举升力 | 地面支撑力 |
| 阻力 | 地面阻力、空气阻力 | 铁轨阻力、空气阻力 | 水阻力、空气阻力 | 空气阻力 | 地面阻力、空气阻力 |
| 驱动力 | 电动机、内燃机 | 蒸汽机、电动机、内燃机 | 蒸汽、内燃机、风力(帆)、水力(桨、橹) | 内燃机、涡轮喷气机 | — |
| 类型 | 客、货、特种功能 | 客、货 | 客、货、特种功能 | 客、货、直升、特种功能 | — |

环境对系统的共同作用包括支持力、支持面阻力和空气阻力，为确保系统在适应环境的同时达到行进的目的，这就要求系统具有相应的特性与功能。

以船舶为例可以概略表述为：应用阿基米德原理制成中空适型结构(一般为流线型)，利用水的浮力浮于水面，在桨、橹、帆、轮机驱动下，在水面上沿纵向前进实现运送人或物的功能。

**(四)科学性原则**

科学性主要体现在系统结构关系的合理设计，而其根本在于符合科学原理并以相应的科学原理进一步发展变化。科学性原则主要表现为进化多样性、延续性、选择性、连续性功能4个发展方向。进化多样性则体现在新科学原理的发现与应用，材料、能源与信息变化的多样性，及功能的多样性。延续性是使知识与技术积累，及产生的渐变过程。创新是技术系统的异化或突变。选择性是由客观环境和主观需求对技术进化产物的取舍与客观决定的进化方向。连续性功能的发展方向又可以体现为纵向连续和横向发展两种进化方式。如果一个系统由多个子系统组成，子系统同样遵循上述规则进化。

## 二、与农业生产相关技术进化分析

对于物种进化理论的研究，受到学术界的普遍重视，并取得了丰硕成果，有些进化理论，被世人所公认。关于技术系统是如何进化的，许多专家、学者进行了大量研究，提出了很多有价值的理论与见解，但仍无法形成完整公认的理论体系。下面将从创新实践的角度，结合与农业生产有关的案例，对典型的进化理论与技术进化的关系进行分析与阐释。

比较典型的技术进化有3种：第一种，达尔文的生物进化论；第二种，斯宾塞的社会达尔文主义；第三种，阿奇舒勒的技术进化论。由于社会达尔文主义主要涉及社会技术，技术进化论主要涉及的"物场分析原理"主要用于工业，与传统农业几乎没有关联，在此不再展开论述。下面重点介绍与农业生产关联较大的生物进化论思想。

生物进化论思想是达尔文于1859年在《物种起源》一书中提出的，主要包括4个子学说：

第一，一般进化论。物种是可变的，现有的物种是从别的物种演变而来的。一个物种可以变成新的物种，已被多种科学观察实验所证实。

第二，共同祖先说。所有的生物都来自共同的祖先。分子生物学发现所有的生物都使用同一套遗传密码，生物化学揭示了所有生物在分子水平上有高度的一致性，最终证实了这是一个被普遍接受的科学事实。

第三，自然选择学说。自然选择是进化的主要机制。自然选择决定生物进化的方向，其存在性已被无数观察和实验所证实。但是，自然选择的使用范围并不像达尔文设想的那么广泛。自然选择是适应性（生物对环境适应性）的机制，对于非适应性进化，有基因漂移等其他机制，所以自然选择不能解释所有进化现象。考虑到适应性进化是生物进化的核心现象，也可以认为自然选择是进化的主要机制。

第四，渐变论。生物进化是渐变式的，是在自然选择作用下累积微小的优势变异逐渐改进的过程，而不是跃变式的。生物进化是否出现跃变是达尔文进化论中较有争议的焦点。近二三十年来，研究表明生物进化过程很可能是渐变和跃变两种模式都存在的。但是进化论的跃变，除少数非常特殊的情形（经杂交出现新种），也并非在数代之间发生的，而可能经历数千年乃至万年以上。

达尔文的生物进化论，虽然最初是与生物技术相关的理论，但是却可以应用到包括农业在内的诸多领域。因此，开展生物与机械等技术进化特征类比，更有利于理解达尔文的生物进化论，并用这一理论解释、指导农业技术演化。

想通过一种技术进化理论来解释技术系统（人造物）差异性，一条可行的途径就是对有生命的有机体和以机械设施为代表的工业技术系统做比较。最初，生物—机械设置类比的潮流是从技术向生物移动。19世纪中叶，随着工业的广泛发展，地质学家有了描述地球古史的办法。达尔文进化论的出现，使生物类比应用于技术领域更为方便。这种新的类比模式，首先影响到的是文学和人类学。

为了深入认识生物与技术的进化机理和规律，理解与农业生产密切相关的生物进化与普通技术进化的共性和差异，下面对生物与技术进化模式的异同进行比较分析。

一方面，生物与技术进化模式有很多相似之处。

第一，基本需求是进化的基础。基本需求是维持生命的根本。没有需求，物种（含人造物）将随之消失或死亡。

第二，一切演化过程是通过自然选择进行的。环境发生变化，生物及人工制品都将随之进化，并去适应新环境的变化。

第三，物种（含人造物）是多样的和可变的。生物可能由其他物种变来，人造物同样存在着可复制性和变异性。

第四，生物和人造物都在不断地进化。这种变化以渐变为主要形式，同样也存在突然变异。

第五，共生性。物种（含人造物）都有互利共生关系，有些物种则是循环共生，如植物与飞鸟（植物种子为鸟的食物，同时又为种子起到传播作用）、笔与纸等。

第六，过程结构相似。某些生物过程与技术创新所涉及过程之间的结构是很相似的。物质人工制品以及科学理论，企业、法律乃至社会风俗等无形的文化实体，它们有特有的"性状"的"变异"机制。大量不同的变种"进入市场"被实践、被裁定、被投资、被出版，并匹配顾客或使用者的"适合度"，被严格选择。存续的实体，通过"种群"而被复制"扩散"，逐渐成为优种类型（名牌产品、传统产品）的整个过程都是很相似的。

另一方面，生物与技术系统进化的非类似性。

尽管前面我们所提到的生物与技术系统进化的相似性，对技术系统进化用"建模"方式作类比研究，有利于对技术系统进化的理解。但是，技术系统与生物系统进化中有些关键性状是并不相似的，主要表现在以下3个方面。

第一，新的人工制品并不是随机产生的，它们几乎全部是根据需求有意设计的。发明者通过经验与实验，往往将其制造品形象化，然后再通过不同的工艺进行制造。因此发明具有被有意地传递给下一代的特征。这些在农业生产中表现为应用杂交技术的生物传承。

第二，技术不存在严格意义上的生物分子基因的对应物。按生物学说及生物进化论，生物都来自共同的祖先，都使用同一套遗传密码。基因是遗传密码的载体，生物化学揭示了生物在分子水平上有高度的一致性。基因变化造就了物种的可变性和多样性，并形成客观的内在联系。而人工制品却与此大相径庭。不仅来自自然的物质产物有有机和无机的区别，而且人造物基于物质特性和自然原理不同，也存在很大差异。至于非物质技术，由于文化因素的影响更是千差万别。因而技术的进化程序很难找出一个比较有共性的基点，这一点虽增加了创新进化的难度，但也为进化发展提供了更广泛的空间。

为了维持生物与技术进化的相似性，常采用"縻母"（縻母直接表示为与母体的联系）这一术语来讨论技术系统。"縻母"是历时持久、自我复制并塑造实际人工制品的基本概念，但却是抽象的隐喻。"縻母"并不等同于不可分的实体。一个人工制品的性状特征不能被唯一地分解成持久不变的、明确定义的设计要素。例如，所有自行车都有车轮，但车轮无论在设计上，还是在构造上都是各式各样的，因而认为它们是存在于一个个车型中的"车轮縻母"的表现并不是很有用。

当然强调技术性状的可遗传方面，"縻母"语言还是有指导性的。在任何新的人工制品工程运作开始以前，人们常常需要对它的设计进行多次分析与修正。适用于实际人工制品技术的"技术縻母"可以被独立地传递、存储、恢复、变异和选择。例如，根据一份专利说明书装配一个相应的人工制品。在这里还应当指出的是，如果把人工制品的性状要素引申到人工制品的基本原理或物理特性，分解出相对持久不变的设计要素还是有可能的。仍以自行车为例，所有自行车的车轮必须是正圆形状，并以其外作用力和地面附着力所形成的力矩达到行驶功能，这个设计要素是不可改变的。

第三，在某些制品中，最显著的非类似性在于生物有机体的基因组是一个从孕育到发育的成长"机制"，而并非一个成熟形体的"蓝图"。在技术进化中，来自远缘"世系"的縻母经常重组，并且"多体系"是通用法则。没有任何生物体能像计算机芯片那样，组合了来自化学、物理学、数学、工程学等众多不同学科领域的基本思想、材料和技术。生物体向独立体物种的分化是达尔文进化论的核心,却难以适用于发明,而技术制品的枝状结构进化树更像一个审计网络而不是一个系统树(枝状系统)。

技术系统的进化规律是由技术及技术系统本质特性所决定的,贯穿其发展进程的始终,并有总结过去,指引未来的双重作用。技术系统的进化受到客观环境的制约,以及人的主观能动性的影响,形成循序变化和突变两种机制。但是,其演化机理是客观的,也是不以人的意志为转移的。因此,深入了解技术系统进化的理论与规则,是从事创造与创新活动不可或缺也不可回避的问题。下面我们将就技术系统形成与进化的古今实例,对技术演化做进一步的讨论与分析。

通过生物进化与技术进化法则的类比,可以认识到生物进化是通过遗传变异和自然选择进行的。基因变异是进化本体的内部因素,而自然环境则是影响进化的外部因素。生物进化当然也包括人类的进化。技术是人类征服和改造自然最基本也是最重要的手段之一。技术进化同样也存在内部和外部两方面的影响因素,并可以划分为主观和客观两方面。客观的外部环境包括自然环境和已参与了主观因素的社会环境,客观的内部因素则是事物的自然特性和科学规律。主观因素则是社会的基本需求与人的主观意识和直接参与。这种人的参与,既表现为技术的进化形式,也表现为生物的改良和异变。下文"爬架西瓜"帮助农民增收的例子,就是一个主观意识下通过条件改变实现创新的典型案例。

自古以来,西瓜的瓜蔓都是趴在地上,长出来的西瓜也是躺卧在地上。中国有句出自汉代古乐府的古谚:"瓜田不纳履,李下不整冠。"说明西瓜匍匐在地上的现实至少存在1800年了,长久的存在使人们认定这是一种必然现象。

河北省新乐市邯邮镇盛产西瓜。为了改善西瓜的质地和产量,镇政府组织科技人员和老瓜农成立了专题研究组。他们从黄瓜、丝瓜等都是在架子上开花结果的现实联想到西瓜也有这种可能。并且想象,西瓜一旦爬上了架子,由于光照的均匀和空气的畅通,西瓜的质地和产量都将大幅度提高。就是根据这些基本设想,从1996年开始,他们进行了试验研究。

经过3年试种,他们积累了丰富经验,创造了奇特的业绩:①口感更佳。躺卧在地上的西瓜,在和地面接触的地方有一块地方颜色浅淡,这里面的瓜瓤口感欠佳。而在架子上结的西瓜处处都非常鲜美,引来许多瓜商千里迢迢前来订购。②爬架的西瓜种植密度高。平均亩产由原来的3000~3500千克增加到5000千克左右。③上市时间提前。按1999年的情况统计,爬架西瓜比普通西瓜上市时间提前了20天,经济效益显著提高。

由于研究组的创造性工作,爬架西瓜种植面积年年扩大,群众收益不断提高,种植西瓜成了邯邮镇的支柱产业之一。

与农业发展相关的技术系统中的进化法则,主要包括两条,以功能原理为基础的技术系统演化和技术转移中的系统演化。

### (一)以功能原理为基础的技术系统演化

技术系统的存在以需求功能为目的。功能的实现过程必须符合自然规律,即得到科学原理的支持。系统的功能原理是客观存在的,并不以人们是否已经认识到这种原理的内涵为存在条件。违反科学原理的系统功能是不可能实现的，如永动机。因此，可以认为系统功能原理既是系统演化的基础，也是系统演化的主线。

钻木取火与轮子应用技术是人类科学史上具有重要意义的两项发明，也是与农业生产相关联的两次科技进步。下面将结合这两个案例，分析以功能原理为基础的技术系统演化规律。

发现"天火"造就的熟食并学会用火是人类文明史上重要的里程碑。当自然火保存火种的方式已无法满足生存需求时，掌握取火技术便成了当务之急。在生产劳动实践中，人类发明了"钻木"与"撞击"两项取火技术。

钻木(以木钻石或钻木)的科学原理是摩擦生热(物理原理)和可燃物质达到燃点后自燃(化学原理)两项科学原理的融合。木材通过摩擦力转化为热能，首先碳化降低燃点，并在热量达到燃点后燃烧，达到了取火的功能。

火柴的发明改变了几千年的取火方式，其技术进化表现为摩擦表面与可燃物质的改变——用不同颗粒度的砂纸取代了木材(或石块)，而对应的摩擦兼易燃物用黏结有易燃的磷、硫黄、石蜡的细木材杆(一般为白桦)所取代，而取火技术的基本功能原理却没有改变、并足以彰显技术演化的"糜母"特征。

安全火柴则是以磷(红磷)砂纸取代了石质砂纸，实现易燃物的结构转移，从而避免了一般火柴在粗糙表面均可取火的安全隐患。

"钻木"与"撞击"两项取火技术的共性，就是用冲击力为能量引起自燃。以冲击力为能量转化媒介是利用物质自燃的取火功能原理与取火方式的技术，也是使用比较久远的一种技术系统，其原始的技术过程是以石块击打燧石(俗称火石)或含有燧石成分的石头来实现取火功能的。燧石中含有的稀土元素铈、镧等属于易燃金属，在冲击力作用下产生碎屑，因其表面很大，与空气接触即可燃烧并释放出大量热量——即火花及颗粒达到高温炽热状态，迸出的火花点燃易燃物达到取火功能。

撞击取火技术是沿用比较久远(几千年)的一种取火技术，直至发明火柴技术前，也在不断演化，最早的演化方式是铁(钢)刀取代了石头，以增加打击力强度和耐磨性，并以碳化棉(火绒)作为易燃物以降低燃点，使取火更为容易。

最早出现的技术创新是打火机，采用锯齿形摩擦轮使燧石颗粒更加细化(使表面积增大)、易燃，而燧石也被人造燧石所取代，增加了稀土金属的含量，更易于火花的产生和集聚。易燃物则使用燃点更低的汽油、燃气，实现了取火的现代化。然而，必须指出打火机取火的基本功能原理并没有改变，只是通过分功能的演化与科学化，提高了取火的技术含量与质量，提高了功能效率。

轮子，乃至与轮子技术相关的车的技术应用，是人类科学史上又一项重要发明，也是科学原理应用的典型案例。

以"轮子"的技术发明为例来说明作用结构的进化规则。轮子的应用是从古保持至今的一项技术，已有 6000 余年历史。通过实践中的认识和经验总结(当时尚不具备科学总结能力)，使轮子的应用进一步扩大，主要有 3 个方向，即行走机械、动力机械和加工机械。

古人移动重物是在支撑面上用人力直接拖拽完成的，滑动的摩擦力过大，费时、费力、功效也太低。在重物下垫上圆木（滚杠），由滑动摩擦转变为滚动摩擦，不仅省力，功效也大为提高。最早的滚动技术是一根根整体的圆木（滚杠），虽然起到减少阻力的作用，但也出现圆木直径小、大型圆木使用不方便等问题。将大型圆木锯成饼形，便成为轮子的雏形。把两个轮子中心掏空，中间穿上细一点的圆木轴，代替滚杠进一步达到省力、便捷的目的。在轴上装上平板则成为"车"。这也就成为轮子作为实用技术的起源。考古学家发现，约公元前4000年，有轮子的运输工具（车）在美索不达米亚平原被发明，在很短的时间内便得到迅速传播。人力车、畜力车用于战争，长达近6000年，直至发明汽车、火车，而轮子的功能基本是一致的，这不能不说是技术历史的奇迹。

轮子滚动技术是通过外力（推或拉）与支撑面（地面等）的滚动阻力形成的作用转矩，实现轮子滚动是以基本力学原理为技术基础的。如果引用"縻母"概念，轮子的性状——形状才是"縻母"，是技术进化的"根本"。至于轮子的尺寸、结构则是系统结构的问题，仍然在不断进化之中。

轮子的结构进化引起性能的变化，而与车厢结构变动的相关性并不十分重要。

以上例证表明，应用同种功能原理的技术系统或事物，由于外界自然条件、工艺条件、新知识、理论的产生等需求环境和需求欲望的变化，技术系统也在不断演化。具体有以下几种方式：

(1) 系统（子系统）结构的改进、创新、完善促进技术系统的演化

车轮子自身的结构演化更为明了和直接。最原始的轮子为整体切断的圆木制成，不仅笨重而且不圆，使用功能和性能受到影响。为了使用需求，轮子的结构首先由整体轮改进为拼装轮，使圆度得到改进，对原材料的选择也得到较大的空间。轮子（车轮）进一步进化为组合结构：由轮毂、轮缘、轮辐（含辐条幅板）组装而成，增强轮毂强度的同时也起到减重作用。随着新材料、新技术的产生，轮毂内嵌装了金属套，并在轮轴嵌入间断、均匀分布的金属条，演化为初级滑动轮承，继而为滚动轴承所替代。而轮辋结构中，首先在轮辋表面加装了金属辋，增加了轮辋强度和耐磨性。随着橡胶材料的使用，金属辋被胶车胎和充气胶车胎取代，完善了车轮结构，也增加了轮子附着性（轮表面有花纹）、耐磨性和减振性。即表明单一功能基本结构随需求，如材料、工艺等环境条件变化而产生相应的进化。在复杂的技术系统中，由更复杂的结构创新而带来的功能性提高与进化，也是一种较为普遍的进化形式。

(2) 技术系统材料的替代促进技术系统演化

随着生产与科学技术的发展，新材料层出不穷。作为系统输入的物理材料的替代，新材料使系统功能的性质、效能不断地改善与提高，是技术系统演化的又一种形式。

打火机在系统原理不变的情况下，以天然气取代碳化棉，乃至汽油，使取火技术由低级步入高级；橡胶充气轮胎替代刚性轮胎，不仅提高了"功能原理"的附着力、驱动性，也改善了车的减震性，并为提高车速创造了良好条件。

(3) 先进的工艺促进系统演化

一个切实可行的技术原理和接近完美的结构设计，要实现系统的良好功能，必须以先进的技术工艺为依托，才能实现和不断地向高层次演化。

如前面提及的打火机。打火机的小型化、便捷化，就需要储气机体和出气口的密封和操纵打火、喷气协调等问题都有精密加工的工艺保证。汽车行驶中，有时风阻占动力消耗的50%~70%（随速度变化而变化），减少风阻需要良好的造型（如流线型），这并非只由车身设计所决定。好的造型必须以良好的冲压工艺为依托和保证。只有先进的工艺技术，才能保证技术系统不断优化、推陈出新。

（4）控制子系统的优化与创新

控制子系统是对直接功能系统传输信号和指令辅助的系统，是直接影响技术系统功能的重要组成部分。近几年，随着科学技术的飞速发展，电子与计算机技术领域取得了长足的进步，也加快了技术系统的演化速度。例如，技术系统中前馈与反馈控制的应用，有效地提高了输出功能的品质与效果。加工中心的控制中枢与计算机的有机结合，又可以实现如箱体等复杂零件的自动化一次成型。至于3D打印机技术，称得上技术系统完美的典范。

（5）子系统创新引起的技术系统演化

技术系统功能原理与主体功能结构不变的情况下，对个别子系统的功能原理与结构的改变是技术演化的又一条可行途径。例如，在汽车传动系统子系统中采用液力变矩器与行星变速系统，取代机械离合器与分级有机齿轮变速，即可减少变速时的冲击与操纵的复杂程度，无疑是汽车系统制造的有效演化进程。

**（二）技术转移中的系统演化**

一项技术系统的发明与完善都是有目的性、有针对性的，一般限于一定的领域甚至一个相对较小的应用范围。所谓技术转移是根据系统日趋完善的功能及其结构，直接或稍稍改动、调整，应用于其他领域发挥功能作用，并继续发展的一种技术系统演化方式。技术转移是在人的主观参与和引导下进行的，是建立在对客观环境的观察、证实与实践经验基础上的。

作为动力转换技术的轮子功能的演化，与农业工具的发展有些关联。下面结合农业生产涉及的动力问题进行分析。

在中国古代农业发端之时，农业生产者灌溉农田，最初是用瓦罐从井里把水一罐罐打上来，或从河里把水一罐罐运回来。春秋时期出现了采用杠杆原理提水的桔槔，后来又产生了辘轳。从没有手摇曲柄时汲水用手直接拉绳子，通过辘轳的转动把水罐提上的形式，到曲柄辘轳提高了取水效率。但是，真正满足大田排灌的需要，对中国古代农业发展做出巨大贡献的是以"轮子"为基础的翻车，即龙骨车。翻车是利用齿轮和链唧筒的原理汲水，结构巧妙，抽水能力相当高。

从表3-2可以看到加任何一种外力都可以使轮子转动。流水是一种自然动力，水轮也就成为轮子的另一种技术系统结构，而其功能是实现动力的传递。

表 3-2 轮子功能的演化

| 叶片形式 | 动力 | | | |
|---|---|---|---|---|
| | 水动力 | 蒸汽动力 | 燃油气 | 空气动力 |
| 经向叶片、螺旋叶片 | 水轮机、水力叶轮机 | 蒸汽涡轮机 | 涡轮喷气发动机、内燃油涡轮机 | 风车 |

图 2-4　牛转翻车

水轮是在轮辐边缘固定叶片的一种结构，通过流水的功能冲击叶片使轮子转动，并由轮轴输出转矩，从而带动其他机械系统做功。

水轮也是一项古老的发明。水轮的异变体现在叶轮及叶片结构改变、外动力介质性能改变等方面，并由叶轮不同结构与不同动力介质的组合产生纵横，从而进一步演化。

最初的翻车比较小，轻巧的翻车可以通过手摇提供动力。此后，较大翻车开始出现，需要通过脚踏提供动力。隋唐时代，江南圩田发展，圩田的排灌要求导致翻车在南方获得推广。宋代以后，翻车被广泛用于抗旱、排涝、高田提灌和低田排水。除了人力手转、足踏的翻车外，又有利用畜力、水力、风力，通过轮轴传动的翻车。可以说，龙骨车是电力抽水机推广以前我国农村使用最广泛的排灌工具。

轮子的单体应用于动力的传动技术也在不断进化，由最早应用于农业领域中间传动的绳轮、圆柱形齿轮，如图 2-4 所示的牛转翻车，发展为皮带轮、链轮、齿轮等，也体现了技术进化的多样性。

# 第三章 中国古代农耕文明的文化衍生物

中国古代农耕文明历时长久，在这个历史过程中，不仅形成了特有的农业思想和农业生产技术，而且产生了大量产品。这些供人消费的产品又承载了中国传统文化，这些文化与农耕文化既有联系，又有区别。理解这些文化形态，对于更好地理解中国古代农耕文明和农耕文化意义重大。农耕活动为人类提供了饮食，更为人类的精神产品提供了创作源泉。因此，承载于饮食活动中的中国传统饮食文化，依托古代农耕形成的传统民俗、文字、民间艺术，以及以对联和灯谜为代表的非物质文化遗产，都是比较典型的中国古代农耕文明的文化衍生物，也是中国古代农耕文化的重要组成部分。本章将分别对这几类文化形态进行介绍。

## 第一节 中国古代农耕文明培育的传统饮食文化

根据马斯洛需求层次理论，饮食属于生理需要范畴，是人类生存的第一需求，为人类提供饮食是农业生产的重要任务。随着人类文明的进步，中国的饮食活动逐步与文化结合并传承，成为中国文化的组成部分，进一步丰富了农耕文化和中国传统文化的内容。

### 一、中国传统饮食文化概述

饮食文化指的是人们在日常生活中的饮食行为和习惯，主要包括食物本身的属性，制作过程和仪式，用餐的器具、环境、礼仪和风俗等。

评价一道中国菜的标准，一般会从"色、香、味、意、形、养"几个标准出发，美食加上质地精良、美观舒适的器皿，就使菜品成为优秀的艺术品。

中国饮食文化历史悠久、博大精深，民族性和地域性鲜明，同音乐、舞蹈、书法、绘画、戏剧一样，是中国民族文化的重要组成部分。人们通过品尝中国大江南北的风味佳肴，既可以大饱口福，又可以体验文化。

原始人类为了果腹、充饥，采集野果、捕获动物，最初也只是从茹毛饮血到制作熟食。北京周口店的考古实践证明：大约在1万至4万年前，人类发明了原始的烹调方法——烧石传热熟物的石烹法，原始人类或把食物直接放在火上烤熟，或把食物放在石板上加热石板烤熟而吃。新石器时代，古人以陶器为炊具，或用陶鼎煮肉，或用陶鬲煮谷，或用陶甑汽蒸食物。夏代以后，中国进入青铜器时代，开始用铜制炊具，原料被改成小块，使用动物油烹制菜肴的油烹法开始出现。

人类社会生产力的提高导致剩余产品增多，社会分工加剧，饮食活动内容也变得丰富起来。从而出现所谓的"钟鸣鼎食"，即指豪门贵族吃饭时要奏乐击钟，用鼎盛装各种珍馐美馔。

汉代以后，铁器逐渐取代铜器，食品原料更加讲究，使用植物油，炖、煮、炒、煎、酱、腌、炙等烹调方法已经出现。厨师已成为一种职业，分工更细，从原料准备到加工处理等各个环节，分工层次明确。西汉张骞出使西域后，带回葡萄、西瓜、芝麻、菠菜、芹菜、大蒜、茴香等域外食品，使得食材在数量、质量、结构等方面进一步丰富。

魏晋南北朝时期，追求"医食同源""药食如一"的烹饪方法，食材更加丰富，饮食水平进一步提高。魏晋以后饮茶之风兴起，三国时吴国把茶作为宫廷饮料，贵族宴会皆设茗饮。南朝时，饮茶已经普及到百姓之家。

唐宋时期，商业和手工业蓬勃发展，水陆交通的发达和城市的兴起促进饮食业的发展。唐代是中国茶文化形成期，"茶圣"陆羽所著《茶经》问世，推动中国茶文化进一步丰富，由饮用变为品饮，由习惯、爱好升华为修养、文化。宋代精美绝伦的瓷器食具使中国饮食文化更加美妙，茶成为人们生活必需品。饮食文化成为文人、士大夫重要的社交文化活动，文人们对饮食讲究美食、美味、美器、美境，强化了饮食文化的审美价值。

明清时期，从宫廷饮食、贵族饮食、官府饮食到民族饮食、地方饮食和民间饮食都得到了蓬勃发展。清代统一全国后，满汉全席使南北美食融于一炉。满汉全席以其礼仪隆重、用料华贵、菜点浩繁、场面豪富而著称，与享有盛名的法国大菜相媲美。

中国饮食文化特色鲜明，主要特征如下：

第一，中国饮食文化魅力无穷。中国饮食文化历史悠久，随着中国社会的发展与进步，无论是饮食用具，还是饮食礼俗都在不断地发展、丰富。中国饮食文化作为一种古老而又年轻的文化，具有强大的生命力。

第二，中国饮食文化自成体系。中国饮食文化是在中国特定的物质环境以及诸多因素的影响下形成的，饮食文化的进步是以社会经济的发展、科技的进步、国土开发和农业生产的进步为基础的。中华文化使得中国饮食文化自成体系，形成饮食搭配、礼节到位、四时有序、三餐合理、讲究餐具、卫生可口的独特的文化基调和品味。

第三，中国饮食文化是中华文明的标尺，也是中华民族特质的体现。民以食为天，饮食不仅能满足人们的生理需要，而且可以增强人类体质，促进智慧创造，同时也可以丰富文化内涵，满足人们精神层面的追求，是人类文明的重要标尺。中华民族自古以来就是一个热爱生活、追求真善美的民族，中国饮食文化是中华民族悠久灿烂文化的重要组成部分，是各个历史时期中华文明发展进程和进步状况的重要标尺，也反映了中华民族的创造精神和独特风采。

## 二、丰富多彩的中国食文化

中国素来重视饮食，几千年的文明演进形成丰富多彩的食文化。与其他国家或民族的烹饪艺术相比，中国烹饪无论是在食料选取、烹饪技法上，还是在菜肴设计、调味处理上，以及菜点的酿名上，都有自己的特色。形成中国食文化特色的主要原因有如下几方面：

首先，中国地理环境优越，地大物博，气候变化多样，动植物品种繁多，提供了丰富多样的食料材来源。

其次，稳定、漫长的农业文明，形成重历史、重家族和重传统技艺的传统，烹饪手艺在继承和发扬中不断精湛。中国不分食的合家共餐吃法，更有利于情感交流、维系家族家庭团结。

再次，中国古代帝王登峰造极的奢侈，也是中国传统饮食文化的最高体现。中国古代大一统集权模式，使各地的美味佳肴荟萃到帝王贵族的餐桌上。中国的饮食文化是以士大夫阶级的生活为基础，以封建王公贵族为中介，尤以宫廷的饮膳为集中代表，积累、保存、流传和发展而来的。

最后，"食为民天"的理念，中国农业文化主张"食不厌精，脍不厌细"，重视食文化。在中国历史上，极少数人在享用食文化。农业文明时代，具有众多的人口、丰富的物产和缓慢的生活节奏，为了一桌丰盛的山珍海味宴席，不惜花费大量的人力和物力，精雕细刻，力求达到完美无瑕的地步，以供达官贵人享用。

长期以来，各地由于选用不同的原料、配料，采用不同的烹调方法，因而形成了各自独特风味的菜系。在不同的历史时期，根据不同的分类标准，可将中国菜划分为不同的流派。从原料性质来看，可将中国菜划分为素菜（宫廷素菜、寺院素菜、民间素菜）和荤菜；从菜肴功用来看，可将中国菜划分为普通菜和保健医疗菜；从地域角度来看，可将中国菜划分为四大菜系，即鲁菜、淮扬菜、川菜和粤菜。在饮食业，除了上述四大菜系之外，还有八大菜系（四大菜系加上北京菜、江浙菜、福建菜、湖北菜）、十大菜系等说法。下面简单介绍四大菜系。

**（一）鲁菜**

鲁菜是由胶东地区和济南两地的地方菜发展而成。明清两代，鲁菜成为宫廷御膳的主体，是中国北方菜的代表。鲁菜主要特点是：选料精细，精于制汤，以清香、鲜嫩、味纯而著名，讲究丰满实惠。另外，山东曲阜的孔府菜，对鲁菜的形成也具有影响。鲁菜特色菜有：糖醋鲤鱼、德州扒鸡、锅贴豆腐、九转大肠、清氽赤鲤鱼、红烧大虾、油爆海螺、孔府一品锅等20余味。其点心小吃主要有：周村酥烧饼、武城暄饼、荷叶饼、潍县杠子头火烧、煎饼、糖酥煎饼、锅贴、高汤小饺、开花馒头、煎包、金丝面、氽子面、蛋酥炒面、福山拉面、蓬莱小面、鸡肉糁、甜沫等。

**（二）粤菜**

粤菜由潮州、广州、东江（惠州）三大流派组成。粤菜主要特点是：选料广博奇杂，配料较多，注重装饰，讲究鲜嫩爽滑；擅长小炒，善于掌握火候，油温恰到好处；注意季节搭配，夏秋力求清淡，冬春偏重浓醇。在动物原料方面，除猪、牛、羊外，还有蛇、猫、鼠等，尤其是以蛇入菜由来已久。18～19世纪，随着对外通商和"下南洋"，粤菜也逐步走向世界。据称，现在仅美国纽约就有粤菜馆数千家。潮州菜以烹制海鲜见长，以菜汤最有特色，刀工精细，甜味较浓，注意保持主料原味。东江菜则下油重，味偏咸，主料突出，朴实大方，具有乡土风味。粤菜特色菜有：脆皮乳猪、白云猪手、龙虎斗、烤鹅、蛇羹、太爷鸡、杏仁鸡脚炖海狗、鼎湖上素、东江盐焗鸡、护国菜、脆皮炸双鸽等20余味。其点心小吃主要有：成珠鸡仔饼、皮蛋酥、煎堆、冰肉千层酥、大良膏煎、酥皮莲蓉包、叉烧包、粉果、伦教糕、马蹄糕、肠粉、蜂巢芋角、松糕、蟹黄灌汤饺、薄皮鲜虾饺、干蒸烧卖、沙河粉、荷叶饭、及第粥、艇仔粥、大良双皮奶等。

### (三)川菜

川菜以成都、重庆两地菜肴为代表，在中国享有崇高的声誉。川菜重视选料，规格讲究一致，分色配菜主次分明、鲜艳协调。川菜主要特点是：麻辣、鱼香、味浓、注重调味，离不开"三椒"（即辣椒、胡椒、花椒）和鲜姜，以辣、酸、麻、香脍炙人口。川菜特色菜有：宫保鸡丁、回锅肉、鱼香肉丝、夫妻肺片、麻婆豆腐、灯影牛肉、鸳鸯火锅、干烧岩鲤、家常海参、锅巴肉片、干煸冬笋等20多味。其点心小吃主要有：荷叶蒸饼、蒸蒸糕、蛋烘糕、鸡蛋熨斗糕、青城白果糕、崇庆冻糕、锅盔、宜宾燃面、龙抄手、红油水饺、玻璃烧卖、担担面、赖汤圆、芝麻圆子、广汉三和泥、川北凉粉、小笼蒸牛肉、顺庆羊肉粉等。

### (四)淮扬菜

淮扬菜主要以苏州、淮安、扬州、南京等地为代表。淮扬菜主要特点是：以炖、焖、烧、煨、炒著名，重于酥烂、鲜香，原汁原汤，浓而不腻；口味平和，咸中带甜，咸甜适中，适应性强。烹调上用料考究，注意配色，讲究造型，菜谱四季有别。南京菜口味和醇，花色菜玲珑细巧，用鸭制菜负有盛名。扬州菜清淡适口，主料突出，刀工精细，醇厚入味，以制江鲜、鸡类著名。苏州菜口味偏甜，配色和谐，以烹制河鲜、湖蚧见长。淮扬菜特色菜有：金陵盐水鸭、水晶肴肉、清炖蟹粉狮子头、文思豆腐、三套鸭、叫花鸡、梁溪脆鳝、松鼠桂鱼、霸王别姬、沛公狗肉等20多味。其点心小吃主要有：黄桥烧饼、葱油火烧、文蛤饼、金钱萝卜饼、太湖船点、五香茶叶蛋、无锡王兴记馄饨、淮饺、文楼汤包、蟹黄养汤烧卖、三丁包子、藕粉圆子、淮安茶馓、苏州糕团等。

## 三、博大精深的中国酒文化

酒是用高粱、麦、米、葡萄或其他水果等原料经过糖化、发酵制成的含有食用酒精（乙醇1度以上）等成分的饮料。中国是世界上最早掌握酿酒技术的国家之一。中国酿酒业发展史可分为启蒙期、成长期、成熟期、发展期、繁荣期5个阶段。

新石器时代至夏朝初年是中国酿酒业的启蒙期。人工酿酒的先决条件是农业文明的发达和陶器的出现。在仰韶文化遗址中，既有陶罐，也有陶杯。由此推知，约在6000年前的先民们已经开始用发霉但已发芽的谷物开始人工酿酒。

从夏朝至秦朝是中国酿酒业的成长期。这一时期，农业五谷六畜，酿酒业发明曲糵，使中国成为最早使用曲酿造酒的国家。酿酒工艺的迅速发展，导致酿酒行业开始作为独立手工业部门与农业分离，朝廷开始设官治酒，以其掌管重大的国事和王室的饮宴活动。酒官的设置，标志着酿酒已成为独立的手工业部门，对于规范和提高酿酒技术，总结和推广酿酒经验具有重要意义。

周朝以农为本，认为大量酿酒和酗酒会浪费很多粮食，是难以容忍的"罪恶"。为了节约粮食，积蓄国力，西周初年颁布了中国历史上的第一部禁酒法典——《酒诰》，规定了十分严厉的禁酒措施。西周时期从设官治酒到以法禁酒，标志着酒文化与制度文化结伴运行，这对于几千年来中国的酒政产生了极其深远的影响。在礼制文化的直接影响下，西周统治者还大力倡导酒德、酒礼，其目的除了分尊卑之外，主要还是为了禁止滥饮酒。西周倡导的"酒礼""酒德"，后来同儒家的伦理道德思想融合，成为数千年来中国酒文化区别于西方酒文化的最大特色。西周的制度基本奠定了中国酒文化发展的两个方向：一是用曲发酵。从古到今，这是中国的国酒——黄酒和白酒与用菌种发酵的洋酒生产工艺的根本区别；二是把酿酒、饮酒和用酒都纳入法制化、礼制化、礼仪化的轨道，大大增加了酒的精神文化价值，减少了酒的负面作用。

从秦朝至北宋是中国酿酒业的成熟期。这期间有汉唐盛世，经济贸易发展，中西文化交融导致李白、杜甫、杜牧、苏东坡等酒豪文人出现，也有东汉末至魏晋长达两个世纪的战乱使文人失意借酒浇愁，狂饮空谈，一正一反都促进酒业大兴。这个时期，饮酒风气从社会上层广泛传播到民间。酒量需求大增，为中国白酒的发明、发展奠定了社会与物质基础。马王堆西汉墓中出土的《养生方》和《杂疗方》中记载，当时人对酒的药用功能已有一定的认识，酒事也是东汉时画像石和画像砖上常见的题材。山东诸城凉台出土的《庖厨图》中的酿酒场景是对当时酿酒全过程的描画。《齐民要术》等有关饮食及造酒的科学技术书籍，为中国酒业的成熟提供了理论基础。

从北宋至晚清是中国酿酒业的发展期。这期间蒸馏器从西域传入中国，为中国白酒的发明奠定了物质基础。这一时期出土的小型酒器可以说明，度数较高的白酒已迅速普及到一般平民百姓中。明朝中叶后，以高粱为原料，以大麦制曲，用蒸馏方法制造的烧酒逐步取代黄酒而占据主导地位。同时，黄酒、果酒、药酒也得以提高发展，使中国的酒文化进一步繁荣。

1840年鸦片战争开始后的时期是中国酿酒业的繁荣期。中国传统的酿造技术与西方先进的酿造技术相互影响，威士忌、白兰地、伏特加和日本清酒等都传入中国，促使中国酒业出现新品种，老牌白酒也迅速发展，各显优势与特色。新中国成立，特别是改革开放以来，中国酿酒业迎来繁荣时代。

酒可以提神、御寒、治病、交友、解忧。酒的品种很多，不同的酒又有其不同的功用，酒的功能存在于社会并渗透到社会生活的各个方面。具体来说，包括如下几方面。

首先，酒具有交际礼仪功能。交往是人类社会生活不可缺少的环节。无酒不成席，酒是社会交际的重要媒介，可以帮助人们在交往中沟通思想、密切关系、联络感情。边饮边谈，酒给席间增加话题，酒兴所致，心扉敞开，活跃气氛，增进友谊，欢声笑语，笼罩席间。

其次，酒具有医药保健功能。酒最早用作麻醉剂，华佗用的"麻沸散"就是用酒冲服。酒还可以治病、滋补，适量饮酒对健康长寿有益。古代和现代医学均主张老年人适量饮酒。

最后，酒具有激发功能。酒能刺激神经中枢，扩张血管，加快心率，促进血液循环。酒也是才智和胆略的催化剂，激发文学家、艺术家的创作灵感。唐代文学家中如王维、孟浩然、李白、杜甫、贺知章、韩愈、柳宗元、刘禹锡、白居易、杜牧、李商隐等大多不饮酒，诗中也写酒。中国古代名著《红楼梦》《三国演义》《儒林外史》《水浒》等都有酒的描写。

酒品、酒器、酒戏、酒德、酒礼是值得研究者关注的几个概念。

**(一)酒品**

根据酿造方法的不同,中国酒可分为蒸馏酒、发酵酒和配制酒;根据酒精含量的不同,可分为高度酒(一般在40°以上)、中度酒(20°~40°)和低度酒(20°以下);根据商业习惯,可分为白酒、黄酒、葡萄酒、啤酒和露酒等。

白酒是以各种含淀粉或糖分的原料、辅料、酒曲、酵母、水等,经过糖化、发酵,用蒸馏法制成的40°~65°或更高的高浓度酒。1979年第三届全国评酒会按照白酒香型的不同,将白酒分为酱香型、清香型、浓香型、米香型和其他香型五种。酱香型以贵州茅台酒为代表,清香型以山西汾酒为代表,浓香型以四川五粮液为代表,米香型以广西桂林三花酒为代表。

黄酒是中国特有的酿造酒,也是中国最古老的饮料酒。黄酒一般在16°~18°,含有糖、氨基酸等多种成分,是营养价值较高的低度饮料,主要产于中国长江下游一带,以浙江绍兴的黄酒最为著名。

葡萄酒是以葡萄为原料酿造的一种果酒。其酒精度高于啤酒而低于白酒,营养丰富,保健作用明显。葡萄酒具备调节新陈代谢的性能,促进血液循环,防止胆固醇增加,还具有利尿、激发肝功能和防止衰老的功效。同时,葡萄酒也是医治心脏病的辅助剂,可预防维生素C缺乏症(坏血病)、贫血、脚气病、消化不良和眼角膜炎等疾病。常饮葡萄酒可以使患心脏病率减少,血脂和血管硬化降低。现在市场上销售的果酒类型较多,有枸杞果酒、桑葚酒、石榴酒、猕猴桃酒、五味子酒等众多品种。

啤酒是以小麦芽和大麦芽为主要原料,并加啤酒花,经过液态糊化和糖化,再经过液态发酵而酿制成的,其酒精含量较低,含有二氧化碳,富有营养。啤酒含有多种氨基酸、维生素、低分子糖、无机盐和各种酶,这些营养成分人体容易吸收利用。啤酒中的低分子糖和氨基酸很易被消化吸收,在体内产生大量热能,因此往往啤酒被人们称为"液体面包"。1升12°的啤酒,可产生3344千焦热量,相当于3~5个鸡蛋,或210克面包所产生的热量。一个轻体力劳动者,如果一天能饮用1升啤酒,即可获得所需热量的1/3。

露酒是以蒸馏酒、清香型汾酒或食用酒精为酒基,以药食两用的动植物精华按先进工艺加工而成。露酒改变了其原酒基风格的饮料酒。露酒的原辅料可供选择的品种很多,特别是近年来应用科技的发展,原料的应用范围不断扩大,具有强大的优势,如枸杞、红枣、龙眼、黑豆等食材和甘草、茶多酚精华等药用食物,另外还有一些虾蟹提取物等。可以说,凡是可以食用或入药的品种,基本上都能按照生产工艺生产露酒。露酒产品因为我国有丰富的药食两用资源,品种也较多,典型产品有山西的竹叶青酒、东北参茸酒、三鞭酒,西北的虫草酒、灵芝酒等产品。

**(二)酒器**

酒器是指历代人们饮酒、盛酒的用具。按酒器的材料可分为:天然材料酒器(木、竹制品、兽角、海螺)、陶制酒器、青铜制酒器、漆制酒器、瓷制酒器、玉器、水晶酒器、金银酒器、锡制酒器、玻璃酒器等;按酒器的用途可分为:盛酒器(如樽、壶、卣、罍、觥、彝等)、温酒器(如斝、角、爵、杯等)和饮酒器(如爵、角、觯、盉等)三大类。

**(三)酒戏**

酒戏,也叫酒令,即酒席上助兴的游戏。一般是席间推举一人为令官,余者听令,参与游戏，违令者或输者罚饮，所以又称"行令饮酒"。在古代为宴饮而设的"燕射"，就是通过射箭决定胜负，负者饮酒；春秋战国投壶之戏，通过投壶决定胜负，负者饮酒；魏晋文人雅士喜好行"曲水流觞"之酒令，即选择一风雅静僻所在，文人墨客按秩序安坐于潺潺流波之曲水边，将盛满酒的杯子置于上流，使其顺流而下，酒杯止于某人面前即取而饮之，再乘微醉或啸吟或援翰，作出诗来；明清时期，酒令已成为酒文化中极富情趣的一种文化现象。在清代的《红楼梦》《聊斋志异》《镜花缘》三部古典文学名著中都有酒令的描述。

酒令，按形式可分为雅令、筹令、骰令、通令。雅令，是文人学士的风雅之事，有对诗、拆字、联句、回环等形式；筹令，是一种简便和雅俗共赏的酒令，一般筹令多刻着唐诗、宋词、元曲名句以及文学名著之人名或明贤故事，每筹下都注有饮酒对象和数量，诙谐幽默，每每令人捧腹。它是古人宴饮时借来助兴的一种游戏，起着活跃气氛、调节感情、增进人际交流的作用；骰令，即掷骰子行令，民间非常流行；通令，即游戏令，有传花、抛球、划拳等形式，又以划拳最受百姓欢迎。

### （四）酒德

酒德是约束饮酒行为的道德。儒家不反对饮酒，认为用酒祭祀敬神、养老奉宾都是德行。

### （五）酒礼

酒礼是指饮酒时的礼仪。古人用酒礼体现酒文化中的贵贱、尊卑、长幼乃至各种不同场合的礼仪规范。为了保证酒礼的执行，历代都设有酒官。周有酒正、汉有酒士、晋有酒丞、齐有酒吏、梁有酒库丞等。古人饮酒的礼仪包括拜、祭、啐、卒四步，通俗来讲就是先做出拜的动作，以示敬意；接着把酒倒出一点在地上，祭谢大地生养之德；然后尝尝酒味，并加以赞扬令主人高兴；最后仰杯而尽。主人向客人敬酒叫"酬"，客人要回敬主人叫"酢"，并互致几句敬酒辞。客人之间相互敬酒叫"旅酬"，依次向主人敬酒叫"行酒"。在跪坐时代，敬酒时敬酒的人和被敬酒的人都要"避席"——起立。普通敬酒以三杯为度。

## 四、源远流长的中国茶文化

茶叶是用茶树新梢上的芽叶嫩梢为原料加工而成的饮品，与咖啡、可可并称为世界三大饮料。中国是茶树的原产地，是最早发现茶叶功效、栽培茶树和制作茶叶的国家。茶文化是中国饮食文化的重要组成部分。

在汉魏两晋南北朝时期，茶以文化的面貌出现。为对抗当时的奢侈之风，两晋南北朝时有政治家提出"以茶养廉"。魏晋的清谈之风，使饮宴成为高谈阔论的平台。但是，豪饮不醉者毕竟很少，而茶可长饮且让人始终保持清醒，清谈家们转向喝茶，茶文化出现。

唐代中叶，陆羽撰写中国也是世界上第一部茶叶专著《茶经》。《茶经》奠定了中国茶文化的理论基础，陆羽被奉为"茶神"，在茶作坊、茶库、茶店、茶馆都有被供奉。

进入宋代，宫廷兴起的饮茶风俗极大地推动了茶业发展，市民茶文化和民间斗茶之风兴起，也使茶成为人民生活的必需品。茶叶流通非常兴盛，大中城市、小市镇茶房林立，甚至在茶叶运输线上兴起若干商业城市。由于宋代著名茶人大多数是文人，加快了茶与相关艺术融为一体的过程。著名诗人有茶诗，书法家有茶帖，画家有茶画，使茶文化的内涵得以拓展，成为文学、艺术等精神文化的直接关联部分。饮茶也成为宋代市民增进友谊与社会交际的手段。北宋汴京有人乔迁，左右邻居要彼此"献茶"，邻居间请喝茶被称为"支茶"。元代，流行饮茶简约之风，茶的著书极少，诗文中偶有写茶的作品。

明代大量制作、普及散茶，并出现了炒青工艺，刻意追求茶叶特有的造型、香气和滋味，绿茶、青茶、黑茶、白茶等精品纷纷出现。茶的饮法由煮饮改为冲泡，饮茶过程简化，易于人们品茶。这时，陶质、瓷制茶具大受欢迎，紫砂备受推崇。明代对茶文化各个方面加以整理、阐述和开发的茶书兴盛，影响至今。

清代盛行向皇上进贡茶，龙井茶、碧螺春茶、六安瓜片茶、铁观音茶、武夷山大红袍茶等因曾是贡茶而名扬天下。同时，清代期间还开创了红茶制作的先河。

新中国成立后，中国茶叶产量增长很快，为中国茶文化的发展奠定坚实的物质基础。1982年，在杭州成立第一个以弘扬茶文化为宗旨的社会团体——"茶人之家"。在陆羽的故乡——湖北天门，成立了"陆羽茶文化研究会"；1991年，中国茶叶博物馆在杭州正式开放；1993年，"中国国际茶文化研究会"在湖州成立；1998年，中国国际和平茶文化交流馆建成。改革开放之后，各地茶艺馆越办越多，各省市及主产茶县纷纷主办"茶叶节"。

茶品、茶具与茶饮是研究者需要熟悉的茶文化基本知识。

**（一）茶品**

根据制造方法不同和品质差异，可以将茶叶分为绿茶、红茶、乌龙茶、白茶、黄茶和黑茶六大类；根据中国出口茶的类别，可以将茶叶分为绿茶、红茶、乌龙茶、白茶、花茶、紧压茶和速溶茶七大类；根据中国茶叶加工粗、精制两个阶段的情况，可以将茶叶分为毛茶和成品茶两大类。毛茶可以分绿茶、红茶、乌龙茶、白茶和黑茶五大类，黄茶归入绿茶一类。成品茶包括精制加工的绿茶、红茶、乌龙茶、白茶和再加工而成的花茶、紧压茶和速溶茶等类。按生长环境来分，可以分为平地茶、高山茶、丘陵茶。综合上述几种常见的分类方法，中国茶叶还可分为基本茶类和再加工茶类两大部分。

**1. 基本茶类**

绿茶，是以适宜茶树新梢为原料，经杀青、揉捻、干燥等典型工艺过程制成的茶。干茶色泽和冲泡后的茶汤、叶底以绿色为主调。绿茶较多地保留了鲜叶内的天然物质，绿茶中保留的天然物质成分，对防衰老、防癌、抗癌、杀菌、消炎等均有特殊效果。绿茶按其干燥和杀青方法的不同，可以分为炒青、烘青、晒青和蒸青绿茶，著名的有：西湖龙井茶、太湖碧螺春茶、黄山毛峰茶。西湖龙井茶干茶扁平挺直，大小长短匀齐，色泽绿中透黄，茶香清高鲜爽，宛如茉莉清香，味甘而隽永。西湖龙井茶泡在玻璃杯中，清汤碧液，可见茶芽直立的特点；碧螺春茶的特点是条索纤细，卷曲成螺，绒毛遍布，色丽香清；黄山毛峰茶的特点是芽叶肥壮，大小均匀，银毫形如雀舌，油润光滑，绿中微黄，冲泡入口醇香鲜爽，回味甘甜沁人心脾。

红茶与绿茶的区别在于加工方法不同。红茶以适宜制作本品的茶树新芽叶为原料，经萎凋、揉捻（切）、发酵、干燥等典型工艺过程精制而成。红茶干茶色泽和冲泡的茶汤以红色为主。特殊的加工工艺形成红叶红汤，香甜味醇，具有水果香气和醇厚的滋味，还具有耐泡的特点。红茶主要有小种红茶、工夫红茶和红碎茶三大类。著名红茶有：安徽祁红、云南滇红等。祁红条索紧细秀长，色泽乌润，毫色金黄，汤色红艳透明，叶底鲜红明亮，入口醇和，回味隽厚，味中有浓郁的既似果香又似兰花香的香气，清鲜持久；滇红外形条索紧结，肥硕雄壮，干茶色泽乌润，金毫特显，汤色艳亮，香气鲜郁绵长，滋味浓厚鲜爽。

青茶，也称乌龙茶，属半发酵茶，制作时适当发酵使叶片稍变红，介于绿茶与红茶之间。青茶制作采用独特的"做青"工序，使鲜叶不充分氧化。青茶的特点是叶色青绿，汤色金黄，绿叶红镶边，香气芬芳浓醇，既有红茶的醇，又有绿茶的清香。青茶的药理作用，突出表现在分解脂肪、减肥健美等方面。青茶主要产在福建、广东、中国台湾一带，著名产品有福建的武夷岩茶、铁观音茶，广东的凤凰单枞茶，中国台湾的乌龙茶等。其中铁观音茶叶外形条索壮结，呈螺旋形，身骨沉重，色泽砂绿翠润，红点明显，内质香气清高，持久馥郁，滋味醇厚甘鲜，有天然的兰花香。

白茶白色茸毛多，色白如银，汤色浅淡素雅，初泡无色，滋味鲜醇，毫香明显。加工白茶时不炒不揉，只将细嫩、叶背满茸毛的茶叶晒干或用文火烘干，使白色茸毛完整保留下来。白茶主要产于福建的福鼎、政和、松溪和建阳等县，著名产品有白毫银针、白牡丹等。白毫银针外形美观，芽肥壮，茸毛厚，芽长近寸，富光泽，汤色碧青，香味清淡，滋味醇和；白牡丹成品毫心肥壮，叶张肥嫩，皱纹隆起，叶缘向叶背卷曲，芽叶连枝，叶面色泽呈深灰绿，叶背遍布白茸毛，毫香显，味鲜醇，汤色杏黄或橙黄清澈，叶底浅灰，叶脉微红，其性清凉，有退热降火之功效。

加工黄茶会采用杀青、闷黄的方法，使鲜叶进行非酶性氧化，形成黄叶、黄汤，香气清悦醇和，因此称为黄茶。黄茶按芽叶嫩度分为黄芽茶、黄小茶和黄大茶。黄芽茶有湖南洞庭湖君山银芽、四川雅安名山区的蒙顶黄芽等；黄小茶有湖南宁乡的沩山毛尖、浙江平阳的平阳黄汤、湖北远安的鹿苑等；黄大茶有安徽的霍山黄大茶等。君山银针是最著名的黄茶。君山银针的特点是芽头茁壮紧实，挺直不曲，长短大小匀齐，茸毛密盖，芽身金黄，称为"金镶玉"。其汤色浅黄，叶底明亮，滋味甘醇，香气清雅。

黑茶是藏、蒙、维吾尔等民族不可缺少的日常饮品。黑茶原料粗老，加工时堆积发酵时间较长，叶色呈暗褐色。

**2. 再加工茶**

再加工茶是以各种毛茶或精制茶再加工而成的，包括花茶、紧压茶、液体茶、速溶茶及药茶等。花茶由茶叶和香花拼和窨制，利用茶叶的吸附性，使茶叶吸收花香而成。花茶有茉莉花茶、珠兰花茶、白兰花茶、玫瑰花茶、桂花茶等；紧压茶以制成的绿茶、红茶或黑茶的毛茶为原料，经蒸压成圆饼形、正方形、砖块形等形状，其中以黑茶制成的紧压茶为主；速溶茶是以成品茶、半成品茶或鲜茶叶为原料，通过提取、过滤、浓缩、干燥等工艺过程加工而成的一种易溶于水而无茶渣的颗粒状、粉状或小片状的新型茶品饮料。速溶茶具有冲饮、携带方便等优点；药茶是将药物与茶叶配伍制成药茶，以发挥和加强药物的功效，不仅利于药物的溶解，而且增加香气，调和药味。

**（二）茶具**

晋以前称茶具，晋以后称茶器。陆羽以采制之器为"具"，以烧泡之具为"器"，宋以后统称茶具。唐代茶类、饮茶习惯和物质条件与现在迥然不同，器具十分复杂。陆羽《茶经》所列之茶具有 29 件。现代茶具通常是指茶壶、茶杯、茶碗、茶盘、茶盅、茶匙、茶托、茶荷、茶罐等饮茶用具。制作茶具材料一般有陶土、瓷器、漆器、玻璃、金属、竹木等。

### (三) 茶饮

中国饮茶要注意的是，茶叶的用量、泡茶之水的温度、冲泡时间和冲泡次数之间的协调和得当。不同的茶种，其冲泡和饮用方法也有所不同。

**1. 绿茶饮法**

绿茶一般用玻璃杯冲泡，可充分展示汤、叶的品质。为了适口、品味，中高档茶叶往往采用瓷杯冲泡。中低档茶叶耐泡味浓，可以用壶冲泡。还有单开兑饮法，即茶只泡一开，去渣后在茶汤中加入白糖、牛奶、柠檬等调匀后饮用。

**2. 红茶饮法**

按红茶花色品种，可分为工夫饮法和快速饮法。工夫饮法多用冲泡法，将茶叶放入白瓷杯中，冲入沸水几分钟后先闻香，后观色，再饮茶。一杯茶可冲泡2~3次，要缓斟慢饮、细细品味；快速饮法是茶入杯中，加入开水即可，一般适用于袋泡茶、速溶茶等。

按茶汤中是否添加其他调味品，可分为清饮法和调饮法两种。清饮法不在茶汤中加入东西，其他调饮法是在茶汤中加入糖、牛奶、柠檬、咖啡、蜂蜜或香槟酒等。

按喝红茶时使用的茶具，可分为杯饮法和壶饮法。

按红茶泡法，可分为冲泡法和煮饮法。

**3. 乌龙茶饮法**

乌龙茶饮法要注意三不饮，即空腹不饮、睡前不饮、冷茶不饮。饮茶步骤包括如下几步：

①选茶　高中档乌龙茶有铁观音、黄金桂、武夷水仙、潮安凤凰单枞等。

②选具　最精致的茶具是"四宝"，即玉书碨(开水壶)、潮汕烘炉(火炉)、孟臣罐(茶壶)、若琛瓯(茶杯)。

③烫茶具　泡茶前，用沸水将壶、盘、杯等淋洗一遍，泡茶时要不断浇淋，使茶具保持一定的温度。

④铺茶　碎末放在壶底，上铺粗条，中小叶放在最上面。

⑤洗茶　将开水沿边缓缓冲入壶中，水刚漫过茶叶时，立即将水倒掉，洗去茶中灰尘。

⑥泡茶　洗茶后，马上再加入开水，九分满盖上壶盖，并用开水浇淋壶身，2~3分钟后，茶即泡好。

⑦斟茶　茶汤轮流倒入杯中，先倒一半，逐渐加至八成满。斟时应先斟边缘，后斟杯中，要将壶底的浓汁均匀分入各杯。

⑧品茶　先闻香，再尝味。闻香之时，杯于鼻前要由远至近、由近至远往复数次，方能体验其香。品尝之时要小口慢啜。

**4. 花茶饮法**

高档茶一般用带盖的玻璃杯泡茶，水温以90℃为宜，冲入水后，要立即盖上盖，以防茶香散逸。可手托茶杯迎着光线，看茶叶在水中翻腾变幻，看汤色由淡变浓，称"目品"；

泡约 3 分钟，揭盖嗅香，称"鼻品"；待茶汤稍凉，小口慢喝，让茶汤在舌面上来回流动一二次，然后下咽，称"口品"。

中档茶可用白瓷盖杯冲泡，冲入沸水后泡约 5 分钟即可闻香饮茶，三开仍有茶味。

中低档茶或花茶可不用白瓷茶壶冲泡，用沸水泡 5 分钟即可饮用。

**5. 紧压茶**

现在的紧压茶多为砖茶，少数民族饮用居多。紧压茶质地坚实，通常的泡法难以泡出茶味。饮用时，要先将茶砖弄碎，再入锅或壶中烹煮。在烹煮之时，也可以加入奶、盐、酥油以及研细的香料，以便增加茶味和香度。

## 第二节　中国古代农耕文明孕育的传统民俗文化

民俗文化孕生于民间，传承于社会，并世代延续承袭。民俗文化是人类社会文化最基本的组成部分，也是中国农耕文明中非物质文化的重要表现形式。

### 一、民俗文化概述

民间风俗习惯简称民俗，指的是一个国家或民族中，广大民众所创造、享用和传承的生活文化，是普遍存在于社会生活中的历史文化现象。民俗起源于人类社会生活需求，在特定的民族、时代和地域中不断形成、扩散和演变，为民众的日常生活服务。民俗形成后就成为规范人们的行为、语言和心理，传承和积累文化成果的一种力量。

民俗文化是民族文化的基础和重要组成部分，从经济活动到社会关系乃至各种制度和意识形态，都有民俗文化的影子。民俗一般可以分为物质民俗、精神民俗、社会民俗、语言民俗 4 种类型。

物质民俗，是指人们在生产、消费物质财富过程中形成的民俗。物质民俗主要包括生产商贸民俗、衣食住行民俗、医药保健民俗等。

社会民俗，也称社会组织及制度民俗，是指人们在特定条件下所结成的社会关系惯制，从个人到家庭、家族、乡里、民族、国家乃至国际社会，在结合、交往过程中使用并传承的集体行为方式都属于此类民俗。社会民俗主要包括血缘组织、地缘组织、业缘组织等社会组织民俗，习惯、人生仪礼等社会制度民俗，岁时节日民俗，以及民间娱乐习俗等。

精神民俗，是指在意识形态领域，以物质文化与制度文化为基础形成的民俗。精神民俗主要包括民间信仰、民间巫术、民间哲学伦理观念以及民间艺术等。

语言民俗，是指通过口语约定俗成、集体传承的信息交流系统。语言民俗主要包括两大部分：民俗语言与民间文学。狭义的民俗语言，是指在一个民族或地区中流行的，具有特定含义，并且反复出现的表意语句，如民间俗语、谚语、谜语、歇后语、街头流行语、黑话、酒令等；民间文学是指民间流传的口头文学，主要有神话、民间传说、民间故事、民间歌谣、民间说唱等形式。

**（一）民俗文化的基本特点**

**1. 多元性和地域性**

民俗文化的多元性是指各民族因地域、经济、政治、语言、历史积累、心理素质等差异因素而各具特色。生态环境、经济结构的差异,必然导致生产方式和生活方式的差异,这就是民俗的地域性。

民俗文化鲜明的多元性和地域性,导致不同类型"民俗文化圈"的形成。回族的土葬、藏族的天葬、鄂伦春族的树葬、门巴族的水葬,以及部分瑶族的崖葬等就是葬俗的"多元性"案例。在宗教领域,中国西南、中东南广大地区生活的二十多个少数民族,较为普遍地保持着以"万物有灵为中心"的信仰,形成区域性的原始宗教文化圈;东北地区少数民族为萨满教文化圈;西南地区是藏传佛教文化圈和南传佛教文化圈;西北地区是伊斯兰教文化圈。

**2. 集体性和模式性**

所谓民俗的集体性是指民俗由集体创造、享用,并由集体保存、传承,一种民俗必须在群体接受和遵从的情况下,才能成为民俗。民俗流传过程中,还有一些带有时代特点的群体性再创造。这种因素导致民俗的保存和传承需要集体的长期努力。

民俗作为一种文化现象,不是个性的,而是类型的、模式的存在。也就是说,民俗形成后就具有很大的稳定性,并在发展中形成群体成员共同遵守的稳定模式,成为约束人行为的标准和尺度。一个地区的人按照节令的变更安排生产、生活,有节奏地调整衣食住行,就是民俗的模式性在时间运转周期上的表现。例如,在婚礼和葬礼等活动中,相对固定的民俗是民俗的模式性在程序上的表现。

**3. 传承性和变异性**

民俗活动产生后,必然会在一定空间范围的群体中扩散,并且通过反复、重复,实现时间上的传承,逐步形成内容和形式上的连续性和稳定性,这就是民俗的传承性。农历正月十五的元宵灯会和吃元宵,三月清明节的祭祖扫墓和踏青郊游,五月初五端午节的菖蒲艾叶、赛龙舟及吃粽子、饮雄黄酒,八月十五的中秋节赏月和吃月饼,以及除夕辞岁的年祭和吃团圆饭,都是传袭了千年以上的岁时习俗。同时,因袭保守的习惯势力也会导致如算命、看相、赌博、婚丧中的迷信活动等恶习陋俗保存下来。

民俗在传承过程中,也会产生变化,这就是民俗的变异性。由于政治、经济、文化环境等因素的变化,民俗也会随之改变。民俗的变异主要有3种类型:第一种,累积渐变。中国的春节就是从一种祭祀活动逐步演化成贴对联、放爆竹、守岁、吃饺子、拜年等民俗活动。电视的普及又在相当长的时间使看中央电视台春节晚会成为一种新民俗,而生活水平的提高使春节出境游也成为另一种新民俗;第二种,转化更新。端午节最初是一种祛病驱邪的节日,宋代以后人们又以吃粽子、龙舟竞渡来怀念屈原,使之变成了一个纪念伟人的节日;第三种,淘汰消亡。新中国成立前,中国西南佤族的"猎头祭谷"、汉族封建社会的妇女缠足等就是被淘汰并消亡的民俗。

**4. 规范性和服务性**

民俗文化是一种适应性文化,它表现为适应民众集体心理和生存需要的相对稳定的模式。这种模式的稳定性和约定俗成,使它具有不成文法的强制或约束力量,起到对民众的行为、语言和心理的制约性作用,这就是民俗文化的规范性。规范化的民俗构成民众行为的准则。民俗规范是民众心理和价值观念整合的结果,例如,图腾物是神圣不可侵犯的,如不小心触犯和伤害了图腾物,要举行一系列赎罪仪式;男子长到一定年龄,只有通过成年考验仪礼，才能被接纳为氏族的正式成员。

服务性指民俗文化在规范民众的同时，又具有服务民众需要的实用功能。民俗文化体现了集体的智慧和创造，服务于民众的社会需要、生产生活实践，以及民众心理的协调等方面。例如，尊老爱幼习俗是一种全体社会成员共同遵守的礼节；待客习俗也体现着长幼尊卑关系；二十四节气的制定主要服务于农事活动；掺杂了迷信成分的民间祈求习俗，反映了民众的心理信仰。

**（二）民俗文化的文化价值**

民俗的地域性、民族性、传承性和变异性，使民俗文化景观成为重要的文化资源。近距离观赏和亲身体验异地异域的风土人情、民风民俗日趋成为学习者参与文化活动的主要目的和形式。中国文化悠久，民俗资源丰富。中国 55 个少数民族，民族风情各异，特色鲜明。汉族的民俗文化兼收并蓄，南北方差异很大。民俗文化可以激发学习者的研究兴趣，使学习者在特定民俗环境中体验民俗文化，实现休闲、探奇、求知、审美等目标。

## 二、民俗文化的主要内容

**（一）民族服饰**

服饰从最初护身蔽体的功能，发展成为承载着社会意识的美化人类躯体的产品，大体经历了以下 4 个阶段。

第一阶段，保护阶段。在该阶段服饰是以遮身蔽体、防寒御暑为主要功能。主要特点是：服饰的差异性主要因自然条件的不同而形成，服饰的性别差异、年龄差异尚未形成，地区差异很小。

第二阶段，实用阶段。在该阶段服饰是以适应生产生活需要为主要功能。主要特点是：服饰因生产条件不同而差异明显。北方狩猎民族因穿兽皮狩猎，既可防御野兽的侵袭，又可伪装隐蔽，大多以兽皮制作衣物；江南水乡渔民为了便于撒网捕鱼作业，多穿短衣短裤。

第三阶段，标志阶段。在该阶段服饰开始成为社会角色和等级身份的标志。社会分工的细化、身份等级的严格化导致服饰复杂化。随着中国文职武职的出现，文臣武将、学生士兵都有自己的服饰。家族制度、社会制度和社会等级的变化，身份的尊卑、地位的高低，都在服饰上有所显示。"锦衣"与"布衣"成为等级的标志，"丝绸"与"葛麻"成为贫富的标志；黄色衣服成为皇家的标志，紫色衣服成为达官贵人的标志，灰色、蓝色衣服成为平民百姓的标志，长袍马褂成为文人学士和有身份的人的标志，短衣麻褐成为苦力的标志。

第四阶段，象征阶段。在该阶段服饰更多反映某些社会观念、政治观念等理念。服饰和装饰物的样式、图案、花纹、颜色等开始包含礼仪伦常、求吉心理及民族自我意识等更多的社会内容。

中国地域辽阔、民族众多，经济发展程度、文化差异明显，各地各族的服饰千姿百态。中国北方地域服饰偏重于重、浓、厚，南方服饰则偏重于轻、浅、薄。从中国沿海地区到内陆地区，由开放宽敞型向封闭包裹型逐渐过渡，服饰变化十分明显。

中国各民族服饰承载着道德伦理、价值观念、性格特征、风俗、信仰等理念。服饰习俗作为日常民俗文化中最为活跃的部分，是一定地区和民族的表征，反映着人们对着装的思想认识和观念，以及社会的发展。服饰是文化的一面镜子，从中可以看出某种文化传统的痕迹。服饰所体现的社会观念，大致有以下几点。

首先，服饰文化崇宗敬祖，强调礼仪伦常。祖先崇拜是中国的民俗习惯，儒家重礼仪伦常、重视孝行，这是中国文化的核心。这种社会意识在服饰民俗中也有明显表现。在诞生礼、成年礼、婚礼和丧礼，四大人生礼仪产生四次换装，这些服饰体现着中国的礼仪伦常和崇宗敬祖的理念。

诞生礼、命名礼、满月礼、百日礼、周岁礼是与婴儿密切相关的系列活动。婴儿服饰常挂银圈、玉锁等配物。传统观念认为这是把魂魄锁在婴儿体内，使其无法乱跑而免遭野鬼劫持，被称为保命护魂。

在古代，汉族男子的成年礼叫"加冠"，"加冠"之后就可以用字号了。女子的成年礼叫"加笄"，笄即簪子。成人要拜祖，先拜父母，父母还要教导成人者侍奉舅、姑，被称为尊长之礼。少数民族如彝族、普米族、纳西族摩梭人的成年礼叫"穿裙"礼，即少女的服饰由穿裤改为穿裙。

中国传统婚礼的基本色调是红色，新娘的服装几乎都离不开红色。婚礼喜用红色在各民族中具有普遍性。据有些学者研究，这可能与原始人认为血对生命至关重要的观念有关。

中国葬礼中的丧服是体现伦常观念最明显的体系。中国古代的丧服分为五等，即斩衰、齐衰、大功、小功、缌麻5种服制。丧服的样子和质地的不同，表明生者和死者亲疏关系的差异。"斩衰服"制作时不缝边，是儿子为父母服孝，妻、妾为夫君服孝，未出嫁的女儿为父母服孝的丧服，服期3年；"齐衰服"用粗生麻布制成，剪断处缉边。此丧服为祖父母服1年，为曾祖父母服5个月，为高祖父母服3个月；"大功服"以熟麻布制成；"小功服"用较细熟麻布制成；"缌麻"是最轻的孝服，用最细熟麻布制成。

其次，求福趋吉。衣服图案和装饰是求福趋吉心理趋向的外化表现。给小孩戴虎头帽、穿虎头鞋，祈望借虎的威力保佑孩子健康成长。汉族人在端午节给孩子穿上印有蛇、蝎、蜈蚣、壁虎、蜘蛛图案的"五毒衣"，寓有以毒攻毒、镇邪驱祟的用意。汉族妇女有簪发、插花的习惯，认为簪发可以避邪，插茉莉花能驱鬼，戴菊花可以长寿。维吾尔族爱戴小花帽，花帽的图案丰富多彩，最常见的是名呼"巴达木"和"奇依曼"的图案。"奇依曼"是繁花似锦的意思，这是希望姑娘美如鲜花，小伙子前程似锦；"巴达木"是古代从西亚传来的良种杏，有着顽强的生命力，能在干旱缺水的沙漠戈壁生长。

再次，表现民族的自我意识。服饰是表现民族自我意识的一个重要方面。穿着同一种民族服饰的人，可以互相传递"我们是同一民族的人"信息。

最后，成为某种时代文化的载体。辛亥革命推翻清政府之后，剪辫子和穿中山服成为"咸与维新"的符号；新中国成立之后，男穿中山装，女穿列宁装，衣服颜色基本上是全国一律的灰、蓝二色，是"倒向苏联一边"和"思想一律"的政治观念的符号；改革开放以后，人们的服饰多姿多彩，西装夹克成了流行服，奇装异服不受批判反而得到青睐，这是文化多元化的象征。

中国各少数民族绚丽多姿的民族服饰是一道美丽的风景。比较有代表性的少数民族服饰有以下 6 种。

**1. 蒙古袍**

蒙古袍分夹、棉、皮 3 种，袍长而宽大，直领左衽，下摆不开衩，衣襟及下摆多用绒布镶边，腰部用彩色绸带系扎，牧区男女均穿用。穿此袍骑马放牧，能护膝防寒，夜宿可当被盖，瘦长袖筒可用以防蚊，束上宽大腰带，能保持腰肋稳定垂直。

**2. 维吾尔族服饰**

袷袢是维吾尔族男子长袍，齐膝对襟，无纽扣，无旁衩，腰身肥大，用长方巾扎腰，喜用白色、黑色和茶色的衣料。夏天多着白色单袍，冬天多穿黑色棉袍。妇女在宽袖连衣裙上套黑色对襟背心，现在则大多穿西装上衣和裙子。无论男女老少，都爱戴四楞小花帽，俗称"尕巴"。未婚少女梳十几条发辫，以长发为美。

**3. 藏袍**

藏袍是藏族、门巴族的主要服装，多黑色、赭红色和本白色。右衽，斜襟，中系腰带，内衬长袖短褂。男子穿着特别肥大，束腰后腰际成兜囊，用以装物件。一般袒出右臂以利于动作，天热时可以袒出上身，将两袖系掖腰间，夜晚可充被盖。

**4. 旗袍**

旗袍最初是满族妇女服装，因满族八旗制度满族人被称为旗人，所以称为旗袍。最初是直筒式，腰部无曲线，下摆和袖口较大，外罩马甲。

**5. 百褶裙**

百褶裙是彝、傈僳、苗等族妇女的衣裙，流行于川、滇大小凉山的最具特色的服饰，一般是用三种不同色彩的布缝制而成。裙面折叠很多，长曳到地。苗族妇女的百褶裙较短，但褶很多，有的多达 500 褶以上。

**6. 擦尔瓦**

擦尔瓦是川、滇大小凉山彝族男女所着的披衫，彝语称"瓦拉"或"瓦拉勒"，用羊毛织成，有白、灰、青 3 种颜色。擦尔瓦的形式分为有流苏的和无流苏的两种，其流行的区域有所不同。缝制一件擦尔瓦，大约需 7 幅或 9 幅毛料。制造一条披衫，往往需要数月至半年不等。无论男女老少，终年披着，白天用以御风寒，夜间可当被盖。

### （二）民居民宅

人类因地制宜，为自己及其亲属所建造的栖身之所以被称为民居。由于地理、气候条件的不同，中国南北方形成了不同的地方性建筑风格。北方地区气候干燥寒冷，因而在居室的设计上特别注重采光处理，屋顶的坡度一般较缓，出檐较短，院落大都比较分散；南方常年潮湿炎热，为了避光去燥，房屋的坡度一般很陡，出檐较长，院落的分布相对紧凑，形成聚合式院落。

中国民居类型丰富，建筑技艺精湛，一般可以分为以下几种类型。

**1. 四合院式**

四合院是北方农业地区民居的主要形式，其中尤以北京四合院最为典型。其基本形式是，分别置于东西南北四面几幢单体建筑，建筑之间用廊子连接组成一个方形院落。四合院的主要建筑是房北朝南，两边东西间的房屋称厢房。南面是一排廊子，中间开一道门，称二门或称垂花门。二门内部为四合院的内院，二门外是东西狭长的前院。前院南面是一排称作倒座的房屋，为待客的客房和男仆用房。四合院的大门设在东南角上，进门之后可见有装饰讲究、雕刻精美的影壁。在正房的北面，有的还有一排后罩房。四合院的门窗都朝院内方向开，背面多不开窗。内院四周房屋以廊相连，形成一个四面封闭的内向住宅空间，避开了外部的喧哗，创造了一个宁静的环境。房屋布局与家庭成员的住房安排有严格的规定，正房高于侧房，家长住正房，子女住侧房或耳房。四合院的堂屋是家庭家族婚丧嫁娶、教育、文化、政治等活动场所，融会民族文化精神于家庭生活之中，体现了中国人的伦理观。四方房屋之下的檐下回廊、天井，成为各房成员间交流亲缘感情的场所。

**2. 窑洞式**

窑洞式住宅是利用高原黄土地带土质坚实的特点而建，既省工，又省料。窑洞式建筑主要可分为两种：一种为靠崖窑，在天然土山崖上横向往里挖洞，洞呈长方形。顶上做成圆拱形，进口安上门窗就成了一间住房；另一种为地坑式或天井式，即在平地上向地下挖一深井，呈方形或长方形，再从方井四壁处往里挖洞作住房。从地面经阶梯到井内，井底院子也种植树木花卉，形成一座环境优美的地下四合院。窑洞具有隔热与保温效果，洞内冬暖夏凉，具备节能、防火、防噪音等优点。

**3. 一颗印式**

一颗印为中国南方四合院建筑，占地少，通风好，比较凉爽。这种院落较小，正房、厢房连在一起，有的地区建成二层楼房。其正房有三间，左右各有两间耳房，前面临街一面是倒座，中间为住宅大门，四周房屋皆为两层，天井围在中央，住宅外面都有高墙，很少开窗。整个外观方方正正，如一块印章，所以俗称为一颗印。

**4. 碉房式**

碉房整体造型严整，色彩华丽，建筑风格粗犷凝重，主要存在于藏族地区。一般以石块或夯土筑墙，室内以木柱支撑，屋顶是用土筑的平顶，顶上可作晒台，通常为二至三层的小楼房，底层为牲畜房，二层为卧室、厨房，上层为经堂。墙上开有成排的梯形小窗，窗楣上有彩色出檐。

**5. 干阑式**

干阑型建筑是流行于中国南方少数民族地区的一种下部架空的建筑。干阑式建筑可防潮、散热、通风及避虫兽侵袭和洪水冲击。这类建筑的结构主要有两种：一种是纯木结构，以西双版纳傣族的竹楼最为典型。竹楼一般建在平地或平缓的山坡上，其平面呈正方形，分上下两层，底层架空，多不用墙壁，供饲养牲畜和堆放杂物。楼上有堂屋和卧室，堂屋设火塘，供家人烧火做饭。外有开敞的前廊和晒台，增加活动空间。室内多为竹制家什，朴素淡雅。屋顶呈"人"字形，上面覆盖茅草编成的"草排"或片瓦。另一种为土木结构，是在山区依靠自然山势，把山坡削成一块"厂"形土台，土台以下用木柱支撑，铺上楼板，作为房屋的前厅，下面圈养牲畜。屋顶呈"人"字形，屋墙用木板装修或用土块砌筑，例如，贵州的布依族就多住此类干阑房屋。

**6. 帐篷式**

容易拆迁的帐篷是中国许多民族的一种古老的居住形式。中国东北地区的赫哲、鄂伦春、鄂温克等民族的帐篷呈圆锥形，被称为"撮罗子"（歇人柱），顶部留通风出烟口，朝日出方向开门；蒙古族、哈萨克族住在圆形帐篷里，其中蒙古包较为典型。蒙古包平面为圆形，里面用木条编成框架，外面包以羊毛毡，直径4~6米，高约2米。顶部留有圆形的天窗，以便采光和通风。南面开门，有木门或毛毡门帘。毡房内迎面摆有佛龛，龛下置柜，柜上放着被褥、茶具等物品，四周挂壁毯，色彩艳丽。蒙古包便于搬运，是牧人理想的住宅。

以民居为主的民间建筑，主要有以下3方面的特点。

第一，实用性和经济性。民间建筑受经济状况、文化水平和技术条件的制约，不追求奢华和典雅。在实用经济理念下，以最经济的方法满足生活习俗的基本需要，形成简朴、自然、亲切的风格。

第二，地方性和民族性。民间建筑文化呈现出多样性，同一地区不同民族的建筑有不同表现，而同一民族在不同地区的建筑也面貌相异。这种多样性为其作为一种文化资源的开发提供了广阔天地。

第三，简易性和神秘性。民间建筑的结构和手法是简单的、易普及的，体现出其简单性。受"礼纲伦教"和建筑风水等思想的影响，民间建筑在选址、布局、营造、使用等环节有不胜其数的规则和禁忌。在选址时，要"觅龙、观砂、察水、点穴"，以做到阴阳相济、藏风聚气；在布局时，讲究形势并重、静动互释、礼乐秩序，以体现某种特有的精神；在营建时有各种礼仪，表达了厌胜辟邪的心态；在使用上，尊卑有分，上下有等，反映出牢固的宗法观念，从而又表现出神秘的一面。

（三）民间游艺活动

地域性、民族性、阶层性、对象性的差异，形成了中国民间丰富的游艺活动。民俗游艺活动包括民间游戏、民间竞技、民间杂艺3项主要内容。这些游艺娱乐活动不仅具有很高的观赏性，而且相当一部分都具有参与性，给学习者提供了观赏和体验民族民俗文化的良好机会。

**1. 民间游戏活动**

民间游戏是指流传于广大民众生活中，以嬉戏、消遣为主的娱乐活动。按游戏的性质划分，民间游戏可分为智能游戏、体能游戏、智能和体能结合的游戏3种类型。

智能游戏的目的在于培养少年儿童智力。这种游戏小型、灵活、富有趣味性，其形式也最多。有考察少儿口头语言表达能力的，如急口令、绕口令、背诵歌谣等；有检验少儿数算能力的，如数鸡兔、识数歌谣等；有培养儿童空间想象和推理能力的，如七巧板拼凑等。

体能游戏的目的在于锻炼、发展少年儿童的身体素质。这种游戏时间自由，规则灵活，娱乐性强，动作变化大，多在户外进行，如捉迷藏、老鹰抓小鸡、猫拿耗子、丢手绢、跳房子等。

智能与体能结合的游戏要求参与者的智力反应和体能动作协调迅速，最典型的莫过于成人的猜拳行令，儿童中也流行"剪刀、锤子、布"等助兴游戏。

**2. 民间竞技活动**

民间竞技活动是指民间各种形式的体育、技巧的比赛活动，是一种以竞赛体力、技巧、技艺为主要内容的文化娱乐活动。从民间竞技活动的主要内容划分，可分为赛力量型、赛技巧型、赛技艺型3类。

(1) 赛力量型

赛力量型是以力量为主要内容的竞技活动，是民间竞技常见的传统项目，既有个人的赛力竞技，也有团队的对抗性竞技。各民族都有这类活动，如摔跤、举重、投掷、爬杆、拔河、龙舟竞渡等。摔跤、举重、投掷、爬杆等是以个体为主的竞技项目，而拔河、龙舟竞渡等游艺活动是集体性的合作项目。摔跤广泛流行于汉族和蒙、彝、藏、维吾尔、壮、瑶等少数民族地区。汉族摔跤最有特色的为山西忻州的"挠羊赛"，以又肥又大的白羊作为竞赛奖品，获胜者"挠羊"而去。"挠"为当地方言，即"扛"的意思。当地把摔跤比赛称为"挠羊赛"，将获胜者称为"挠羊汉"。每逢节会、唱大戏时，有村与村、县与县的正式比赛。平时在田间地头、冬季农闲时也常有擂台式的对抗赛，故当地素有"摔跤之乡"的美誉。当然，少数民族中蒙古族的摔跤更是独具风采。摔跤、赛马、射箭合称为蒙古族的"男儿三艺"。在祭敖包和那达慕大会时，摔跤更是重要的活动内容，获胜者被公认为勇士，美名会传遍草原，享有很高的荣誉；"赛龙舟"通常在每年端午节举行，是大型的群众性竞技活动。龙舟的型制长2.3~33.3米不等，人数少则40余人，多的可达80人以上。龙舟的头尾、船身多精雕彩绘，并置有锣鼓用以鼓气壮威、指挥节奏。水面上，参赛者边划边喊，锣鼓喧天，一艘艘赛船犹如真龙出水。江岸上，无数观众临岸助威，一片欢腾。

(2) 赛技巧型

根据技巧变化的繁简程度，技巧型竞技可分为：单一技巧和综合技巧两类。单一技巧，是指在同一活动中表演某一种技巧的竞技，传统项目有跳绳、跳皮筋、踢毽子、荡秋千等；综合技巧，是指在同一活动中表演多种技巧的竞技活动，主要包括赛马及各种马术比赛。赛马是一项历史悠久、流行于游牧地区的竞技项目。蒙古敖包会、那达慕上最引人注目的便是赛马。哈萨克、柯尔克孜、塔吉克、锡伯等族盛行的"叼羊"比赛，就是赛马民族特有的一种形式。哈萨克族的"姑娘追"是重要的社交娱乐活动，也是一种饶有趣味的赛马技巧比赛。男女青年不论婚否都可结对，各骑快马，男骑手先跑，女骑手后追，追上为胜，还可以用鞭抽打男骑手取乐。

(3) 赛技艺型

技艺型竞技是以比赛技艺为主的娱乐活动。这类竞技的特点是搏击度较弱、娱乐性强、游艺性较强，雅俗共赏，深受各阶层喜爱。赛技艺型以各种民间棋类为代表。中国棋类早在春秋战国时就开始风行，围棋于春秋时称"弈"，战国时便有了"象棋"的记载。

**3. 民间杂艺活动**

民间杂艺是指流传于民间，以杂耍性表演为主的娱乐活动，包括民间艺人的杂手艺、动物表演及诸种斗戏。杂艺表演活动通常活跃在人口集中的市区、集镇，常为节日游艺的主要内容，例如，杂技、戏法，以鸡、牛、羊等勇猛善斗的动物为对抗工具的各种斗戏、动物表演等。

(四) 民俗节日

中国作为多民族国家，几乎每个民族都有自己的传统节日。这些民族节日都是其民族历史文化的活化石，是民族传统和习俗的集中展现，更是学习者了解民族生活方式的窗口。

节日主要指民间传统的周期性集体参与的事件或活动，如中国的春节、端午节和中秋节等。节日必须是周期性举行的，一般为一年一次。在节日期间，人们的生活方式和行为模式往往有悖于日常行为规范和生活规律，如节日的饮食、服饰、娱乐、交往、消费、心理等与平日不同。

中国地域辽阔，民族众多，是多节日的国家，几乎每天都有不同民族在欢度节日。这些众多节日的社会功能主要表现在如下几方面。

第一，加强亲族联系，调节人际关系。中国传统节日是调节人际关系的重要途径。节日中的合家团聚与走亲习俗，加强了亲族之间的联系。同时，节日期间的许多活动也都是以加强人际关系为直接目的的。例如，春节期间的拜年，逢年过节的请客送礼，皆可联络感情，加强人际关系，并可使因各种原因而淡化了的人际关系得到恢复和调整。

第二，强化社会集体意识。中国春节有舞狮、耍龙、扭秧歌、逛庙会等民间传统活动。这些传统节日活动中的集体竞赛或竞技项目，如舞龙、赛龙舟等，多以村寨、乡为参赛单位，需要集体协作配合方可取胜。这种社群荣誉感，强化了社会集体意识，提高了群体内聚力。

第三，丰富社会群体生活。各种节日可使人们的生活丰富活泼，变得张弛轮换而有节奏，能使社会群体成员身心处于放松状态，同时为人们的交往和婚恋创造机遇。

第四，保存民族文化传统。以各民族的传统历法来计算日期的中国传统节日，可以让人们熟悉与节日有关的历法、气候知识及年节习俗。民族、民俗文化的熏陶，可以持续保存民族的文化传统。

第五，促进市场经济的发展。节日为商品交换提供了机会。节日期间，商贾云集、购销两旺，有利于促进市场经济的发展。

中国民俗节令一般具有如下几个特点。

第一，具有鲜明的农业文化特色。作为农业文明历史悠久的国家，中国的传统节日节期的选择本身就体现着农业社会生产、生活规律。春种、夏锄、秋收、冬藏的生产性规律产生了春祈、夏伏、秋报、冬腊的岁时性生活习惯。新春祭天敬祖、鞭春劝农、拜大年、赏花灯、闹社火、踏青郊游，感应春气萌动。春天的节日，播下希望的种，祈盼着秋天的好收成。立春北方俗称"打春"，多做春饼过节。北方地区从清明至芒种，作为整田耕种期，逾期则不宜种田。正如俗语说："过了芒种，不可强种"；夏日农事渐忙，少有闲暇，青黄不接，更兼炎夏暑热，疾病易生。端午习俗主要以驱邪避瘟、除恶祛毒为主；金秋时节，人们怀着丰收的喜悦，团聚赏月、饮酒登高，既是报答神明，也是慰劳自己；秋去冬来，仓廪丰足，猪羊满圈，人们"送寒衣""数九"消寒、饮酒"扶阳"。

第二，承载浓厚的伦理观念与人情味。中国传统节日中的诸多礼俗，深刻地体现着中国重视人伦、亲情的传统，传统节日已经成为维系中国社会人际关系重要的感情纽带。祭祖就是最典型的表现之一。年节、元宵、寒食、清明、端午、中元、中秋、重阳、冬至等节日，或庙祭、或墓祭、或洒扫焚香、或望空禀祝。人们通过各种节日祝祭活动，表达后辈的孝思与追念。反过来，这种绵延不断、周而复始的岁节礼俗又不断强化、巩固着人们的家族意识、血缘亲情。节日期间,孩子可以随意嬉闹而不受苛责,亲戚朋友邻里之间互相馈赠节日礼物、食品。例如,元宵的灯、端午的粽子、中秋的月饼、重阳的花糕,礼尚往来、情深意浓。

第三,节俗的内容与功能由单一性向复合性发展。最早的节俗活动,意在敬天、祈年、驱灾、避邪。魏晋南北朝以前,禁忌、迷信、祓禊、禳解等观念及活动,在节俗中依然占主导地位。节日的歌舞狂欢,意在娱神;以食品上供,旨在赂神;制作、佩戴各种饰物,则是为了驱鬼。隋唐以后,节日风俗逐步向娱乐方向发展。爆竹不再只是驱鬼的手段,而是欢庆娱乐的工具,火药的发明和应用使爆竹发展成各式各样的鞭炮和烟花。神秘的驱傩仪式转化成了民间的傩舞与傩戏,元宵节的祭神灯火发展成为供人游乐观赏的花灯,中秋的拜月变成了赏月、玩月,重阳避灾则变成了远足登高、饮酒赋诗的赏心乐事。大量的体育活动也出现在节日里。这样,传统节日逐步集信仰、经济、社交、娱乐等多种功能于一身,成为中国广大民众生活必不可少的组成部分。

## 第三节 中国古代农耕孕育的汉字与民间艺术文化遗产

中国文化博大精深,源远流长,农业生产为五千年的中华文明史做出了巨大贡献,中国古代农耕文化也成为中国传统文化的重要组成部分。如果说饮食是物质文化和精神文化的有机结合,那么文字、民间艺术与非物质文化遗产则更多地表现为精神成果。

### 一、汉字中的农耕文化

在世界文明史上,中华文化是唯一没有出现过断层且完整地流传下来的人类文明。汉字是中华文明的重要基础,对中国文化的传承和发展起到决定性的作用。汉字来源于生产、生活实践。从汉代开始,就有"六书"的说法,所谓"六书",即汉字的六种造字方法:象形、指事、形声、会意、转注、假借,其中象形、指事、会意、形声主要是"造字法",转注、假借是"用字法"。

象形文字来源于图画文字,属于"独体造字法"。象形文字作为汉字第一造字方法,来源于生产、生活实践,同时也表达着生产、生活实践。象形文字用文字的线条或笔画,把要表达的具体事物的外形特征用简单的线条勾画出来,使人一看就能把汉字的字形与具体的事物联系起来,知道某一个字所代表的事物是什么。农耕文明为汉字的产生和丰富做出了巨大贡献,同时汉字也反映着中国古代农业生产的状况和成果,成为农耕文化的重要组成部分。下面以一些有代表性的汉字,介绍汉字中蕴含的农耕文化,通过介绍典型汉字回顾中国农业的发展历程。

导致汉字产生的事物很多,甚至农业产生之前的人类活动已经成为汉字的源头了。在远古时代,地球上有大片森林,森林中有各种各样的植物,野兽时常出没在丛林之间。在如此恶劣的自然环境下,早期的人类获得食物的主要手段有两种:第一种手段是靠手中十分简陋的石器和木棒猎取动物作为食物。除了猎取动物作为食物外,另一种获得食物来源的手段就是采集植物,如生长在枝头和藤蔓、埋在土中的各类果实和野菜。当这些果实和野菜也寻觅不到时,就只好用群体的力量去寻找自然中一切可食用的植物茎秆、花叶。前一种方式叫作渔猎、后一种方式叫作采集。

采集这种劳动方式也创制了很多汉字。古汉字"采"的产生(图3-1),显示出中国古代先民在原始社会尚未进入农耕文明之前的生存情景。在采摘树叶、草叶的时候,采集者会偶尔尝试着先嚼这些树叶、草叶。那些嚼着感觉味道不错、可以下咽的树叶、草叶,就被采集者吃下去了。于是采集者记住了这种叶子味道较好,是可以吃的,以后可以继续采集来吃。

但是,有时人们采摘到的树叶、草叶嚼着感觉味道很差,只能吐掉,于是采集者也记住了这种叶子味道最初感觉不好吃,以后就不继续采集来吃。这些树叶、草叶的感觉,就浓缩为一个汉字"苦"。"苦"是一个形声字,所以我们先从最早的"古"字图形文字看"古"字的含义。

这里的"古"字是会意字,字形上半部分,像在绳子上打一个结,下边代表"口",合起来就是说,在漫长岁月中,首先"结绳为记",并由一代一代人口头流传下来的事就是古老的事情。

图3-1 甲骨文"采"字

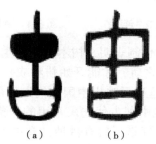

图3-2 "古"字
(a)金文"古"字  (b)甲骨文"古"字

金文中的"苦"字(图3-3),字上边部分表意,表示一种草本植物,而下半部分的"古"字代表古老,并表示声音。两部分合起来之后就表示:一种古老的植物,它的味道很不好,这种味道像苓草(茯苓)一样,非常"苦"。

根据考古发现的资料,在中国古代仰韶文化时期,黄河中游各部落采集和渔猎是占比很高的生产方式。当时,中国古代先民聚落附近都有大小河流和比较宽阔的水域,水产十分丰富,便于捕捞活动的开展。仰韶文化遗址中发现石、陶制网坠和骨质鱼钩、鱼叉等工具,说明中国古代氏族社会时代先民的捕捞方式既有用网捕鱼,也有垂钓和投叉击刺等方法。许多遗址的彩绘陶器上都有渔网的描绘。

渔网的"网"(繁体字为"網")字就反映了人们捕鱼的工作。中国古代先民发明了一种利用潮差在河湾内捕鱼的方式。待涨潮开始时,劳动者将捕鱼的网系在一列竹竿上,一些随着涨潮游进湾内的鱼、虾、螃蟹之类的水中生物随之进入网内。等退潮时,渔民便可收网上岸。网(图3-4)是中国古代先民重要的渔猎工具,那个时代的劳动者用网捕猎鸟、鱼、兽,来满足对食品的需求。这种渔猎的网具被后人称为"罔罟"。

随着人类社会的发展和人口的增长,采集和渔猎已经不能满足中国古代先民的生活和生产需求,于是人们不得不迁徙到新的地方。同时为了解决简单地从大自然获得食物带来食物资源很快枯竭的问题，中国古代先民在努力寻找新的获得食物的途径。发现植物容易生长的"可耕之地"来满足生存的需要就成为新的探索，也是原始农业生产的开端。在树木茂盛和杂草丛密的自然条件下，劳动者打制石刀、石斧砍伐地面上的树木，开始了最原始的"刀耕火种"的生荒耕作活动。这个过程又产生了新的汉字。

原始的"刀耕火种"需要用火，于是产生了"焚"字（图3-5）。"焚"是中国古代先民在原始社会远古狩猎和垦荒的最常用方式。古代劳动者为了获得耕地或者擒获野兽，时常引火焚烧山林。因此，才会有"焚烧山林、驱赶禽兽，实际上都是人为控制他人"的观点。

图3-3　金文"苦"字　　　图3-4　甲骨文"网"字　　　图3-5　甲骨文"焚"字

古汉字"田"的创制表明，树木野草丛生的荒地不是田地，只有经过原始焚林、除草、垦荒等一系列劳动之后，才能开始耕种农作物，这样的土地才叫"田"。"田"的甲骨文字形很多（图3-6），这也反映出中国古代先民在那个时代对农业的重视程度。

"焚林而猎"是中国古代先民常用的狩猎方式，同时也是原始农业的前提。远古劳动者的生产方式先有打猎，后有耕种，有许多最初的农田是由猎场改成的。因此，在远古时代"田"还有了打猎的含义，后多写成"畋"（图3-7），字形很像田边有人的手拿着工具准备打猎，"畋"是汉字的生僻字，读音与田地的"田"相同，包含打猎和耕种的两重含义。

图3-6　甲骨文"田"字的一种形式　　　图3-7　甲骨文"畋"字

随着农耕生产水平的提高，古代农业劳动者拥有了较多可以用于永久耕种的农田。于是，人类的迁徙频率相对降低。在居所稳定的条件下，播种谷物、安居乐业、休养生息。一些相关的汉字也随之产生了。"留"和"家"就是反映这种环境的典型汉字。甲骨文的"卯"字（图3-8）是一个象形字，其字形好像打开的两扇门。"卯"的含义就是开着的门，也是中国古代纪时法的一个时辰，相当于早上的7点。这个时间是劳动者起床和外出劳作的时间。金文"留"字（图3-9）是一个会意字，上边是"卯"字，下边是"田"字，表示早上卯时起床，就留在地里干活。合起来引申为：不离开原地点，停在某一个地点。也就是在说，进入农耕时代，农业生产者热爱自己的劳动土地，在这片土地上定居，不愿迁徙，即便遇到灾荒也不肯背井离乡。

甲骨文的"家"字(图 3-10)是一个会意字,其字形好像一个房屋里养着一头猪。中国古代先民的牧业是从养猪开始的,因此畜养生猪变成了定居生活的标志。引申意思是养猪之后就是定居的人家。

图 3-8　甲骨文"卯"字　　　图 3-9　金文"留"字　　　图 3-10　甲骨文"家"字

中国古代先民在生活中,需要寻找贮水、汲水、贮存和蒸煮食物的器皿。在原始社会中,古代先民偶然发现用手捏成的泥巴器物被火烘烤之后可以变得坚固耐用,而且不怕水,最早的陶器就产生了。

"缶"是中国古代一种"腹大口小"的陶器。甲骨文的"缶"字(图 3-11)是一个会意字,其字形好像一个器皿。上部是一个杵棒,下部是一个陶器的样子,表示用杵棒制成坯,就成了用来盛酒的"缶"。

中国古代先民在进入农耕文明时代之后,对于土地重视程度越来越高,"领地"意识越来越强烈,一些与土地划分和丈量有关的汉字开始出现。汉字"邦"字,就表现为在田地边上栽种树木,作为土地界线的标志。甲骨文的"邦"字是一个会意字,其字形上面像一棵树,下面表示一块田地(图 3-12)。事实上,中国古代的诸侯国,会围绕被分封的土地界线栽种树木,树木围成的界线以内的地方就是邦国的土地。

为了更加准确地确定边界,一些与丈量内容有关的汉字也会用来表示边界。甲骨文、金文和小篆的"疆"字(图 3-13)原作"强"。字的左旁是一把丈量土地用的弓,右边是两块田地,本义是划分疆界。中国古代"一弓"相对于长度五尺,一亩地大约为二百四十平方弓。这个字合起来即是用"弓"来丈量土地,引申为"边界""田界""界限"。从甲骨文到金文的汉字"疆",在"弓"字里边加入"土"字,更强调了"疆"字为确定领土的意义。

图 3-11　甲骨文"缶"字　　　图 3-12　甲骨文"邦"字　　　图 3-13　甲骨文"疆"字

**图 3-14 "艺"字发展历程**

在现代农业教育中,园艺是一个以研究植物种植技术为主的学科。为什么园艺的学科名称有一个"艺"字,是不是表示艺术呢?其实汉字"艺"(图 3-14)最初的含义并不表示艺术。在中国古代农耕文化发端之初,"艺"字所代表的主要意思是种植谷物。中国古代先民在长期采集野生植物的生产实践过程中,逐步掌握了一些可食植物的生长规律,经过无数次的劳动实践,终于使野生植物适应了当地的自然环境,并将它栽培、驯化为可供耕种的农作物。所以,在中国古代农耕文化发端之初,农耕的主要工作就是种植,种植也是最重要的技能。因此,"艺"字最初表示的含义是技能、才能。"艺"字是一个会意字,其字形左上像一个植物,右边是一个人跪在地上伸出双手在种植这个植物。

中国古代先民在进入农耕文明时代之后,农业成为主要的生产方式,"庄稼"的"稼"字,就是农作物的一个代表字。"稼"字是一个会意字,其字形左边是一个"禾"字,右边是一个"家"字("家"字的起源前文已做介绍)。这个字的含义是,在农耕文明时代,种植庄稼应该是全家人一起参与的重要劳动实践活动。

中国历史上高度重视粮食生产,并将粮食统称为"五谷"。现代五谷是指:稻谷、麦子、大豆、玉米、薯类,同时也习惯将米和面粉以外的粮食称作杂粮,而五谷杂粮也泛指粮食作物。在《黄帝内经》中,五谷被称为:"粳米、小豆、麦、大豆、黄黍",《孟子·滕文公》中称"稻、黍、稷、麦、菽"为五谷,在佛教祭祀时称"大麦、小麦、稻、小豆、胡麻"为五谷。上面 3 种关于"五谷"的说法,只有《孟子》中提到的五谷是单体字。下面就结合这 5 个字,分析中国文字中承载的粮食文化。稻谷主要为人类提供"米"作为食物,而中国古代先民所称呼的"米"实际上指的是"粟",也就是小米,而现代人所称呼的"米"实际上指的是"稻",也就是大米。"稻"字的古字形上部是"米",下部好像装稻米的筐形容器。甲骨文"米"(图 3-15)是一个象形字,其字形就是脱落下来的"米粒"。

黍一般是指黄米,富含蛋白质、碳水化合物、B 族维生素、维生素 E、锌、铜、锰等营养元素,具有益阴、利肺、利大肠之功效。甲骨文的"黍"字(图 3-16)就是黍这种植物的象形:下部表示植株的根部,中间表示枝干,上面的分叉表示植株的叶,字形还突出了黍"散穗"的特征。

稷是禾本科黍属,一年生栽培草本植物。秆粗壮,直立,高可达 120 厘米,节密被髭毛,叶鞘松弛,叶舌膜质,叶片线形或线状披针形,顶端渐尖,基部近圆形,边缘常粗糙。圆锥花序开展或较紧密,成熟时下垂,小穗卵状椭圆形,颖纸质,无毛,第一颖正三角形,第二颖与小穗等长,第一外稃形似第二颖,第二外稃背部圆形,平滑,鳞被较发育,种脐点状,黑色。7~10 月开花结果。稷为人类最早的栽培谷物之一,谷粒富含淀粉,供食用或酿酒,秆叶可为牲畜饲料。由于长期栽培选育,品种繁多。"稷"字是一个形声字,金文、小篆、隶书均为"禾"字旁,右侧上边是"田",下边像一个人在工作。社稷,原指古代帝王、诸侯所祭祀的土神和谷神,在古书典籍中常用"社稷"来代指国家。

小麦是小麦属植物的统称,作为代表种的普通小麦是禾本科植物,是一种在世界各地广泛种植的谷类作物。小麦的果实是人类的主食之一,磨成面粉后可制作面包、馒头、饼干、面条等食物,发酵后可制成啤酒、酒精、白酒(如伏特加)或生物质燃料。小麦是三大谷物之一,几乎全作食用,仅约有六分之一作为饲料使用。两河流域是世界上最早栽培小麦的地区,中国是世界较早种植小麦的国家之一。甲骨文"麦"(图 3-17)字是一个象形字,其字形就是一颗成熟的麦子。

图 3-15　甲骨文"米"字　　图 3-16　甲骨文"黍"字　　图 3-17　甲骨文"麦"字

菽是豆类作物,但五谷中的"菽"并不是指所有的豆,而是大豆。大豆在周代被称作菽,秦汉以来才称为豆。事实上最初的古汉字"豆"并不是指食物,而是盛东西的容器。甲骨文的"豆"字(图 3-18)是一个象形字,其字形就是一个高脚容器,常在祭祀时使用。由于祭祀会使用"五谷",后来被假借为农作物大豆的"豆"。

"菽"字主要表示豆子,草字头表示这个字代表草本植物的籽实。金文的"菽"字如图 3-19 所示、"叔"字如图 3-20 所示,其中"叔"字是一个会意字,其字形就像是一只手在豆株下捡拾豆粒。

图 3-18　甲骨文"豆"字　　图 3-19　金文"菽"字　　图 3-20　金文"叔"字

## 二、农耕时代以民间艺术为代表的非物质文化遗产

为了更好地理解农耕文化,就需要研究农耕时代以优秀民间艺术为代表的非物质文化遗产。下面选择"地方小戏"和"剪纸"两种民间艺术形式的非物质文化遗产作为典型代表进行简单介绍。

### (一)地方小戏

在农耕时代,中国的主流戏曲衍生出许多地方剧种,其中相对重要的表现形式就是

"地方小戏"。所谓"地方小戏"是指民间歌舞、说唱艺术,借鉴地方戏曲的唱腔和表演艺术形成的形式简单、唱腔简洁明快、表演生动活泼、曲目贴近民间生活的新戏曲样式。"地方小戏"表演曲目多反映普通百姓的生活内容,而较少涉及宫廷、历史等"大戏"。"地方小戏"建立在乡村农耕文化体系之中,植根于地方文化,反映不同民族、语言、民俗的文化特征,是民间艺术的典型代表。

民间艺术与非物质文化遗产生成于农耕文化,具有浓郁的农耕文化属性。改革开放以来,市场经济迅速发展,加之全球化的影响,农村劳动力开始向城市转移,一些农村自然村落开始消失,导致传统农业社区虚空。同时,现代流行文化造成农村公共文化事业衰退,地方民间戏剧等艺术所承载的乡村农耕文化也受到影响。鉴于这种状况,我国从2006年开始加强了对民间地方小戏的保护工作。大部分民间地方小戏相继入选了国家非物质文化遗产名录,保护和传承地方小戏也引起社会各界的重视。

在中国传统农耕时代,尤其是在生产技术比较落后、生产力水平比较低下的农业社会初期,外界环境对农业影响巨大,于是向上天、大自然祈求风调雨顺成了农业生产中的附属环节。这些活动也加剧了古代劳动人民对大自然的敬畏和崇拜,神话、信仰、禁忌、巫术、祭祀等开始出现。其中,巫术、祭祀等,衍生出以向神表达崇拜敬畏之心和祈求美好愿望的一些活动,在这些巫术、祭祀活动中还产生了一些表演者。随着社会发展,社会分工逐渐细化,祭祀仪式中的歌舞表演才能被人们继承下来,并逐渐发展成为表演的职业,为中国传统戏剧的产生奠定了基础。

中国传统农耕活动衍生的传统农业民俗为地方小戏的产生和发展提供基础性条件。中国传统农耕社会早期的民间祭祀逐步演变成社火、庙会、节庆灯会等民俗活动。由于农历二十四节气与农耕生产密切相关,一些特殊的时间点被赋予拜祭祖先、敬鬼神的意义。农业生产的季节性导致古代农业生产者在每年农闲时期有比较充裕的娱乐时间。于是,社火、庙会、灯会等民俗娱乐活动有机会在节日、节气时出现。后来,农业社区内的婚嫁、乔迁、做寿等喜庆活动同样需要一些娱乐活动,地方小戏便有了更多展示空间。当遇到重大的水旱天灾时,农业收成受到巨大影响,一些农业生产者的生活得不到保证,表演相对较简单的地方小戏曲目成为具备表演才能的底层农民卖艺糊口的手段。花鼓戏、采茶戏等诸多小戏流行于鄂、皖、赣、豫、陕等省的原因,就是因为湖北沔阳、黄梅、郧阳、安徽凤阳一带经常发生水旱灾害,逃荒灾民把黄梅调、沔阳调、凤阳调与当地的歌舞融合进行传播。

作为中国农耕文化的地方小戏呈现出两方面的特点:一方面,地方小戏的演出剧目多是根据农村生活、民间传说和地方民歌编演,演出内容、程序依赖于农耕文化的民俗传统和生活习俗;另一方面,地方小戏的肢体语言往往来源于农业日常生产活动或者农村生活,是对生产、生活实践的加工与提炼。很多用来表现演出故事细节的肢体语言动作本身就是对农民日常生产、生活的直接模仿,反映着中国农耕文化的精华。

**(二)剪纸**

剪纸作为一种千百年来农耕时代的人们,特别是农村劳动妇女的娱乐活动,承载着中国农耕文化五千年厚重的历史和丰富的民俗,记录着中国古代的民间记忆和农耕文化基因。

剪纸离不开剪刀和纸，秦汉时期关中金属器具制造技术已经成熟，打制锋利砗剪刀的手工技艺使剪刀在民间普及。纸是中国的四大发明之一，纸的诞生之初是作为书写工具，很快就被应用于各种民俗活动中。于是，剪纸就成为中国农村一个历史悠久的民间艺术。为了驱邪纳吉，经过剪、染、刻、绘和扎制的各种"纸文化物品"被中国古代先民张贴、悬挂和装饰，裱糊在庙宇、民居和坟茔以及各种建筑物的墙壁、屋梁、窗棂、门楣上，剪纸艺术也逐步成为中国农耕文化中民俗文化的一部分。

中国民间的剪纸广泛应用于年俗、婚俗、丧俗、巫俗、宗教庙会等各种民俗活动以及服饰绣花底样中。在这些仪式中，民间剪纸的作用十分突出。由"上元夜闹花灯"逐步发展而来的中国农耕文化中的年俗灯彩文化，也与剪纸艺术密切相关。千百年来，剪纸广泛用于花灯制作。各种灯花、灯围子、灯絮子、字纹以及灯的各个部分制作都要使用彩纸，或者经过剪和凿、拼贴、染色等工序，特别是走马灯、宫灯上装饰戏文窗花、吉祥纹饰更多。

剪纸也会与民族戏剧融合，那些戏剧人物剪纸一般被称为"戏文剪纸"。这种剪纸艺术往往是把一出群众熟悉的经典戏剧最精华、最经典片段中的核心故事人物形象提炼出来，通过画工和民间剪纸艺人的创造、加工，形成的一种剪纸形式。"戏文剪纸"一般张贴在两个地方：一种是在窗棂上，另一种是在宫灯、走马灯上。在春节来临之前，成套成组的"戏文剪纸"被加工完成，供张贴使用。以戏剧人物为主的"戏文剪纸"是剪窗花的重要主题。"戏文剪纸"一般是单色的，由黑色、蓝色、红色等纸张剪成。中国陕西秦腔戏剧盛行，在陕西周至、鄠邑区一带的戏文剪纸数量繁多，艺术表现的水准和独特性非常突出，周至戏剧人物剪纸更是其典型代表。在周至、鄠邑区农村流行的戏曲人物窗花，数量多、造型准确、神态生动、风格独特，这些戏剧人物剪纸受皮影人物造型和刺绣人物造型的影响明显。其中，染色点彩戏剧人物，寓意吉祥的瑞兽、花鸟，更是西安地区民间剪纸中精品。这些戏曲人物剪纸无论是染色点彩还是单色，主题往往围绕历史题材和神话传说，传播中国传统的儒家伦理忠孝节义思想，对人们进行潜移默化的教育。

中国古代戏剧历史悠久，对于农耕时代的劳动者影响很大，是普通群众最生动的教科书、最主要的精神食粮。通过看戏寓教于乐，可以了解历史文化，获取知识、人生智慧，学习伦理道德，学会做人道理。中国古代戏剧人物形象经过长时间的积淀，表现出高度程式化、标准化，脸谱、服饰、头帽、道具也有相应的规范。这就为"戏文剪纸"提供了可供摹绘、复制的样本，使得戏文窗花创作更加规范。在一张剪纸相对小的空间之内，完成对戏曲人物准确、凝练地平面化浓缩。"戏文剪纸"是中国戏曲舞台文化的一种另类表达。戏文窗花不同于普通的人物窗花，也不同于花卉、吉祥图案等，戏文人物制作必须按剧情成组成套。一套戏曲窗花就像一台戏，戏曲窗花通过提取一出戏中的典型情节、典型场面作为表现内容，其人物及物件的布局安排有主有从，其组合都与戏曲表演相对应。剪纸者要懂戏剧，贴剪纸者也要懂戏剧。贴剪纸时一般要讲对称，情节对称、人物身份对称、服饰道具对称、不同戏剧人物对称、同一戏剧人物对称，这些都要考虑。这样，一组"戏文剪纸"就形成一个完整的故事，能够更好地宣传优秀文化。

社火是源于古老的祭祀活动，"社"是土地神，"火"是火神，祭祀社火二神意在祈求风调雨顺、五谷丰登，后来逐渐演变成为关中大地特有的盛大民俗活动。在社火表演过程中，芯子社火是传统表演中最具魅力的艺术形式，流行于陕西、甘肃一带，主要选取5~7岁小孩装扮成传统戏曲人物形象，并配以相关人物动作，置于木架或铁架之上，以一个支点将其背起，随着表演队伍巡回演出。芯子又称垛子、平垛，是一种静态惊险造型艺术，大约有200多年的历史。芯子开始多用于迎神赛会，后成为灯节游艺节目。芯子是把4~5岁的儿童装扮成各种人物，固定在铁芯上呈现惊险优美的造型。一般一个芯子表现一个剧情或寓意。芯子分"抬芯"和"背芯"，"抬芯"是将固定着装扮成剧中人物的孩子的铁架置于方桌之上，由几个人抬着走；"背芯"是由一位身强力壮者肩扛铁架行走。肩扛者也要装扮成剧中人模样，最多时铁架重几百斤。因此，戏文窗花的另外一种表达形式就是社火人物。由于社火中的人物造型多是和戏曲故事融合，并以芯子的形式出现，所以社火剪纸也是以芯子的造型表现出来。这是西安戏文剪纸中最独特的形式，有单层芯子、双层芯子和三层芯子等形式。社火芯子剪纸造型特点是：多呈长条状态，桌子和芯子机关、芯子人物多为上中下结构，人物更加小巧精制。而且按照芯子的特点，一幅是多个人物、一个剧情，一个经典的戏剧故事，同时在方寸之间、在平面中表现立体芯子造型惊、险、奇、悬的特点。

## 第四节　中国农耕时代孕育的传统对联与灯谜文化

在中国农耕时代孕育的优秀传统文化中，对联与灯谜是常常被人们忽视的两种文化形式。接下来，我们将对这两种文化形式进行介绍。

### 一、中国对联文化

对联是写在纸上、布幅上或刻在竹片上、木板上、柱子上、大门两旁墙壁上的对仗语句。挂或贴在楹（堂屋前的柱子）上的对联，也被称为"楹联"，后来扩展到门框上的对联，甚至其他地方上的对联。

对联的内容包罗万象，形式精巧别致，极富对称之美，为人所喜闻乐见，是雅俗共赏的中国文化。对联兼具诗、词、曲、赋等各种文体的基因，以其和谐的韵律、匀称的对偶、抑扬顿挫的平仄把汉字的特点表现得淋漓尽致，读来起伏明显、节奏鲜明，极富音乐之美、对称之美、格律之美。

对联短小精悍，在内容上具有广泛性，几乎渗透到生活的方方面面。与其他文学形式不同，对联还具有极高的实用性。对联除了文学欣赏以外，还有装饰环境的作用，其中楹联因为经常悬挂于建筑物的楹柱上起装饰作用而得名。一副用词工稳、格调高雅、意境悠远的楹联往往给建筑物增色不少，甚至得以名传天下。

尽管对联受到很多人的喜爱，但是在文坛上却没有得到应有的重视，被摒弃在主流文体之外。例如，梁启超认为楹联是"苦痛中的小玩意儿"，徐文长、郑板桥等人在自编诗文集时也将楹联剔除在外。也许人们认为楹联过于短小，难登大雅之堂，只是一种文字游戏而已，导致在谈论传统文化时很少提及对联。

但是，对联已经深入国人心中。楹联以外，在中国历史上还有很多与对联有关的故事。从中国民间生活蕴含的传统非物质文化角度去研究对联意义重大。

**（一）楹联赏析**

中国地大物博，风物荟萃，名山名水，遍布大江南北。在漫长的历史时空中，涌现出了无数蜚声天下的亭台楼阁、园林庙宇。因此，无论是山水，还是楼台、庙宇，都与楹联结下不解之缘。下面，选择几个有代表性的楹联进行介绍。

**1. 泰山楹联**

泰山兼具古、丽、幽、妙，摩崖碑碣数不胜数，庙宇满山遍布，山势壮丽，自然景观巍峨、雄奇、沉浑、峻秀。同时，泰山作为中国历史上唯一一座受过皇帝封禅的名山，代代文人雅士吟咏、题刻和碑记无数，楹联也自然存在其中。

岱庙是泰山的第一名胜，与北京故宫、山东孔庙，并称中国古代三大宫殿式建筑群。庙中古木葱茏、隐天蔽日，汉武帝亲手植的古柏就在其中。岱庙中知名楹联有很多。清康熙七年（1668年），泰安发生了一次强烈地震，岱庙受到严重损坏。当时的山东布政使施天裔亲自发起重修岱庙工作，并且委派张所存担任监工，历时10年才最终完工。在重修过程中，施天裔提出修建一座牌坊，称为岱庙坊，又叫玲珑坊。在岱庙坊建成时，施天裔亲临现场，在场有人请他留下墨宝，他没有推辞，经过一番深思熟虑写下一副对联：

峻极于天，赞化体元生万物。

帝出乎震，赫声濯灵镇东方。

攀登泰山，要从一天门开始，向上攀登到达回马岭就能看到壶天阁。明嘉靖年间，称壶天阁为升仙阁，清乾隆十二年（1747年）拓建后，才改名为壶天阁。在壶天阁上刻有一副楹联：

登此山一半，已是壶天。

造极顶千重，尚多福地。

沿着十八盘拾级而上，峰回路转，步移景换，尽头处就是著名的南天门。南天门是到达玉皇顶的门户，建在飞龙岩与翔凤岭之间的低坳处，双峰夹峙，仿佛天门自开。南天门共分上下两层，上层是摩空阁，下层为拱形门洞。在门洞两侧，锈刻着一副著名的楹联：

门辟九霄，仰步三天胜迹。

阶崇万级，俯临千嶂奇观。

站在泰山极顶玉皇顶，举目四望、天高水远，在这里观看"旭日东升""晚霞夕照""黄河金带""云海玉盘"四大美景。玉皇庙建于泰山最高点的玉皇顶，庙宇中央有一块巨石露头，称为"极顶石"。庙宇前面，东西两侧分别有观日亭和望河亭，可以观日出、望黄河，近水远山尽收眼底。玉皇庙门外，还有一块6米高的无字碑，据记载是汉武帝所立。在玉皇庙内有题为萧翚公所写的楹联：

四顾八荒茫，天何其高也。

一览众山小，人奚足算哉。

**2. 滕王阁楹联赏析**

滕王阁自古就被称为我国江南三大名楼之首，是历代封建士大夫们迎送和宴请宾客之处。历史上的滕王阁曾屡毁屡建，共28次之多。现在的滕王阁雄伟恢弘，登楼远眺，整个南昌可尽收眼底。

滕王阁之所以享有巨大名声，很大程度上归功于初唐四杰之一的王勃所作的《滕王阁序》。王勃自幼聪颖过人，六七岁的时候就能够写诗作文，十四岁就中举及第，授朝散郎。他路过南昌的时候正赶上洪州都督阎公重修滕王阁，召开盛大宴会，以文会友，王勃不请自来。

阎公喜欢附庸风雅，席间他向在座的诸位提议，要请人为重修滕王阁即席作一篇赋，以示纪念。其实他是想让自己的女婿孟学士作这篇文章，而且连构思都事先琢磨好了，这样便可借此在众人面前炫耀他的家学渊深。

阎公命人将纸笔送出依次邀各位宾客，在众人一一推辞之后，王勃接过纸笔。阎公见设计落空，就要手下将王勃的文章一句一句报来。当听到"豫章故郡，洪都新府"时，阎公说道："不过是老先生平庸无奇的议论。"而随着文章一句一句报来，阎公也逐渐认可王勃的文采。等到王勃写道"落霞与孤鹜齐飞，秋水共长天一色"的时候，举座皆惊。

《滕王阁序》脍炙人口，篇中佳句俯拾皆是，也成为无法逾越的高峰。所以，虽然滕王阁上名联佳句颇多，但是大部分楹联都脱胎于《滕王阁序》。

例如，晚清淮军宿将刘坤一登临滕王阁时所作对联：

兴废总关情，看落霞孤鹜，秋水长天，幸此地湖山无恙。

古今才一瞬，问江上才人，阁中帝子，比当年风景如何。

这副对联就是化用《滕王阁序》中的"落霞与孤鹜齐飞，秋水共长天一色"的名句。相传王勃在写完《滕王阁序》后还写有《滕王阁诗》：

滕王高阁临江渚，佩玉鸣鸾罢歌舞。

画栋朝飞南浦云，珠帘暮卷西山雨。

闲云潭影日悠悠，物换星移几度秋。

阁中帝子今何在？槛外长江空自流。

这里的"阁中帝子"是指李渊的儿子——初建滕王阁的李元婴，而下联中的"江上才人"是王勃。传说王勃到洪都探望父亲，在距离南昌七百里的马当山下遇到大风浪，无法前进。当天夜里，他做了一个梦，水神告诉他："我要助君一帆之力！"第二天早晨恰好赶到南昌，赶上了阎公的饮宴。因此都称王勃是"江上才人"。

近代社会活动家江峰青登上滕王阁，思绪万千，索性把自己因王勃的《滕王阁序》无法超越，眼前有景道不得的真实想法，写成一副对联：

有才人一序在上头，恨不将鹦鹉洲踢翻，黄鹤楼槌碎。

叹沧海横流无底止，慨然思班定远投笔，终子云请缨。

这副对联下联中的"班定远投笔""终子云请缨"都是汉代的典故。班定远指的是班超，他最后被封为定远侯，因此被称作"班定远"。班超是班固的兄弟，字仲升，他为人有大志，不拘小节，后来班超出使西域，建立了丰功伟绩。

汉代的终军，字子云，很有才学，受到汉武帝的赏识。当时正值南越与汉代和亲，汉武帝派终军出使南越，劝说南越王归顺汉代，如同内地诸侯那样听从朝廷指令。终军主动请求说："希望陛下赐给我一条长绳，我一定把南越王捆绑起来，带到宫廷门下。"

于是，终军出使劝说南越王，并使整个南越国都为汉朝廷的属国。汉武帝非常高兴，特别恩准南越国使用印绶，统一实行汉代的法度，以新的办法改变南越的社会习俗，并命令汉代的使者留在南越，担负镇守和安抚的任务。但是，南越的相国吕嘉不想归顺汉朝，起兵攻杀了南越王，汉代的使者也都被他杀死了。终军死时，只有二十多岁。所以，世人都称他为"终童"。江峰青引用这两个典故，表达了为国家建功立业的理想。

**3. 成都武侯祠楹联赏析**

诸葛亮作为中国历史上重要人物，一直被后人所纪念。纪念诸葛亮的成都武侯祠始建于蜀汉末年，一千多年来几经毁损，屡有变迁。明代初年重建时，将武侯祠搬进了祭祀刘备的"汉昭烈庙"内，成为"君臣合祀"的祠庙。现今，武侯祠的正门匾额上赫然写着"汉昭烈庙"4个大字，坐北朝南，一条中轴线贯穿大门、二门、刘备殿、过厅、武侯祠五重建筑。

成都武侯祠最著名的楹联之一就是清末民初人赵藩所写：

能攻心则反侧自消，从古知兵非好战。
不审势即宽严皆误，后来治蜀要深思。

这副对联讲的是诸葛亮治国和作战的指导思想，意义十分深刻。上联的"反侧"说的是征服孟获的事。建兴三年诸葛亮南征时，马谡送行，诸葛亮向他征求意见，马谡回答说："南人依仗着地势险远，不归顺我们已经很久了，虽然现在大败他们，以后还要反复。此用兵之道，攻心为上，攻城为下；心战为上，兵战为下，希望您能征服他们的内心啊！"诸葛亮采用了马谡的计策，七擒孟获，令孟获心悦诚服，并在少数民族地区实行互不侵犯、区域自治的办法，解决了蜀国的后患。

下联所说的"不审势即宽严皆误"，是诸葛亮对法正的回答。在刘备取得益州后，诸葛亮替他制定政规法令，从严治蜀。法正却提出不同意见，劝谏诸葛亮要"缓刑弛禁"，执法从宽，以汉高祖为法。诸葛亮对历史条件和现实情况做了具体分析，认为从宽还是从严，需要根据客观形势决定。汉高祖入关的时候，要除去秦代的严刑，所以宽刑省法，解除了人民的痛苦。现在益州在刘璋统治时期积弊很多，没有权威，就必须从严法治，"荣恩并济"。历史条件不同，就该实行不同的政策，当宽则宽，当严则严。如果不审时度势，不当宽时也宽，不当严时也严，那都是片面的。

而近代人游俊撰写的对联，写出了诸葛亮一生的两件大事：

两表酬三顾，一对足千秋。

对联上联中的"两表酬三顾"是指诸葛亮写的前后出师表，这两篇文章是诸葛亮在出祁山攻打魏国前写的。诸葛亮的《前出师表》《后出师表》酬答了刘备三顾茅庐的情谊，里面提出了用人唯贤、赏罚严明的治国方针，体现了竭智尽忠、兴复汉室的愿望，及"鞠躬尽瘁，死而后已"的精神。

下联中的"一对"，指的是诸葛亮在刘备三顾茅庐时回答刘备的著名的"隆中对"。这里诸葛亮在分析曹操、孙权的优势，荆州和益州(今四川、云南和陕西、甘肃、湖北、贵州的一部)的形势后，提出刘备集团的发展战略，体现了诸葛亮高瞻远瞩的战略思维。

**(二) 治学、言志、自勉对联赏析**

很多历史上的对联，都蕴含着正能量，比较典型的有治学、言志、自勉等对联。

### 1. 治学对联赏析

周恩来总理从小就树立了伟大志向，奋发读书，12岁就立下"为中华之崛起而读书"的誓言。青年时代的周恩来写下了一副治学联，这副对联伴随他走过一生，成为他做人和学习的座右铭。

与有肝胆人共事，从无字句处读书。

在后来的革命生涯中，这副对联一直是周恩来同志为人处世的准则。特别是"从无字句处读书"更为发人深省。这句名言告诉后人，凡事要从实际出发，读书求学也是这样，必须切合实际，切勿好高骛远。

### 2. 言志对联赏析

对联不仅可以作为治学的座右铭，还可以言志。胡耀邦巧改联南阳武侯祠对联就是很好的例子。

南阳卧龙岗有一个诸葛武侯祠，湖北的襄阳也有一个卧龙岗，到底哪一个卧龙岗才是诸葛亮躬耕所在呢？这个问题从明清就开始争论，却一直是公说公有理，婆说婆有理。湖北人认为刘备、诸葛亮在卧龙岗上有了著名的"隆中对"，卧龙岗自然在襄阳。河南人说自古就有"南阳孔明"的说法，卧龙岗自然在河南了。这桩"官司"一直打到翰林院也没争出个所以然来。

直到清代咸丰年间，湖北襄阳人顾嘉蘅做了南阳知府，他看到两地人民为了卧龙岗的正宗问题争得头破血流，有感而发，写下这样一副对联：

心在朝廷，原无论先主后主。
名高天下，何必辨襄阳南阳。

意思是说，诸葛亮对蜀汉朝廷忠心不二，鞠躬尽瘁，无论是对先主刘备还是后主刘禅，都是一样的。而他的名声早已经传遍天下，至于诸葛亮早年隐居的地方到底是在襄阳还是在南阳，又有什么争论的必要呢？

1959年春天，当时担任共青团中央书记的胡耀邦同志到河南检查工作。途中路过南阳卧龙岗诸葛武侯祠，在武侯祠的大殿门旁，胡耀邦同志看到这副对联，并听工作人员讲解后，对左右的陪同人员说："我来改一改，你们看好不好？"说完就高声念道：

心在人民，原无论大事小事。
利归天下，何必争多得少得。

几个字的改动，表现出一个共产党人高尚的情操和宽广的胸怀，顿时赋予这副对联以全新的意义。

### 3. 自勉对联赏析

《聊斋志异》的作者，清代著名文学家蒲松龄，青年时多次参加科举考试，可是屡考不中，人到中年还是一个童生，依靠开学馆教书为生。蒲松龄写了一副自勉联刻在铜镇尺上，时刻敦促自己努力读书。对联的内容是：

有志者，事竟成，破釜沉舟，百二秦关终属楚。
苦心人，天不负，卧薪尝胆，三千越甲可吞吴。

这副对联借用了霸王项羽和越王勾践的故事，表达了百折不挠、奋发向上的决心。上联中的"破釜沉舟"是关于项羽的典故，下联中的"卧薪尝胆"是关于越王勾践的典故。"有志者事竟成"是句成语，形容一个人做任何事情，只要能够抱着百折不挠、坚定的意志去做，一定能成功，获得最后的胜利。

这句成语实际上也有一个故事，只不过不像"破釜沉舟"和"卧薪尝胆"两个典故那样有名。东汉的时候，有一个读书人名叫耿弇，他看见郡官骑马试剑，样子很威武，就立志将来要当一位驰骋疆场、功业彪炳的大将军。后来，他听说刘秀在北方要招募军队，就跑去投效，替刘秀打了许多场胜仗，建立了不少汗马功劳。有一天，刘秀派耿弇去攻打张步。在当时，张步的军队实力相当雄厚、兵多将广，非常难对付。张步听说耿弇要带兵来打他，就在几处重要关口布下了层层兵力，准备痛击。可是耿弇所带领的军队才花了不到一个上午的时间，就把张步的部队打得落花流水。

张步一看大势不妙，亲自率领了大批精兵来战耿弇。就在两军交战的时候，耿弇的右腿被敌箭射伤，血流如注。耿弇的部下劝耿弇说："张步现在兵力很强，我们不如先退守后方疗伤，等到主上的援兵来了后，再一起出击。"耿弇摇着头说："那怎么行！我们应该是要准备酒菜迎接主上，怎么能把没有歼灭的敌人留给主上来伤脑筋呢！"于是，耿弇又率领军队攻打张步，终于把张步打得落败而逃。后来，刘秀知道耿弇受伤的事，亲自带兵前来援助耿弇，没想到耿弇已经打败了张步。刘秀高兴地对耿弇说："你真是'有志者事竟成'啊！"

蒲松龄在这副对联的勉励下，勤学不辍，虽然依然没有考取功名，却写出了流传千古的短篇小说集《聊斋志异》。郭沫若先生为蒲氏故居题联，称赞他"写鬼写妖高人一等，刺贪刺虐入木三分"。

### （三）讽喻类对联赏析

对联不仅可以褒扬正义，还可以讽刺社会中的丑恶现象。下面举几个典型的对联典故。

**1. 嵌字联痛骂洪承畴**

洪承畴本来是明代的经略大臣，兵败被俘后，帮助清朝消灭明朝。洪承畴投降以前，喜欢吹嘘自己对大明王朝忠心耿耿。他亲手写过一副对联悬挂在客厅里，对联的内容是：

君恩深似海，臣节重如山。

他投降了清军以后，有人在他写的对联后面又添上两个字，变成了：

君恩深似海矣，臣节重如山乎。

这样一改，对联的意思就完全变了，皇帝给他的恩德已经像大海一样深啊，可是他的气节真的像山那么重吗？

洪承畴投降清朝以后，帮着清军杀害了很多抗清的明朝大臣和将领，还杀死了明朝的5个亲王。凭着这些"大功劳"，清代的皇帝让他当了大官。

洪承畴60岁生日的时候，好多人来给他祝寿。不料，最后又来了一个披麻戴孝的人，这人是洪承畴曾经的学生，他居然穿着孝服给"老师"送寿联来了。管事的人把寿联送进去，洪承畴打开一看，脸一下子变的又黄又绿。原来这个学生写的是：

史鉴流传真可法，洪恩未报反成仇。

"鉴"就是镜子的意思，史可法是南明大臣，抗清名将。他率领扬州军民坚守孤城，宁死不投降。扬州城被攻破后，史可法被俘，英勇就义。下联里嵌入了"洪成仇"3个字，就是洪承畴的谐音。

这副对联嵌入了两个人名，一忠一奸，形成鲜明对比：一个是宁死不屈的爱国者，一个是贪生怕死的卖国贼。一个流芳千古，一个遗臭万年。

### 2. 章太炎联讽时弊

章太炎是清末民初的民主革命家、思想家、著名学者，研究范围涉及小学、历史、哲学、政治等，著述甚丰。章太炎讽刺丑恶，一针见血。下面是比较典型的两个故事。

光绪年间，慈禧太后耗费大量国家资财，甚至不惜挪用建设海军的大笔经费建造颐和园，终日过着骄奢淫逸的享乐生活。1904年11月16日（农历十月初十）是慈禧太后的70诞辰，各地文武官员、封疆大吏搜刮民脂民膏，采办寿礼寿果，进贡给龙廷，邀功领赏。

近代民主革命先驱章太炎先生得到这个消息，联想到当时的时局，禁不住忧心如焚。于是，他满怀悲愤，写了这样一幅嘲讽慈禧太后的名联：

今日到南苑，明日到北海，何日再到古长安？叹黎民膏血全枯，只为一人歌庆有。

五十割琉球，六十割台湾，而今又割东三省！痛赤县邦圻益蹙，每逢万寿祝疆无。

这副对联把慈禧太后割地赔款、丧权辱国的投降卖国行径揭露得淋漓尽致，而且上下联的末尾巧妙地把"一人有庆""万寿无疆"两个成语的次序打乱，变成了"一人庆有""万寿疆无"，讽刺的意味顿时溢于言表。

康有为是中国近代史上大名鼎鼎的人物。他是广东南海人，原名祖诒，字广厦，号长素，又名更生，西山樵人。于1894年（清光绪二十年）考中进士，担任了工部主事的官职。从1888年开始，康有为曾经先后7次上书光绪皇帝，建议变法图强。

甲午战争次年，他联合北京参加会试的各地一千多举人"公车上书"，呼吁拒绝签订和约，迁都抗战，变法维新。"公车上书"被光绪皇帝采纳，全国由上而下开始了著名的"百日维新"。可惜这次变法只维持了三个多月就宣告失败。谭嗣同等六君子被杀，康有为逃亡到海外。

在维新变法之时，康有为的所作所为代表了当时先进的方向，可惜他在变法失败以后在海外组织起"保皇会"，利用自己的影响反对武装革命，阻碍了历史前进的脚步。

很多人都对康有为的所作所为不满，章太炎先生深感康有为的影响之大，流毒之深，于是写了一副对联，给康有为以无情地讽刺。联曰：

国之将亡必有，老而不死是为。

这副对联巧妙地把康有为的名字嵌在联末，而且巧妙利用了"脱靴"的手法，形成了奇特的脱靴式签名联。所谓脱靴又叫藏尾。很显然，上联中隐去了末尾的"妖"字，下联在末尾隐去了"贼"字。这副对联是对康有为的无情讽刺，意味就非常明显了。

### 3. 讥刺袁世凯称帝对联

袁世凯窃取了中华民国大总统的宝座以后，一心想颠覆民国，自称皇帝。于是在1915年（民国四年），秘密授意杨度、孙敏筠、刘师培、严复、李燮和、胡瑛六人组成筹安会，打着研究学术的大旗，实际上是为袁世凯称帝制造舆论。

这六个人当时极有声望，合称为"六君子"，在这场闹剧中六君子反潮流而动，扮演了不光彩的角色。在这件事上，袁世凯聪明反被聪明误，当初起用筹安会"六君子"本欲实现称帝野心，但六人制造的复辟闹剧，实则使他完全陷入被动。若把众叛亲离、备受谴责的袁世凯比作一个患了大病的人，那么筹安会的"六君子"便如他生病的催化剂，使其一步步病情恶化，走向毁灭。

民国四年十二月，袁世凯不顾举国反对，悍然改共和为帝制，宣布年号为洪宪。一时间举国上下一片哗然，先是蔡锷在云南举旗宣布讨袁护法，全国各地纷纷响应，共有14个省宣布独立。

四川将军陈宦、陕南镇守史陈树藩，本是袁世凯所倚重的实力派人物，也公开反对袁世凯，湖南督军汤芗铭也在关键时刻背叛袁世凯，与其彻底决裂。袁世凯遂彻底绝望，在无比惊恐、悔恨之中，迅速走向生命的终点，这场恢复帝制的闹剧也很快落下帷幕。

于是，有人撰写对联讥讽此事：

起病六君子，送命二陈汤。

这副对联中的"六君子"和"二陈汤"都是中药汤头名，但在这里语带双关，讽刺了妄想称帝的袁世凯。

袁世凯死后，有很多人给他写了所谓的挽联，对袁世凯的一生进行讽刺。当时有这样一副挽联：

总统府，新华宫，生于是，死于是。<br>
推戴书，劝进表。民意耶？帝意耶？

这副对联很特殊，它属于变格，正格是人所共知的上下联的相应词句成对，变格是上下联"两边各自成对"。这副对联里"总统府"与"新华宫"相对，而不是与下联的"拥戴书"相对。而"拥戴书"也是与"劝进表"相对。这副对联写出了袁世凯一意孤行，逆历史潮流行事，最终败亡的命运，当时流传很广。

在四川也有人给他写了一副奇特的"挽联"，实际上同样是在嘲讽他：

袁世凯千古，中国人民万岁。

人们看了以后，都觉得奇怪，便问作者："上联里的'袁世凯'是三个字，怎么能对：'中国人民'四个字呢？"，作者却笑了："袁世凯本来就对不起中国人民嘛！"

原来作者这副对联的意思就是袁世凯对不起中国人民。

**（四）生活情趣对联赏析**

对联不仅可以褒扬正义、讽刺社会中的丑恶现象，还可以增加生活中的情趣。下面举几个典型案例。

**1. 苏小妹出联难为秦少游**

北宋词人秦观，字少游，听说苏轼之妹苏小妹不但相貌端秀，而且工诗善词，便有了爱慕之心，遂去苏家求婚。苏洵为了考察求婚者的才华，便让每个求婚者写一篇文章，交给女儿批阅。

苏小妹看过秦少游的文章，认为他的才华很出众，在少游的文章上批道，"不与三苏同时，当是横行一世"。苏洵也很满意，便将苏小妹许给了秦少游。

结婚当天入洞房的时候，苏小妹有意出题难为秦少游。开始的两题都没有把秦少游难倒，于是苏小妹便出第三个题目对对联，她出的上联是：闭门推出窗前月。秦少游开始觉得很简单，可是仔细琢磨却发现并不好对，而且如果对得太平淡也不能显示自己的才华，于是坐在池塘边苦苦思索。直到三更,苏轼出来打探妹夫的消息,见少游在池塘边不住喃喃念着"闭门推出窗前月",才知是小妹发难,便悄悄拾起石子朝水池中投去。秦少游忽听"砰"的一声,见池中月影散乱,受到了启发,回到洞房门口,对出了下联:投石击破水中天。

**2. 华罗庚的妙联**

华罗庚是我国著名的数学家,但是他并不拘泥于数学。他很喜欢文学,有深厚的古典文化功底。当别人称赞他头脑聪明的时候,他说:"勤能补拙是良训,一分辛苦一分才。"生动地说明了勤能补拙的道理。

1953年,他随同中国科学院代表团出国考察。代表团团长是著名物理学家钱三强,团员有他和大气物理学家赵九章等人。旅途中略做休憩的时候,华罗庚看着在旁边的团长钱三强,即景生情,想出一则上联。他兴致勃勃地对大家说:"上联'三强韩赵魏',哪一位能对出下联?"

上联里的"三强"指的是战国时期韩、赵、魏3个强国,同时又隐喻着代表团团长钱三强的名字,这就是上联的巧妙所在。在座诸人都是理工科的专家泰斗,但在吟诗作对方面的学养就有些差距了。大家耗费了不少脑细胞仍然没人对出下联。大家劝华罗庚不要卖关子,华罗庚不慌不忙地抛出一个下联:"九章勾股弦"。

在座的科学家们无不鼓掌叫好。"九章"是指我国古代一部著名的数学著作《九章算术》,书中首次记载了我国数学家所发现的勾股定理,即直角三角形所夹直角的两边长(勾、股)的平方和等于第三边(弦)的平方。同时,这里的"九章"隐喻了代表团另一个成员赵九章的名字。这样,华老的妙联就又开辟了数学联新的"对例"了。

**3. 清华大学对联考题**

1931年清华大学入学考试的国文试卷的命题人是国学大师陈寅恪,题目很简单,只有三个字"孙行者"。

参加考试的考生们一看这道怪题顿时大吃一惊。当时的教育已经属于新式教育,从这些学校毕业的学生们从没学过对联知识,要他们对出合适的下联好比赶鸭子上架。

当时的答案五花八门,有的对"猪八戒",有的对"沙和尚",还有的对"唐三藏",只要是《西游记》中的人名差不多都被"请"到试卷上。甚至有个学生怒不可遏,提笔写下"王八蛋"三个大字,然后搁笔而去。这些卷子自然都得了零分。

当然其中也有国学修养较深的学生,对出了精妙的答案。但是,得了满分的共有两份:一份是周祖谟的答案"祖冲之",另一份的答案是"胡适之"。

这道考题的要求是无情对,只要对仗工稳就可以了,上联中的孙行者是个人物,下联当然也要对以人物。"孙"是姓氏,"行"乃动词,"者"是文言虚词,只要明白了这个道理,对出下联并非难事。对出胡适之的学生已经明了个中三昧,"胡适之"也符合要求。

当然论及精妙,还是"祖冲之"堪称绝配。"祖"与"孙"是天作之合,"冲"与"行"都是表示动的动词,"之"和"者"都是文言虚词。"祖冲之"和"孙行者"一文一武,一实一虚,充分体现周祖谟先生深厚的学养。后来周先生能够担任北京大学教授也就不足为奇了。

**4. 国名地名巧成对**

1945年8月,日本法西斯宣布无条件投降,中国人民取得了抗日战争的胜利。

喜讯传到了四川成都，成都城里一下子沸腾起来，鞭炮齐鸣，锣鼓震天。人们高兴地把手里的帽子往天上抛去，卖水果的也把瓜果、梨、桃往欢乐的人群里扔，让大伙儿都尝尝"胜利果实"。第二天一早，家家户户都贴出了庆祝胜利的喜联。其中有一副对联把国名、地名巧妙联成了一副对联，引得众人齐声喝彩：

中国捷克日本，南京重庆成都。

上联用了3个国名：中国、捷克、日本；下联用了3个城市名：南京、重庆、成都。上联的"捷克"用作名词的时候表示一个国家，要是把它看成两个词，也能当"战胜""胜利"讲。同样下联里的"重庆"也可以看成两个词，作"重新庆祝"讲，"成都"可以作"成为国都"讲。

这么一来，上下联的意思就成了：中国彻底战胜了日本强盗，庆祝南京重新成为国都。

南京本来是中华民国的首都，日本侵略中国以后，蒋介石政府迁到了四川重庆，南京被日军占领了。抗日战争胜利后，南京又重新成为国都。

这副国名、地名巧联，从内容到形式都十分新颖。

**5. 一副对联的背后情趣**

一家高科技公司的创始人有一天感觉特别累，萌生退意，于是写了一个上联：

云在山中，山在云中，云山醉终南。

这位创始人的朋友对出下联：

雨于雾里，雾于雨里，雨雾望洲头。

这个上联在小范围中流传，一些不了解故事背景的人对出了不同的下联：

风融雪幕，雪融风幕，风雪沁园春。
雾笼松间，松笼雾间，雾松美江畔。
鱼戏莲间，莲戏鱼间，鱼莲映夏日。
妙在笔上，笔在妙上，妙笔能生花。
水在天中，天在水中，水天成一色。
风在雨中，雨在风中，风雨泪西湖。
兵傍马旁，马傍兵旁，兵马困幽州。

除了第一个下联，大家都是在不了解上联写作者心境的情况下对出。其实，上联写"出世"，只有读出这种意境，才能以"入世"思维应对。有些下联虽然工整，但是没有融入上联写作者情景，所对效果就不会特别好。这是在生活中以对联为乐时应该注意的。

## 二、中国灯谜文化

灯谜，是我国民间文学的一种文化艺术形式，是中国人民在长期劳动实践中的智慧结晶。灯谜源于生活，用于生活，也是人们喜闻乐见的一种智力活动游戏，它吸引着天南地北各行各业的爱好者，在增长知识、启迪智慧的同时，又获得美妙的享受。

我国的灯谜源远流长，至今已有三千多年的历史。在上古时期就出现了歌谣谜，春秋战国时期就出现了"廋词"和"隐语"，这是灯谜的雏形。到了汉代"隐语"开始分化为两个方向：一类是以描写特征为主的事物谜；另一类是以文字形义为主的文义谜。到了魏代，则称为"谜语"。隋唐时期随着诗歌兴盛，诗谜大量出现，并成为主流。从宋代开始，一些文人学士常在元宵之夜将谜条张贴在各种花灯之上，吸引行人猜射，"灯谜"就是这样而来的。清中叶以后，谜风大盛，涌现了许多谜师。辛亥革命后，灯谜形成了南宗北派两种风格。在旧社会，由于谜家大都是士大夫阶层，有些文人自命清高，片面强调风雅，排斥民间灯谜。新中国成立后，在党"百花齐放"的文艺方针指引下，灯谜活动更加蓬勃发展，谜材、谜作日益完善丰富，为建设社会主义精神文明和活跃群众文化生活做出了巨大贡献。目前，在世界各地的华人、华侨都有灯谜活动及灯谜学术交流。

其实灯谜和隐语、廋词、文虎、谜语等都是一回事，从广义上讲，都可以统称为灯谜。只是由于灯谜在不同历史时期和不断发展过程中，在表现形式上略有区别，因此各个时期的名称也有所不同。

在"社会主义核心价值观"提出之后，中央电视台一套每天6点到8点的早新闻间隙，常常听到稚气的歌声，儿歌歌词的内容是：

  曲径虫鸣牡丹开，岷山远游住人外。一义贯成并日月，百姓饭足言皆彩。
  眉下心头田出垄，天上斗转且以待。山聚眉峰思无邪，大江东去润高台。
  城西欲语淮阴侯，喜上羊羊取发钗。独受易友玉关情，令公为尊畅饮怀。
  家家户户团圆歌，年年岁岁幸福来。

儿歌其实是灯谜的谜面，十二句歌谣做谜面，每一句的谜底是分别是"社会主义核心价值观"的一个词语。

灯谜是一种融思想性、知识性和娱乐性为一体的艺术形式，所以不同职业、不同年龄的人都喜欢猜灯谜。但是，面对一条灯谜，往往有很多人猜不出，主要还是两个方面的原因：一方面，灯谜在内容上，可以说是一部包罗万象的"百科全书"，所以说，知识储备是否丰富是其中的一个重要原因。当然，任何一个人都不可能是一部百科全书。例如，猜国名，世界上有一百多个国家；猜《三国演义》中的人名，就有一千三百多位，这些都是不可能全部记住的。于是，有许多喜欢猜谜的人经常搜集一些人名、地名、电影名、电视名等资料，以便猜谜语时查找，这就是一个很好的办法。另一方面，必须学会一些常见的猜谜方法。这就好比一位有了弓箭的人，如果射箭技术不高明，还是很难射中的。接下来，我们将通过介绍灯谜的基本知识和猜谜的方法帮助理解灯谜这种传统文化。

### （一）灯谜的基本知识

一般来说，灯谜是由谜面、谜目、谜底3部分组成。有人出一条谜语让别人猜，这就是谜面。同时，出谜语的人还要划定一个猜射的范围，如猜一个字或猜电影片名等，这就是谜目。最后是谜语的答案，也就是谜底。前两个部分是由作者制定的，最后一个部分是由猜者来完成的。例如，前面所述的儿歌谜，也可以分解为猜词语谜，"城西欲语淮阴侯"，猜一个词语，谜底是"诚信"。

还有一种灯谜是由4部分组成，除了谜面、谜目、谜底之外，又加了一个谜格。"谜格"是一种约定俗成的格式。一般人们常用的谜格有10种左右。谜格是对谜底的调整，每种谜格对谜底的调整是不同的，有的可以把谜底中的字移位，有的可以拆开，有的可以谐音等。使用谜格，可以让灯谜变化多样，谜味更加浓郁，乐趣无穷。灯谜作者在创作灯谜的时候，一般都是先确定一个谜底，然后根据谜底创作谜面。但是有的时候，作者感到有的谜底在正常的情况下不太好给它配上一个合适的谜面。例如，作者选定了一个成语"滴水成冰"做谜底，一时又做不出适当的谜面，这时作者想到，如果将"滴水成冰"倒读，就是"冰成水滴"，这时就需要制作带"谜格"的灯谜。这样就可以配一个谜面，这个谜面可以用"解冻"。"解冻"则冰当然要变成水，这样谜面和谜底就扣合在一起了。作者用的是"卷帘格"，它的规定是谜底必须在3个字以上，把谜底倒读后扣合谜面的含义。当然，我们答时要答成语，不能倒着答。这条谜的整个形式是这样的：解冻，猜成语（卷帘格），谜底是"滴水成冰"。

谜语写在灯笼上即为灯谜，因此，广义来说，灯谜属于谜语的一种。谜语的难易程度不同。一些儿童谜语的谜面通俗易懂，押韵而有节奏，例如，"水边有个歌唱家，一天到晚叫呱呱，身上披着绿大衣，伸着舌头把虫抓"，猜动物，谜底是"青蛙"。从创作手法来看，这条谜语是选取某一事物的特征，通过形象描绘，运用比喻的手法创作出来的。谜面与谜底之间的关系近似于"喻体"和"本体"的关系。一些复杂的谜语，例如，"漫天飞雪"，猜西药，谜底是"四环素"。从这条谜语中我们可以看出，谜面精炼简洁，概括性强。从创作手法来看，它是凭借汉字一字多义的特点，以别解为主要手法创作出来的。就拿这条谜语来说，"漫天飞雪"这一景色与西药"四环素"没有必然联系，而是通过"雪花"是"白"色的，"白"又当"素"讲，于是谜底和谜面就巧妙地扣合在一起了。

歇后语是由近似谜面、谜底两部分组成的，带有隐语性质的口头用语。如"刀切豆腐——两面光"。尽管前后两部分存在着"喻意"或"双关"的现象，但是它的后一部分是对前一部分的解释，二者存在必然的联系。可以说歇后语不是"谜"。因此，在猜谜的时候不要用歇后语的那种思维方式来猜谜。

制作灯谜最基本的原则是谜底和谜面不要"相犯"。所谓"相犯"是指谜面中出现的字，在谜底中就不能再出现。如果要猜的谜底中有谜面上任何一个字都是不对的。因为灯谜在创作中有一条规定，就是底面不能相犯，所以说谜面中已经有的字谜底中就不会再有了。

借代手法在灯谜中经常使用，也就是灯谜中常用的借代语、借代词、借代字。灯谜中的借代字、借代词有很多，如白色的"白"，在灯谜中常常由雪、霜、素等和白有联系的字或词来代替。"一"用首、头、单等借代。春天的"春"，歌曲的"曲"和白酒的"酒"字通用。"菊花""黄""金"代表秋天的"秋"。"赤""朱""丹"字表示红。姓氏中的"张"往往用观、看、望作代用字。在干支纪年中，用子扣鼠、丑扣牛、寅扣虎、卯扣兔……其他还有山城指重庆，羊城指广州等。

例如，"昆明下大雪"猜唐诗一句，谜底是"春城无处不飞花"。"春城"借代"昆明"，下雪扣"飞花"。

（二）不带谜格的灯谜猜法

在了解灯谜的结构和猜谜时需要注意的问题之后，就需要进一步学习常用的猜谜方法。下面就逐一介绍不带谜格的谜语猜法。

**1. 别解法**

所谓别解法就是把谜底中的某些字、词，不用原来的意义去解释，而是用另外的意思来扣合谜面。这是猜谜中最有趣的一种方法，也是制谜中最重要的一种方法。

例如，"拣到东西要交公"，猜成语，谜底是"不可收拾"。"不可收拾"的本义是指：

情况糟糕，不可挽救。无论从表面看，还是从这个成语所包含的意义来讲都与"拣到东西要交公"是风马牛不相及的。但是，如果把谜底按字面别解成"不可收藏拾到的东西"那么就与谜面的含义扣合在一起了。

有的灯谜是利用汉字一字多音的现象做成的，把谜底中的某些字改变读音后而产生别解。例如，"珠穆朗玛峰"，猜成语，谜底是"藏之名山"。其中的"藏"字是隐藏意思，在这里把它读成西藏的藏，解释为西藏的名山，这样就和谜面融为一体了。

也有的灯谜是利用汉语中的多义词做成的，通过词的借代产生别解。例如，"未入灯谜之门"，猜成语，谜底是"羊落虎口"。在十二生肖中，未属羊，灯谜的别称叫"虎"，门可以代"口"。于是"未入灯谜之门"就是"羊落虎口"。

### 2. 会意法

所谓会意法就是在领会谜面本身确切含义之后，根据谜面的含义从正面联想出谜底。一般来说，这类谜的谜面和谜底的含义是一致的，只不过换了一种说法而已。这种是最常见、最普通的一种猜谜方法。

如"重逢"，猜一个字。重逢的意思是"又见面"，简化为"又见"，把两个字合起来，就是"观"字，这就是谜底。

再如"庆新年人人快乐"，猜《红楼梦》人名二。庆新年的意思是迎春，人人快乐当然是同喜，所以谜底就是"迎春、同喜"。

在灯谜中有很多带有典故的灯谜，往往是用会意这种方法创作出来的。因此，猜这类谜需要掌握一些历史典故才能用会意法猜中。

如"东坡投石"，猜饮料。这条谜语引用了苏小妹洞房花烛夜三难新郎的典故：苏小妹为了试一试新郎秦少游的才学，出了"闭门推出窗前月"的上联，秦少游苦思不得下联。这时苏东坡投石入水暗示秦少游，于是秦少游悟出其中之意，才对出"投石击破水中天"的佳句。所以，谜底是"苏打水"。

再如"张翼德长坂坡布疑阵"，猜体育项目，谜底是"马拉松"；"一枕黄粱再现"，猜成语，谜底是"重温旧梦"。

常规的会意法是在理解谜面本身确切含义之后，谜底要从正面扣合谜面。因此有人也管它叫"正扣法"。所谓"反扣法"，就是在理解谜面的含义之后，运用反向推理的方法，"反扣"出谜底来。因此可以说，"反扣法"也是会意猜法的一种形式，它和正扣法的道理一样，只不过正扣法是从正面猜，反扣法是从反面猜。

例如，这样一条谜，谜面是"大事不糊涂"，猜一部电视剧，谜底是"小马虎"。谜面的含义很明确，是说"大的事情不糊涂"。对这样的谜面，我们很容易发现，作者是用了反扣的方法来制作的，因此我们就要用反向思维的方法来猜。

再如，谜面是"个人后入"，猜4个字的名词。谜面的意思是说，到某个地方或场所里面去，单个的人要后进出。用反扣的方法来猜，就会很容易想到谜底是"先进集体"。

### 3. 离合法

大部分汉字是合体字，合体字是由两个或两个以上的部分组成的。所谓"离合法"是把字的偏旁、部首、笔画予以分离或合成，增多或减少，然后进行重新组合，变成一个新的字。因此，离合法主要是用来猜字谜的。

我国古代就有用离合法猜谜的故事。三国时，曹操手下有位谋士，名叫杨修。一天有人献了一盒酥糖给曹操品尝。曹操没吃，随手在盒上写了"一合酥"3个字，放在桌子上，然后骑马出城看地形去了。不一会，杨修进来看见盒子上的字，二话没说，拿出去与幕僚们分着吃了。曹操回来后，斥问杨修："为何如此放肆？"杨修笑着说："那盒甜丝丝的酥，乃是大人令我们吃的，故不敢违命。"原来这是曹操出的一条谜，"一合酥"的"合"字是"一人一口"的"合"。如果把"合"字拆开，那么"一合酥"三个字就变成"一人一口酥"了。

例如，谜面"功过各一半"，谜底是旁边的"边"字。谜面的含义是功和过各取一半，就要首先把"功"和"过"分成4个部分，然后再将其中能够组合成新字的两个部分，也就是功字的"力"和过字的"走之儿旁"结合在一起，这样就产生了"边"字。

因为灯谜作者常常借助方位名词做谜，还用方位名词来暗示猜谜的人。所以，猜谜者在猜离合体灯谜时，还要特别注意谜面中的方位名词。如上下左右，东西南北等。例如，"孔雀东南飞"，猜一个字。谜面暗含的意思是说，"孔"字的东边，"雀"字的南边去掉了，那么剩下的是"子"和"小"两个字，把这两个字合起来，就是"孙"字。这里借助了地理学上的上北下南、左西右东的说法。

**4. 象形法**

我国汉字有"六书"的说法，就是说有6种造字方法，其中第一种就是"象形法"。象形字是用线条把客观物体的形状画下来的一种造字方法。

但是需要指出的是，猜谜中的象形法不是造字法，和"六书"中的象形字不是一回事。灯谜中的象形法是在汉字基础上，根据某些汉字的特征，并遵循灯谜的创作原则，把汉字的笔画或偏旁部首比喻为某一种东西的制作方法。

例如，这样一条谜："牛过独木桥"，猜一个字，谜底是"生"字。生字上面是牛，下面一横很像独木桥的形象，老牛正走在独木桥的中间。

在制作灯谜时，常见的象形表现手法有如下几种：

（1）"点"

"点"可以比作星星、泪珠、雨点等。如"星临万户动"，猜一个字。星星是"点"，临是"到"，一点移动到万字的上面就是"方"，"方"和"户"结合在一起就是"房"字。

（2）"横"

"横"可以比作钢丝、道路、桥等。如"双人走钢丝"，猜一个字。谜底是"丛"字。上面两个人，下面的一横很像钢丝，就像两个杂技演员正在进行精彩的走钢丝表演。

（3）"人"

"人"可以比作大雁，也可以代表一个人，如"二人抢球，一人挂钩"，猜一个字，谜底是"似"字。这个字很像是三个人在争抢足球场上的一个球：两边各有一个人上来争抢，中间的那个人身体向后倾斜，来了一个倒钩动作。

此外，"弯钩"可以比作船，"口"字可以比作方框。

**5. 问答式猜谜法**

问答式灯谜的谜面是一个疑问句，也就是提出一个问题，谜底是答句，但不是日常对话中的一问一答,而是通过别解的方式来回答谜面提出的问题。问答式灯谜中谜面和谜底之间一问一答,文意贯通,自然流畅,是灯谜中的一种常见的形式。这类灯谜的谜面含义比较明确,不绕弯子,而且又有谜目做限制,一般这类谜语是比较好猜的。

例如,谜面:"山中无老虎,谁来称霸王?"猜中药二,谜底是"当归""猴头"。谜面的意思是说"山中没有老虎,谁来当霸王呢?"这是一个问句。谜底回答说:应该由猴子当霸王。猜中药二,就是"当归""猴头"。

再如,谜面:"到何处拾贝壳?"猜电视剧名。谜面的意思是在问,什么地方能拾到贝壳呢?猜谜者很容易做出回答:只有到海滩上才能拾到贝壳,因此谜底是"上海滩"。

**6. 承上启下猜谜法**

所谓承上启下法猜灯谜,是先选定一句古诗做谜面,在猜的时候要追溯谜面的来源,以及它上一句和下一句都是什么,然后根据上下句之间的含义猜出谜底。

例如,谜面"雪却输梅一段香",猜中药带量,谜底是"三分白前"。猜这条谜语首先要知道这句诗出自宋代诗人卢梅坡的七绝《雪梅》:"梅雪争春未肯降,骚人搁笔费评章。梅须逊雪三分白,雪却输梅一段香。"这首诗后两句的意思是说:梅花不如雪的颜色白,雪的香味又差于梅花。了解了这两句诗的含义,我们就不难猜出谜底是"三分白前"。在"雪却输梅一段香"的前面或者说是前一句,梅与雪相比差了"三分白"。这条谜是根据谜面的上一句诗来推断出谜底的,我们可以把这种方法叫作"承上"。

还有一些谜语是需要根据谜面的下一句诗来猜谜底的,可以叫"启下"法。例如,谜面"桃花水深千尺",猜成语,谜底是"无与伦比"。这个谜面出自李白的诗歌《赠汪伦》。所谓"无与伦比",从灯谜别解的角度可以把它解释为不能与汪伦的情谊相比,这与"不及汪伦送我情"的诗意是一致的,就和谜面"桃花水深千尺"扣合在一起了。

**(三)带谜格的灯谜猜法**

灯谜一般都是由谜面、谜目、谜底3个部分组成的。除此之外,还有一种带谜格的灯谜,这类灯谜的数量虽然很少,但是在猜谜中也会遇到带谜格的灯谜。谜格有很多种,每一种谜格对谜底都有固定的要求。有的谜格对谜底中的字进行增减,有的要调位,有的要谐音,还有的要拆开分读等。这些规定都是约定俗成的,各有一套固定的格式。下面介绍比较典型的带谜格灯谜的猜法。

**1. 谐音类的谜格**

所谓谐音就是说谜底中的字音同义不同。这类谜格大致包括以下几种:

(1)白头格

白头格要求谜底中的第一个字,也就是打头的那个字用谐音。例如,"青梅煮酒论英雄",猜民族名(白头格),谜底是维吾尔。"维"字要念成"唯",这样就成了"唯吾尔",也就是"只有你和我"的意思。

(2)素心格

素心格的格名来源于陶渊明诗《移居》中的"闻多素心人"。"素心"的本义是心地洁白的意思,作为谜格是指谜底中间的那个字是"白"字,既然是中间,那么谜底一定是奇数,而且是三个字以上的,猜的时候把中间的那个字用谐音来代替。例如,"幼儿园开班",猜京剧名(素心格)，谜底是"群英会"。"英"字要谐音为婴儿的"婴"。

(3) 粉尾格

粉尾格的谜底字数在两个字以上，猜的时候，最后一个字用谐音来代替。例如，"出差不能乱花钱"，猜生活用品(粉尾格)，谜底是"旅行剪"。"剪"用"俭"来代替。

(4) 梨花格

梨花一般是白色的，梨花格是借梨花全白之意。梨花格谜底的字数在两个字以上，猜的时候都用谐音来代替。例如，"一人售货"，猜国名(梨花格)，谜底是"丹麦"。"丹麦"谐音为"单卖"。

**2. 半读类谜格**

半读类谜格指的是谜底中的字必须都是合体字，而且这些字都有一个相同的偏旁或部首，这些偏旁或部首又都在同一个部位上。例如，蜘蛛是左右结构的，左边都是"虫"字；葫芦是上下结构的，上面都是草字头等。半读类谜格常见的有徐妃格、摘顶格、摘底格。下面分别介绍这3种谜格。

(1) 徐妃格

徐妃格出自这样的历史故事：南北朝时的徐妃(昭佩)认为梁元帝萧绎瞎了一只眼睛，所以徐妃每次知道梁元帝快要来到的时候，只在脸上画半面妆等候梁元帝。梁元帝看见她的半面妆，便大怒着走开。徐妃格灯谜的猜法，就像徐妃的半面妆，所以就引用这个典故来做谜格的名字。徐妃格的具体要求是谜底字数在两个字以上，必须都是左右结构的合体字，而且有相同的部首。猜的时候，把相同的部首去掉，然后用余下的部分来解释谜面。

例如，"万绿丛中一点红"(徐妃格)，猜中药，谜底是"硃(朱)砂"。把这两个字左边相同的"石"字去掉，就剩下"朱少"两个字了。"朱"可以解释为红色，"朱少"就是红色少。这就和谜面"万绿丛中一点红"扣合在一起了。

(2) 摘顶格

摘顶格和徐妃格的猜法基本上是一样的，两者的区别在于摘顶格谜底中的字是上下结构的，把上边相同的部首去掉。例如，"一年最热的时候"(摘顶格)，猜中药，谜底是"茯苓"。去掉两个字相同的上部分，也就是去掉草字头，剩下的是"伏令"两个字。"伏令"也就是三伏的时候，是说在三伏的时候最热。

(3) 摘底格

摘底格与摘顶格更相似了，不同的是摘顶格是摘掉谜底中上面相同的部首，而摘底格是摘掉谜底中下面相同的部首。例如，"升降机"(摘底格)，猜形容词，谜底是"忐忑"。去掉下面相同的"心"字，就剩下"上下"两个字了，"上下"便和"升降机"扣合在一起了。

**3. 移字类谜格**

所谓移字就是把谜底中的字移动一下位置，只有移动位置以后才能和谜面的意思一致。移字类谜格常用的有秋千格、卷帘格、双钩格。

(1) 秋千格

秋千格的含义是说，就像打秋千一样，谜底可以从前面往后读，也可以从后面往前读。正读是不能扣合谜面的，只有反过来读才能扣合谜面。谜底的字数必须是两个字，不能多也不能少。例如,"两袖清风"(秋千格),谜底是"廉颇"。把它倒过来读就是"颇廉",意思是很廉洁,这就和谜面"两袖清风"的含义扣合在一起了。

(2)卷帘格

卷帘格的猜法有点像倒卷珠帘,所以就取了卷帘格的名字。秋千格和卷帘格都是把谜底倒过来读,不同的是,秋千格谜底的字数是两个字,三个字及以上的就叫卷帘格了。例如,"全家登上光荣榜"(卷帘格),猜四字词语,谜底是"名列第一"。把它倒过来读就是"一弟列名",也就是一家人的名字都排列在光荣榜上了。

(3)双钩格

双钩格谜底必须是四个字,不能多也不能少。把前两个字和后两个字对调位置来读,才能扣合谜面。例如,谜面"神州处处搞四化"(双钩格),猜杂志名,谜底是《中国建设》。把前两个字和后两个字对调一下位置,就变成了"建设中国"。

**4. 加字类的谜格**

加字类的谜格,在猜谜活动中经常见到的有两种:一种是探骊格,另一种是隐目格。

探骊格与一般的灯谜不同,它只标谜格,不标谜目。例如,先出一个谜面,然后标上"探骊格"三个字就结束,不告诉猜谜者猜射的范围。这种"谜格"要求猜谜人在猜谜底的时候,同时把谜目一起猜出来。谜目作为谜底的一个组成部分,二者融为一体,连贯成一个意思,然后和谜面的含义扣合在一起。

例如,谜面是"全家举头望明月"(探骊格),谜底是"首都仰光"。其中"首都"既是谜目又是谜底的一部分,它与"仰光"合起来共同扣合谜面。"首都仰光"的意思是:头都抬起来望着光明。

隐目格与探骊格的相同处在于只标谜格,不告诉猜射的范围,谜目与谜底融为一体共同扣合谜面。不同处在于探骊格的谜目是根据谜面的含义联想探索出来的,难度较大。而隐目格的谜目就隐藏在谜面的文字里面,相对简单一些。此外,隐目格灯谜的谜面与所隐藏的谜目之间还有一种规律性,就是一般与个别的关系。

例如,谜面是"说文解字"(隐目格),谜底是"书名论语"。其中"书名"是隐藏的谜目。为什么"书名"是谜目呢?因为谜面"说文解字"是一本书的名字(东汉许慎编,是中国第一部比较系统完备的字典)。想到"说文解字"是一本书,谜目就出来了。"论语"也是书名,在这里需要别解为论语言文字。这样"书名论语"这两部分自然地融为一体,意思又很连贯,与谜面"说文解字"相扣合则天衣无缝。

虽然上文介绍了很多灯谜的猜法,但是很多灯谜是由许多种方法组合的。前文提到的宣传"社会主义核心价值观"的灯谜就是由多种猜法组合而成。即便不是这种复杂谜底的系列谜语,一些人名谜也可以是由多种猜法组合而成。

例如,笔者参加一次聚会,有人提出以名字做谜。席间有人名为"刘岩",笔者就做了一个谜语,谜面"儒生出关带吴钩,燕然勒功遗迹留",猜人名一。这个谜语的制作就是以离合法为主,但是又涉及历史典故,以会意为基础。"儒生出关带吴钩",由唐代诗人李贺的《南国》中的"男儿何不带吴钩,收取关山五十州"变化而来。"儒生"指文人,扣一个"文"字,"吴钩"是春秋时期流行的一种弯刀,"利刀旁",这样组合出一个"刘"字。燕然勒功,亦称为"勒石燕然",是成语,典故名,典出《后汉书》卷二十三〈窦融列传·窦宪〉。

东汉将军窦宪率领汉军及南匈奴、东胡乌桓、西戎氐羌，大破北匈奴之后，封燕然山，勒石记功。《封燕然山铭》碑文上记载"上以摅高、文之宿愤，光祖宗之玄灵；下以安固后嗣，恢拓境宇，振大汉之天声"。"燕然勒功""勒石燕然"作为重要的典故，成了后世功臣名将向往的功业巅峰。"燕然勒功"可以抽象出一个立石碑于山的事件，"山""石"可以扣"岩"字。谜面中的"儒生""吴钩""燕然勒功"都需要用会意方式抽象出一些字或偏旁。

因此，只有在不断拓宽知识面的基础上，综合运用灯谜的猜法，才能去破解灯谜，也才能更深刻体会到中国传统灯谜文化所蕴含的乐趣。

# 教学篇

# 第四章 劳动教育与马克思主义农业思想

农业生产是最重要的人类活动之一，是人类生存不可或缺的实践活动，尤其是当代全世界人口已经超过 75 亿之后，没有农业是不可想象的。因此，在正确的教育思想指导下，通过涉农劳动教育开展青少年农耕文化教育意义十分重大。因此，只有在掌握劳动、劳动教育的概念、马克思主义农业思想基础上，才能更准确把握依托劳动教育实施农耕文化教育的方向。

## 第一节 劳动及劳动的意义

劳动是人类不可缺少的实践活动，是人类运动的一种特殊形式。劳动是人类社会生存和发展的基础，主要是指生产物质资料的过程，通常是指能够对外输出劳动量或劳动价值的人类运动。劳动是人类维持自我生存和自我发展的唯一手段。按照传统的劳动分类理论，劳动可分为脑力劳动和体力劳动两大类。

劳动是人类基本的存在方式，也是人类社会形成和发展的决定性力量。劳动既创造了社会物质财富，也创造了精神财富。人类历史上的一切文明成果都可以最终归结为劳动创造。

人与动物最本质的区别在于人类可以劳动。蜜蜂制蜂巢、河狸在水中筑坝等行为只是消极被动地适应自然界的一种动物的本能，而非在自觉劳动意识驱动下的劳动行为。而人类可以通过劳动活动主动改变自然界，通过有意识地制造工具并利用工具改变自然对象，以满足自己的需要，这种有目的、有意识的能动活动就是真正意义上的劳动。对此，恩格斯深刻指出两者的区别："动物仅仅利用外部自然界，简单地通过自身的存在在自然界中引起变化；而人则通过他所做出的改变来使自然界为自己的目的服务，来支配自然界。这便是人与其他动物的最终的本质的差别，而造成这一差别的又是劳动。"

马克思关于劳动的定义是这样的："劳动——是人类区别于其他动物的本质活动，劳动首先是人和自然之间的过程，是人以自身活动为中介调整、控制人和自然之间的物质变化的过程。"

不难发现，马克思关于劳动的定义告诉人们：首先，劳动是人的客观物质活动。其次，这个定义强调劳动是以人作为劳动主体的有目的的认识和改造自然的能动活动。再次，马克思强调应将劳动活动视为人类社会实践活动。最后，马克思认为劳动不仅改变了作为人的劳动对象——客观世界，同时在这一过程中也改变了人的主观世界。正如他提出的："当他通过这种运动作用于他身外的自然并改变自然时，也就同时改变他自身的自然。"

习近平总书记在深刻阐释劳动创造的重大意义时指出："劳动创造了中华民族，造就了中华民族的辉煌历史，也必将创造出中华民族的光明未来。"习近平总书记的这段重要论述深刻阐明了劳动创造在 5000 年中华文明发展史上乃至对未来发展的作用。

在理解了劳动的定义之后，可以从两个方面认识劳动的价值。

一方面，认识人类劳动的本质可以帮助我们深刻理解劳动的价值。

2015 年 4 月 28 日，习近平总书记在庆祝"五一"国际劳动节暨表彰全国劳动模范和先进工作者大会上，阐释了唯物史观的一个重要论断："劳动是人类的本质活动，劳动光荣、创造伟大是对人类文明进步规律的重要诠释。"

这段重要论断揭示了劳动的本质。劳动是人类基本的存在方式，也是人类社会形成和发展的推动力量。劳动不仅创造了社会物质财富，也创造了精神财富。人类历史上的一切文明成果，都可以归结为劳动的创造。

劳动的主体是人，人类通过劳动实践活动创造了人类文明，这是人在劳动中的能动意义。劳动可以生产物质和精神产品并创造价值，同时通过劳动也实现了人类社会由低级阶段向高级阶段不断发展，这是人类发展的历史客观规律。

不同类型的劳动所创造的成果，成为人类的生产资料和生活资料、物质产品和精神产品，随着时代的变迁，劳动成果的形式也在不断丰富，与传统劳动成果相对应的数字化劳动成果也层出不穷，这些成果成为人类社会成员可以消费的产品。

劳动巨大的创造作用，还表现在人类社会的分工上，从原始人单一的狩猎或采集劳动形式到当代社会数以万计的职业门类承载的劳动形式，都来源于劳动。不仅如此，劳动也使劳动形式不断变化，旧有的劳动形式逐渐消失，新的劳动方式不断诞生。这些因素不仅实现了人类劳动实践形式由低级到高级不断进步，也使劳动系统更加庞大、不断完善，呈现出专门化、精细化特征。

由于劳动，人类得以走出茹毛饮血的野蛮时代，彻底告别刀耕火种原始落后的生产方式。同时，人作为劳动主体，在改变客体并使其满足主体需要的同时，也在改变作为劳动主体的人类本身。劳动生产力的发展决定生产关系，以及建立于经济基础之上的上层建筑和意识形态。这是人类不断进步的客观规律。

另一方面，劳动中带来的劳动技术和工具的进步，实现了人类技术领域的进步。

劳动工具被马克思主义称为劳动的"中介"，是劳动实践活动不可或缺的参与物，也是全面了解劳动的重要因素。每一次新的劳动工具产生都会带来劳动形态的重大变化，进而引发生产方式划时代的变革，推动社会生产力不断发展，推动社会历史形态的进步。

从旧石器时代简单的砍砸器、刮削器、石锤等原始工具，到新石器时代的磨制工具、钻孔和生火技术，原始社会的技术和劳动工具的进步记录了人类的发展。

正是劳动技术和工具的进步导致生产力的发展。原始社会晚期出现了剩余劳动产品，少数人占有剩余产品，生产资料由原来的氏族集体公有逐渐转变为个体家庭私有，私有制引发了阶级差别和矛盾，出现了国家，奴隶社会应运而生。

奴隶社会技术和劳动工具的典型代表是制作和使用青铜工具，青铜工具迅速提高了人类社会的劳动生产力，主要表现为我国夏、商、西周时期农业、畜牧业、商业和手工业依托青铜工具进步和发展。

铁器的出现引发了劳动技术和工具的进一步发展。铁矿石更容易被开采、冶炼，更方便进行锻造加工，以铁为原料的工具比青铜工具更加结实、锋利和耐用，劳动生产效率更高。铁制农具提高了农业生产水平，铁制兵器提高了军队战斗力。春秋战国时期，我国以铁为原料的工具使用范围迅速扩大，导致劳动效率提高和社会生产力进步，加速了奴隶制社会的瓦解。

西方工业革命同样是源于劳动技术和工具的进步。在英国，1765 年哈格里夫斯发明的"珍妮纺织机"和 1776 年瓦特改造升级的蒸汽机引发了第一次工业革命。第一次工业革命中劳动技术和工具的进步实现了以机器生产代替手工劳动，也形成了资产阶级和无产阶级，并导致资产阶级革命，人类进入资本主义社会。

马克思主义思想认为：在资本主义社会中，劳动技术和工具的进步，与资本家依靠旧的生产方式获得更高利润是存在矛盾的。这种来自资本主义社会内部的基本矛盾是无法通过资本主义社会自身解决的，这就必将导致人类社会向社会主义进步。

## 第二节　劳动的特征、属性和价值

马克思主义理论认为：劳动是身体的行为，劳动满足的是生命的最基本需求，是人类生存发展的第一需要。马克思主义在《哥达纲领批判》一文中论述共产主义时指出："劳动已经不仅仅是谋生的手段，而且本身成了生活的第一需要。"一般而言，劳动具备如下特征：

首先，劳动具有必然性。马克思和恩格斯在《德意志意识形态》中提出，"我们首先应当确定一切人类生存的第一个前提，也就是一切历史的第一个前提，这个前提是人们为了能够'创造历史'，必须能够生活。但是为了生活，首先就需要吃喝住穿以及其他一些东西。因此第一个历史活动就是生产满足这些需要的资料，即生产物质生活本身。"也就是说，人类开展生产劳动是由人类物质生活需要决定的。

其次，劳动具有持续性。一个人的成长中工作经验的积累、个人性格的形成、生产和生活资料的获得等很多因素都与劳动相关。劳动往往会伴随着一个成年劳动者整个职业生涯。

最后，劳动具有社会性。马克思指出："人的本质不是单个人固有的抽象物，在其现实性上，它是一切社会关系的总和。"人的劳动具有群体性的特征，离开了整个人类社会，个体是无法劳动的。

劳动的属性主要包括劳动的自然属性和社会属性两种属性。

马克思指出，劳动"是不以一切社会形式为转移的人类生存条件，是人和自然之间的物质变换，即人类生活得以实现的永恒的必然性"。正是由于劳动，人类的大脑结构、肢体活动逐步发达起来，人类才得以逐渐从动物界脱离出来。正如恩格斯在《劳动在从猿到人的转变中的作用》中提出的："劳动是整个人类生活的第一个基本条件，而且到这样的程度，以致我们在某种意义上不得不说：劳动创造了人本身。"不仅如此，人类劳动所生产的产品中有一部分属于维持人类生命延续的基本生活资料。同时，随着劳动生产力水平的提高，人类物质、文化等方面的需求也越来越高，这就需要通过劳动生产出更多、更好的产品。

世界是普遍联系的，因此人类在生产劳动中既需要面对自然界，还需要面对社会中的各种事务。马克思指出："孤立的一个人在社会之外进行生产——这是罕见的事。"例如，当代社会中的一个成年劳动者的劳动过程都是以加入（就业）或组建（自主创业）一个劳动组织开始的。这说明人的劳动不可能孤立存在，需要在特定劳动关系中实现。在劳动生产过程中，不同的关系就被联系起来，这种关联形成了人类社会的劳动分工与合作，外在表现为生产、分配、交换、消费等社会关系。只有充分理解和融入社会分工，企业和个体的劳动价值才会被更加充分地体现。

劳动的价值主要体现为如下两个方面的价值。

一方面，劳动的价值体现为维持基本生存和生活需求。人类最初的生产劳动是维持自身最基本的生存需要。在社会生产力水平较低的情况下，依靠简陋的生产工具进行打猎、捕鱼、养殖、采集等生产劳动活动是古代社会的主要劳动形式。随着劳动技术、劳动工具的进步，新的劳动产品不断产生。同时，人类对于产品的需求也越来越高，追求更高质量、更有"品味"的生活成为人类的理想和目标。于是，人类对于劳动产品又提出了更高的要求。

另一方面，劳动的价值体现为促进人类发展的价值。新的劳动产品的产生，也导致了人类劳动对象和方式的进步。人类社会的不断进步，直接导致劳动内容发生了更大范围、更深层次、更广领域的改变，同时也导致人类的生活水平向着更丰富多元的方向发展。例如，互联网民用化以后，迅速渗透到人类生产生活的各个方面，同时也迅速改变了人类的生活、学习和工作方式。这种改变最明显的表现之一就是改变了人类生产方式，很多劳动者的工作方式从线下劳动被转移到线上劳动，体力劳动开始相对减少，脑力劳动开始逐步增加。因此，人类的劳动是一个自身实现不断发展、不断完善的过程。劳动实现了劳动者自我的价值，使劳动者成为一个全面发展的人。正如马克思指出的，劳动"创造着具有人的本质的这种全部丰富性的人，创造着具有丰富的、全面而深刻的感觉的人"。

## 第三节　不同阶段人类劳动地位

理解劳动在人类发展历史上不同阶段的价值和地位，有利于更好地理解劳动的本质。大致可以从以下两个方面去理解这个问题。

### 一、劳动是人类历史上特有的基本社会实践活动

在马克思主义哲学中，实践是人的生存方式。劳动是创造物质财富和精神财富的过程，更是人类特有的基本社会实践活动，人们的日常生活和生产活动都离不开劳动。正如马克思在《1844年经济学哲学手稿》中说："整个所谓世界历史不外是人通过人的劳动而诞生的过程，是自然界对人类来说的生成过程。"

人类古代社会，包括原始社会、奴隶社会和封建社会3种具体形态。

在原始社会，生存是主题。人们为了生存必须要从事生产和再生产，而要实现生产和再生产的目标就需要劳动。蒙昧时代的人们发现了火，发明了石器和弓箭，拥有了分节

语，建立了氏族组织。野蛮时代，人们发明了陶器和冶铁术，饲养家畜或者栽培谷物，发明文字，建立部落和部落联盟。

当人类在与自然的斗争中取得初步胜利之后，生产就有了剩余，出现了私有制。私有制是奴隶社会产生的基础。马克思对此有过如下论述："正如古代国家的自然基础是奴隶制一样，现代国家的自然基础是市民社会以及市民社会中的人，即仅仅通过私人利益和无意识的自然的必要性这一纽带同别人发生关系的独立的人，即自己营业的奴隶，自己以及别人的私欲的奴隶。"在奴隶社会，奴隶主把奴隶作为会说话的工具。不合理的人与人之间的关系使得奴隶只能从事简单劳动。亚当·斯密曾说过："这类职业，（手工业者和制造业者劳动者的职业，在许多古代国家）被看作是适宜于奴隶，而市民则不准从事这类职业……但是奴隶很少有发明。工业上一切减轻劳动和缩短劳动的最重要的改良，无论是机器还是更好的劳动组织和分工，都是自由市民发明的。即使有的奴隶想出了并且提议实行这类改良，他的主人也会认为这是懒惰的表现，是奴隶企图牺牲主人的利益来减轻自己的劳动。可怜的奴隶不但不能由此得到报酬，还多半会遭到辱骂，甚至惩罚。因此，同使用自由市民劳动的企业相比，使用奴隶劳动的企业，为了完成同量的工作，通常要花费更多的劳动。因此，后一类企业的制品通常总要比前一类企业的制品贵……"

奴隶最终无情地推翻了奴隶主的统治。在春秋之交，中国思想界出现了"百家争鸣"的局面，这促使中国在世界历史上率先完成了从奴隶社会向封建社会的过渡，成为世界公认的强国。中国2000多年的封建专制制度的发展过程，在某种程度上就是中央集权制度发展的历史。封建专制制度对人民实行残酷的愚民政策，焚书坑儒、女子无才便是德，都是希望男女百姓顺从统治。封建专制还对人的身体进行直接的摧残，一是体现为严刑峻法；二是体现在日常生活中的宫男和裹足等畸形的社会现象上。古代中国科举制度的创立，虽然存在程式化、保守性的特点，但是在封建社会的条件下确实为普通百姓通向社会上层铺设了一条可行的道路，这不但缓和了阶级矛盾，而且也选拔了人才。同时，也用制度方式认可了与体力劳动相对应的脑力劳动。同样，封建的官本位制度、领导的家长作风、教师的灌输式教育等都会产生同样的后果，蕴含在人类劳动中的创造力也遭到摧残。

资本主义社会是近代重要的社会形态。资本主义的民主制度给人们提供了一条通过资本积累获得财富和民主权利的道路，这本身就是一种自由。在人们追求财富的过程中，劳动形式也日趋多样化。人类劳动中产生的创新成果和技术在资本主义生产中的应用必然成为资本的力量，而与工人相对抗。马克思说："如果说以资本为基础的生产，一方面创造出一个普通的劳动体系——即剩余劳动，创造价值的劳动，那么，另一方面又创造出一个普遍利用自然属性和人的属性的体系，创造出了一个普遍有用性的体系，甚至科学也同人的一切物质的和精神的属性一样，表现为这个普遍有用性体系的体现者，而且再也没有什么东西在这个社会生产和交换的范围之外表现为自在的更高的东西，表现为自为的合理的东西。"工人在强大的科学技术面前，变得更加渺小，只能沦为服从于"头脑"的"躯体"，从事异化的单一而简单的劳动。恩格斯在《自然辩证法》中也指出："到目前为止的一切生产方式，都仅仅以取得劳动的最近的、最直接的效益为目的。那些只是在晚些时候才显现出来的、通过逐渐的重复和积累才产生效应的较远的结果，则完全被忽视了……在西欧现今占统治地位的资本主义生产方式中，这一点表现得最为充分。支配着生产和交换的一个个资本家所能关心的，只是他们的行为的最直接的效益。"

## 二、社会主义和共产主义是劳动形式融合与升华的必然出路

无论是农业社会人们的手工劳动，还是工业社会的机器操作，都是人们利用客观规律，科学地改造客观世界的行为。

资本主义不是人类生产的最高形式，更不是人类自由的终点。社会主义和未来的共产主义，都会为劳动创造更加宽松、自由的环境，从而极大地激励人们的劳动热情。

马克思指出按劳分配仍然是一种"资产阶级权利"。因为"它不承认任何阶级差别，因为每个人都像其他人一样只是劳动者。但是它默认，劳动者具有不同等的个人天赋，从而具有不同等的工作能力，是天然特权"。资本的逻辑最终必然导向一个异质的结果，那就是社会主义和共产主义。

计划经济其实是马克思所设想的未来共产主义社会的经济形式。马克思设想社会主义革命同时在多个发达国家取得成功，国家实现公有制，国家按照社会需要统一安排生产和分配。但是社会主义革命却相反地在作为资本主义最薄弱环节的俄国首先取得了胜利。列宁的一国胜利论创造性地为社会主义打开了一个缺口。随后中国、东欧等国家都相继建立了社会主义制度，并实行了计划经济体制。如果说马克思所设想的资本主义进入共产主义社会的具体步骤发生了变化，那么在资本主义经济没有得到充分发展的社会主义国家实行计划经济体制就是一个基本变化。没有发达的生产力、完善的制度基础和自由而全面发展的主体条件，建立计划经济体制虽然可以在特定时期内实现集中力量办大事的目的，但是从长期来看，就需要一些手段促进经济发展。发展经济是一个充满风险和辛苦的创造性活动过程，它的原始动力是人的需要，它的直接动力是人的利益，与发展经济密切相关的知识创新实践、技术创新实践和制度创新实践都是在它们的推动下的主体行为的具体展开。在生产力不发达，经济发展无法满足人们日益增长的物质、精神需要的情况下，劳动者的创新实践最切实的动力是解决这个矛盾，而不是行政命令。

社会主义是一个过渡阶段，它在本质上属于共产主义社会，但是还保留了一些诸如"按劳分配"等原则。我国在社会主义的实践中终于认识到了这个真理，正在积极地改革自己的经济体制，并参考西方市场经济的经验和教训，提出了建设社会主义市场经济体制的目标。社会主义市场经济体制的最大特点就是，在以市场为基础的前提下，充分发挥社会主义国家宏观调控的优势，使两种经济手段相互补充，相得益彰。从劳动实践的角度来看，社会主义和资本主义的本质区别是，劳动的主体和劳动的价值主体空前一致。社会主义的公有制保证了按劳分配的实现，按劳分配保证了劳动主体和劳动价值主体的统一。

社会主义社会仍然需要发展，它的目标就是更加合理的共产主义社会。在社会主义社会中，生产和流通进一步社会化，社会的进步更加依靠社会整体合作的力量，劳动的普遍

主体得到落实。"在共产主义的高级阶段,在迫使个人奴隶般地服从分工的情形已经消失,从而脑力劳动和体力劳动的对立也随之消失以后,在劳动已经不仅仅是谋生的手段,而且本身成了生活的第一需要之后,在随着个人的全面发展,他们的生产力也增长起来,而集体财富的一切源泉都充分涌流之后,——只有在那个时候,才能完全超出资产阶级权利的狭隘眼界,社会才能在自己的旗帜上写上:各尽所能,按需分配!"

## 第四节 马克思主义典型农业思想概述

马克思主义是中国社会主义建设的指导思想,研究马克思的相关论述对弘扬农业文化做好劳动教育意义重大。

马克思主义思想形成的时期正是在农业文明向工业文明的过渡时期,马克思十分重视农业的基础作用,他指出:"一切工业劳动者都要靠农业、畜牧业、狩猎业和渔业的产品维持生活,这是一早已尽人皆知的经济事实。"在1868年1月3日写给恩格斯的信中,马克思写道:"我想向肖莱马打听一下,最近出版的有关农业化学的书籍(德文的),哪一本最新最好?此外,矿肥派和氮肥派之争现在进行得怎样了?(从我最近一次研究这个问题以来,德国出版了许多新东西)。他对近来反对李比希的土壤贫瘠论的那些德国作者的情况了解点什么吗?他知道慕尼黑农学家弗腊斯(慕尼黑大学教授)的冲积土论吗?为了写地租这一章,我至少要对这个问题的最新资料有所熟悉。"

马克思十分重视人类对农作物生长的技术性干预。他指出:"印度、波斯等地,在那里人们利用人工渠道进行灌溉,不仅使土地获得必不可少的水,而且使矿物质肥料同淤泥一起从山上流下来。兴修水利是阿拉伯人统治下的西班牙和西西里岛产业繁荣的秘密。"同时指出:"所谓永久性改良——这种改良通过各种耗费资本的方法来改变土地的物理性质,部分也改变土地的化学性质……一块土地天然是平坦的,另一块必须加以平整;一块土地有天然的排水沟,另一块则需要人工排水;一块土地天然有很深的泥土层,另一块则必须用人工去加深;一块黏性土地天然含有适量的砂,另一块则只有靠人工造成这种情况。"

农作物种类、地域、气候等因素直接导致农业技术和物种的多样性。虽然农业技术种类繁多,但归根到底还是农艺技术与农业生产品种技术两大类技术。农艺技术围绕农作物生长过程展开,耕作、栽培、管护、收获、贮藏等生产环节是该过程的主要表现形式。农产品品种技术围绕选种、育种、杂交、嫁接、转基因等改良农作物的方法,以及与之相关的仪器设备制造及操作使用技术。农艺流程技术是围绕农作物生长周期而展开的,例如,间苗技术只在作物生长的幼苗期施行,收割技术只在作物成熟期使用。在这一过程中,一些现代技术进入农业领域,"一切现代方法,如灌溉、排水、蒸汽犁、化学产品等,都应当广泛地用于农业"。如施肥、灌溉技术在多数地域,对于多数农作物都是适用的,形成地域、气候、作物品种等通用技术。在农艺流程技术基础上,逐步产生了相对独立的农业生产品种技术,主要表现为育种技术体系,品种技术兼有农艺流程技术形态特征。两种技术形态相互依存、相辅相成,形成农业生产活动的技术基础。

马克思指出,"小农经济土地所有制的这种形式以及由此造成的把土地分成小块耕种的方式,排斥了采用现代农业改良措施的任何可能性。"农业生产所需土地的规模小型化奠定了小农经济的基础。马克思指出："小块土地所有制，按其性质来说就排斥社会劳动生产力的发展、劳动的社会形式、资本的社会积聚、大规模的畜牧和科学的不断扩大的应用。"马克思认为："这种生产方式是以土地及其他生产资料的分散为前提的。它既排斥生产资料的积聚，也排斥协作，排斥同一生产过程内部的分工，排斥社会对自然的统治和支配，排斥社会生产力的自由发展。它只同生产和社会的狭隘的自然产生的界限相容。"马克思进一步指出："在小块地制度下，土地对于所有者全然是生产工具。但是土地的肥沃程度随着土地被割碎的程度而递减。使用机器耕作土地、分工制度、大规模的土壤改良措施，如开凿排水渠和灌溉渠等，都愈来愈不可能实行，而耕作土地的非生产费用却按照生产工具本身被割碎的比例而递增。"

资本主义经济发展带了工业文明，也对农产品带来了巨大的需求，这必然导致农业技术科学化、工业化。马克思指出："资本主义生产方式的重要结果之一是，它一方面使农业由社会最不发达部分的单纯经验和机械地沿袭下来的经营方法，在私有制条件下一般能够做到的范围内，转化为农艺学的自觉的科学应用……一方面使农业合理化，从而第一次使农业有可能按社会化的方式经营……资本能够固定在土地上，即投入土地，其中有的是比较短期的，如化学性质的改良、施肥等，有的是比较长期的，如修排水渠、建设灌溉工程、平整土地、建造经营建筑物等。"人类的早期经验是农业生产活动的基础，科学发展推动了农业技术科学研究范围的扩大。生物学、化学、生理学、遗传学、微生物学、土壤学和气象学等学科的研究成果与实验方法，逐步渗透到农学研究领域。人类通过对作物、土壤、肥料、气候等所做的大量实验，形成了农业科学门类，古典农学进化为现代农业科学。农业技术开发在科学研究基础上逐步展开，逐步以相关科学成果为依据，有目的、有计划地推进，从而打破了以经验摸索为主导的小农技术发展模式，这就是农业技术的科学化。马克思指出："随着自然科学和农艺学的发展，土地的肥力也在变化，因为各种能使土地的要素立即被人利用的手段在发生变化……科学终于也将大规模地、像在工业中一样彻底地应用于农业。"

马克思在分析农业发展落后于工业的原因时指出："工业的前提是比较老的科学——力学，而农业的前提是崭新的科学——化学、地质学、生理学……如果真正农业上的资本构成低于社会平均资本的构成，那么，这首先就表示，在生产发达的各国，农业的发展没有达到加工工业那样的程度。撇开其他一切部分有决定作用的经济情况不说，这个事实已经由下述情况得到说明：机械学，特别是它的应用，同发展较晚而且部分还十分幼稚的化学、地质学和生理学，特别是同它们在农业上的应用比较起来，发展得比较早，而且比较快。"

马克思指出，在小农经济时代，"农民的劳动则是孤立的，他们的生产资料是零星分散的……由于农艺学的新发展，这种生产方式本身已经老朽了"。"只有大工业才用机器为资本主义农业提供了牢固的基础……虽然种地的人数减少了，但土地提供的产品和过去一样多，或者比过去更多。因为伴随土地所有权关系革命而来的，是耕作方法的改进、协作的扩大、生产资料的积聚等等"。

马克思在论述农业技术工业化时指出："修建巨大规模的排水工程，采用圈养牲畜和人工种植饲料的新方法，应用施肥机，采用处理黏土的新方法，更多地使用矿物质肥料，采用蒸汽机以及其他各种新式工作机，等等，总之，耕作更加集约化就是这一时期的特点。"科学技术和资本迅速向农业领域渗透，在获取剩余价值的同时，也迅速改变农业技术的面貌。"在这个时代里，不单是科学的农业，而且还有那新发明的农业机械，日益使小规模的经营变成一种过时的、不再有生命力的经营方式。正同机械的纺织业排斥了手纺车与手织机一样，这种新式的农业生产方法，一定会无法挽救地摧毁小土地经济，而代之以大土地所有制。"马克思高度重视农艺学现代农业的基础性作用，他指出："农业资本家把农艺学应用到他们的土地上来，又提高了土地的出产……在自然肥力相同的各块土地上，同样的自然肥力能被利用到什么程度，一方面取决于农业化学的发展，一方面取决于农业机械的发展。这就是说，肥力虽然是土地的客观属性，但从经济学方面说，总是同农业化学和农业机械的现有发展水平有关系，因而也随着这种发展水平的变化而变化。"

# 第五章 农耕文化教育学习方法与社会属性

要成为一名基础教育涉农劳动教育教师，需要首先了解农耕文化教育涉及的学习方法和农耕文化教育社会属性。

## 第一节 农耕文化教育中的学习方法

农耕文化教育是由教育部门和学校有计划地组织安排，通过研究性学习和体验相结合的校外教育活动。农耕文化教育是学校教育和校外教育衔接的创新形式，是教育教学的重要内容，是综合实践育人的有效途径。

因此，要理解农耕文化教育的本质就要首先理解研究性学习和以体验为表现的体验式学习的内涵。

### 一、研究性学习及其在农耕文化教育工作中的表现

研究性学习教学方法是，教师旨在教学中引导学生以"研究模式"参与教学活动，通过教师引导学生独立思考来获取知识、提高能力。

要分析研究性学习方法在农耕文化教育工作过程中的作用，就要探讨研究性学习的特点与类型，以及研究性学习教学方法在农耕文化教育工作过程中的意义和工作原则、研究性学习目标具体化的基本程序。

（一）研究性学习的特点与类型

研究性学习教学的特点主要体现在如下几方面：

首先，开放性和过程性。研究性学习教学最大的创新是扬弃了传统教学中教师讲，学生听的授课方式，通过构建教师引导学生开展研究、探讨活动，把相对封闭的课堂变成相对开放课堂。同时，研究性学习成功地实现课程向课外延伸，学生研究、探讨过程中的表现和收获在教学评分中所占的比重大幅度增加，从而真正实现由单纯评价结果向重点关注过程的转变。

其次，普遍主体性和交互性。通过构建教师引导学生开展研究、探讨活动，在具体的教学环节中，教师主要担任组织者、参与者和引导者的角色，以传授研究工作所需方法的方式指导学生开展具体工作，并通过双向互动，使得学生也成为学习研究的主体。这样师生都成了教学主体，也就实现近现代史教育创新一直追求的普遍主体参与创新活动的目标。

最后，探索性。在研究性学习教学过程中，教师通过提出问题，帮助学生培养问题意识。学生根据自己设计的研究方案提出研究方法的需求，教师通过提供研究方法引导学生开展研究活动，学生通过研究性活动得出正确的结论。这一过程完全替代了教师讲理论、

讲结论的模式，学生对理论的理解会更加深刻。

研究性学习教学一般包括如下几种类型：

第一种类型，问题研讨式研究性学习。问题研讨式研究性学习就是以问题为中心，展开研究性学习的教学活动。这种类型的学习方式，要求学生在自学研究的基础上，大胆质疑，提出问题，然后在教师指导下，独立思考和分析问题，通过学生自己亲身研究解决问题。

第二种类型，课题研究式研究性学习。课题研究式研究性学习就是引入课题研究方法，进入具体教学内容，具体环节，包括学生自主学习、研究、写作、讲课或答辩等。

第三种类型，多元综合探索式研究性学习。多元综合探索式研究性学习就是把不同的研究方法和教学策略进行整合，设计类似科学研究的情境，引导学生自主地探究、实践，求得结果。

### （二）研究性学习教学方法在农耕文化教育工作过程中的意义和工作原则

**1. 研究性学习教学方法在农耕文化教育工作过程中的意义**

在农耕文化教育工作中，开展研究性学习的意义主要体现在如下几方面：

首先，在农耕文化教育工作中开展研究性学习教学是教育创新的主要表现。人类的创新是以研究、探索活动为基础的。开展研究性学习，可以有助于培养学生的探索精神和创造、创新意识。

其次，在农耕文化教育工作中开展研究性学习教学，有利于实现学生更多参与课堂目标，践行"以学生为本"的理念。

最后，在农耕文化教育工作中开展研究性学习教学使教与学融为一体，在提高教学实效性的同时，促进教学相长。在培养学生探究精神和主动学习欲望的同时，有效地拓展课堂教学容量，调动学生学习主动性，有利于提高农耕文化教育工作的实效性。

**2. 农耕文化教育工作中使用研究性学习教学工作方法的原则**

首先，过程与结果并重原则。教师在开展农耕文化研究性学习教学时，不仅要提供农耕文化基本史实材料和史论观点，而且要提出需要探究的问题，提供掌握材料、解决问题的方法，并指导学生学会收集史料、分析材料，在研究问题的过程中掌握历史研究方法，提高培养研究能力和创新意识。

其次，自主研究原则。教师在开展研究性学习教学时，应积极引导学生掌握知识，提出问题、发表见解。

再次，实践性原则。教师在开展研究性学习教学时，应积极引导学生开展实践活动，例如，实施农耕文化教育活动就可以通过开展丰富多彩的社会实践活动，了解国史、国情，深化对"文化自信"的理解，并在实践环节中积极思考，领悟理论知识的真谛。

最后，差异性原则。教师在开展研究性学习教学时，应充分考虑学生个体差异性，为学生创造更为广阔的学习提升空间，促进学生实现个性化、差异化的成长。

### （三）农耕文化教育过程中实现研究性学习目标具体化的基本程序

组织研究性学习教学差异很大。研究性学习教学的步骤一般包括：提出问题并组建学习小组、以小组为单位开展研究、获得研究成果并汇报、总结和点评，共四部分。在上述四个部分中，确定研究性学习目标，尤其是实现研究性学习目标具体化是最重要的工作。一方面，目标具体化是研究目标的扩展；另一方面，只有完成目标具体化，才能开展后续的研究工作。完成这项承上启下的决策性工作，是做好研究性学习教学的关键。

风险的存在是客观的，也是必然的。确定研究性学习目标的决策过程属风险型决策，研究性学习目标具体化过程，就是要适时抓住最有利的时机，尽可能地避免风险，做出正确的选择与抉择。一般来说，实现研究性学习目标具体化的过程包括：摆明问题确定目标、确定具体的研究性学习目标两阶段工作。

第一阶段，摆明问题确定目标。研究性学习过程的实质就是解决问题的过程。摆明研究性学习过程需要决策的问题是什么，确定研究性学习所要达到的目标，是研究性学习需要决策的第一步。

确定目标是科研决策的前提，而研究性学习目标是根据要解决的问题来确定的。如果把需要解决问题的关键所在，及其产生的原因等弄清楚了，确定目标就有了依据，目标也就更容易确定了。要弄清问题，不但要清楚什么是问题，还要对应有现象和实有现象加以明确。应有现象是指应达到的标准或按既定的目标应有的情况；实有现象是指实际所发生的或存在的情况。所谓摆明问题就是以应有现象为依据，积极、全面地收集实有情况，发现差距，并通过分析、研究、把问题确定下来，找出产生问题的原因，这样就能有针对性地采取措施加以解决。

摆明问题是整个过程的起点，也是进行正确决策的基础。摆明问题包括发现问题、确定问题、分析产生问题的原因3个主要方面。

首先，发现问题，即找出问题在哪里；其次，确定问题，即明确什么问题是必须解决的；最后，分析问题，即为什么会产生这种问题，矛盾的焦点在哪里，分析原因并加以明确。

第二阶段，确定具体的研究性学习目标。确定研究性学习目标是为了实现一定目标而对若干个备选方案进行选择的过程。因此进行决策的前提是要有一定的目标。这一目标是建立在对社会环境、市场现状、及自身条件一般了解基础上提出的。

所谓研究性学习目标，就是在一定环境条件下，在预测基础上，要达到的程度和希望达到的结果。研究性学习目标可分为两种：一是必达目标——要求必须达到什么程度；二是期望目标——期望取得的成果。

对于研究性学习目标的确定必须明确、具体，否则方案的制定与选择就会感到无所适从。目标明确具体包括以下5个方面。

第一方面，研究性学习目标的表达。研究性学习目标必须是单一的，也就是只能有一种理解，绝对不能产生歧义。如果语言含糊不清、模棱两可，不明白到底要做什么，决策就很难顺利进行。明确表达目标最有效的方法是研究性学习目标数量化。

第二方面，研究性学习目标的时间约束。没有具体完成期限的目标，就等于没有目标，因为它可能永远无法实现。因此研究性学习目标必须有明确的实现期限。在实际操作过程中，根据实际情况，目标的实现时间允许有一定的弹性，但有的研究内容也应严格一点，限期完成。有的可以给出一定的伸缩范围，或规定一个极限。在研究性学习实施过程中，也可以根据实际情况，对预先确定目标的实现期限进行修改。但无论对目标实现期限的规定，还是后来的修改，都要根据事实、需要和可能得出科学合理的结论为基础。

第三方面，研究性学习目标的条件约束。确定目标时，必须明确达到有没有客观条件的限制和附加一定的主观要求。约束条件主要是各类资源条件、决策权限范围及时间限制等。研究性学习目标的产生、确定必须立足于现实的基础上，其研究性学习过程也要受到未来客观条件的制约。这些基础和客观条件就是研究性学习目标的约束。约束条件是衡量研究性学习目标实现与否的标准，这个标准包含在目标本身之中。约束条件越清楚，研究性学习的有效性和实现目标的可能性也就越大。规定目标约束条件有以下三个切入点：首先是客观存在的，可利用的资源条件，包括研究性学习者拥有的、能够筹集到的人、财、物等；其次是国家以及地方的政策法规、制度等方面的限制和规范；最后是研究性学习者附加在决策目标上的主观要求。研究性学习者对目标最高要求不一定完全现实，但最低要求必须是目标的约束条件。

第四方面，研究性学习目标的数量化。研究性学习目标数量化可以达到什么程度应该有个衡量标准。如果实在无法数量化，也可以采用陈述方式，尽可能把目标描述得具体、翔实、清楚。目标本身就有许多数量标准，如成本、利润等数量指标，可以是一个数量界限，规定出增减范围，或在某些条件下达到的极值，如成本最小值、利润最大值。对非数量值，也可以用一些方法和手段使之数量化。应当注意的是，对数量指标的计算规范要做出统一规定。

第五方面，研究性学习目标的体系化。研究性学习的总目标必须由具体的目标体系来支撑，体系化就是把比较抽象的总目标分解成许多子目标。子目标也可以继续分解成更小的目标，从而构成目标体系。

目标体系的建构过程是研究性学习目标内容不断丰富的过程，也是表达不断明确和准确的过程。总目标是具体目标的终极目标，具体目标的实现是总目标实现的途径。

目标分解过程反映出目标体系的层次和相关性特征，目标体系的层次结构也称为"分层目标结构"，下一层目标往往是上层目标的手段，而上层目标则是下层目标的目的。而同层次目标之间又互相联系、互相影响、互相制约。任何一个目标都可能影响到同层次目标的进行过程。

在建构目标体系的过程中，必须强调目标要落实，决策目标与具体目标要吻合，不能照搬或互相混淆，而是要处理好上下层次目标的关系，避免头重脚轻。

## 二、实践探索性学习与劳动体验

农耕文化教育活动中的"劳动体验"是一种典型的实践性学习。为了探讨这种基于"研究性学习"的体验和一般农事旅游活动体验的区别，更深刻地理解实践性学习方法在农耕文化教育过程中的价值，就需要从马克思主义哲学理论体系出发，理解人类实践活动价值。

运动和发展中的物质世界会表现出千差万别、无限多样的存在形态。在众多存在的形态中，人类社会本身的这种存在对于人类具有特殊意义，需要特别加以认识。如果不能够认识人类社会的内在本质，就不可能对物质世界及其发展规律有完整、正确的理解。

人类社会作为最高的物质运动形式，是宇宙中最为复杂的一种存在，它同其他的自然存在、自然运动形式有着根本性质的区别。从某种意义上可以说，人类社会是自然本身进入自己否定存在的一种形式，即它由自然而来，又对自然进行着能动改造的物质存在形式。

在人类发展历史上，关于实践的论述可以说是源远流长。亚里士多德在《政治学》中就身心教育和训练，论述了人的全面发展。他认为，体格和智力全面发展，或身心两俱，就是"超群拔类"的人。在我国古代《周礼》中记载的"礼、乐、射、御（驭）、书、数——六艺"，是对身心、知情意行、文治武功全面发展的要求。而要达成亚里士多德的"身心两俱"或《周礼》中的"六艺"，都不可能脱离实践的磨炼。

实践是马克思主义哲学的逻辑起点，是马克思主义认识论的基础。实践是人类存在和发展的根本方式，是人类实现自我教育的基本途径之一。在马克思主义者看来，实践"是人们为着满足一定的需要而进行的能动改造和探索物质世界的活动"。实践包括生产实践、处理和变革社会关系的实践以及科学实验。实践不仅可以改造自然界和社会，而且可以改造人类的思维，使人类的思维从此岸到达彼岸，体现有效的导向功能。马克思曾指出："虽然工厂儿童上课的时间要比正规的日校学生少一半，但学到的东西一样多，而且往往更多。"出现这种情况，就是因为实践具有改造人类思维、优化主体的客观教育功能。实践包含着特殊的教育功效，实践是实现人的全面发展的重要途径。

因此，我们认为：要探讨农耕文化教育的实践价值就需要用马克思主义哲学原理来认识人类实践活动价值。

**（一）实践是人类社会不可或缺的元素**

观察和认识人类社会的根本出发点，反映出不同哲学的观点和原则。马克思主义哲学理论认为：人是以实践为本质的存在，人在实践活动中，首先是在生产实践活动中创造了人类社会。实践既是人之所以成为人，而非动物的基础，也是社会从自然分化出来成为社会的基础。要理解人类社会的本质和特征，必须从实践入手，并以实践为基础才能得到正确的了解。

**1. 实践导致了人类社会的产生**

恩格斯指出，劳动是"整个人类生活的第一个基本条件，而且达到这样的程度，以致我们在某种意义上不得不说：劳动创造了人本身"。

恩格斯的伟大贡献，就在于他提出并确立了劳动实践的观点，从而揭示了由自然向社会、由猿向人转变的基础和机制。

人类与动物最大的区别就在于，人类不是从外部环境中摄取自然所提供的现成的物质和能量，而是依靠自己的劳动去创造自己所需要的物质生活资料。通过劳动改变外界物质的自然形态，以满足自己的生存需要，是人所特有的生存方式。所以我们说，劳动是人与动物的最根本的分界线。因此，马克思主义哲学在人类社会产生问题上的观点就是：劳动生产是人及其社会存在和发展的基础，人是在劳动生产中形成的。

恩格斯在《劳动在从猿到人转变过程中的作用》一文中详细地论述了这一转变过程。首先，由于劳动，使古猿不适于"抓"和"握"活动的爪，逐步变成了适合劳动的人手。手的形成，意味着它已具有了从事劳动的专门器官；其次，劳动提出了交流信息的需要，由此逐步形成了人类语言；再次，由于劳动和语言，促进了大脑的发展，逐步形成了人类独有的思维器官，发展出了人类的意识、精神；最后，劳动是一种社会化的活动，正是在劳动的基础上形成了人类社会，发展了人类的文化和文明。"动物仅仅利用外部自然界，单纯地以自己的存在来使自然界改变；而人则通过他所做出的改变来使自然界为自己的目的服务，来支配自然界。这便是人同其他动物最后的本质区别，而造成这一区别的还是劳动。"

人和人类社会是在劳动实践中形成的，也是在劳动实践基础上不断发展的。人类形成以后，正是由人自己的实践活动，使人类来自自然，却超越了自然的限制，成为能够支配自然的特殊存在。

**2. 对人类实践活动的本质分析**

中外古代的许多思想家都讲到过"实践"。他们最早是从"实行""践履"的意义去理解实践这种活动的。实行、践履与目的、知道相对应，"实践"就是指贯彻目的的行动，实现知的行为。在这种理解中，虽然主要限于修身、养性的那种道德性活动，但它已把实践看作是目的性的活动。近代哲学，特别是德国古典哲学，进一步深化了对实践的理解。康德从意志支配的自主活动去理解，把实践看作一种理性自主的道德活动；费希特从自我设立非我的观点出发，使实践从道德领域扩展到整个理性领域，并赋予实践概念以创造性的内容和性质；黑格尔总结了这些思想成果，把实践理解为主观改造客观对象的创造性的精神活动。在这种理解中，黑格尔还接触到了劳动生产活动的意义。但是，所有这些理解，都只限制于精神性活动的范围之内。

马克思发现了劳动生产活动是人的最基本的实践活动，而劳动生产活动既体现着人的能动的创造性本质，又属于感性的物质活动。马克思正是把劳动生产实践看成人类全部实践活动的基础，才在认识基础上把实践的这两种对立的性质统一起来，建立了科学的实践理论。

实践是人类所特有的本质活动。人的活动与动物活动不同。人类在实践活动中总是怀有某种目的，使用特定的工具，采取特定的方法去改造自然对象，从而满足人的生存和生活的需要。人类这种以一定手段，有目的地改造外部世界能动的物质活动，就是实践。因此，我们认为人类实践活动具有如下的特点：

首先，人类实践活动是具有客观现实性的感性活动。人类的实践活动都是在一定目的支配下的有意识的活动，人类正是依靠实践活动才能把思想、观念变成直接现实的对象存在。所以，实践活动与单纯思想、精神的活动是有根本区别的。正如马克思明确指出的，实践是"真正现实的、感性的活动"，即"客观的活动"。

其次，人类实践活动是具有创造性的能动活动。人是有思想、有理性的动物，人类的实践活动是有目的性的活动，活动的目的就是要使客观世界按照人的意志和要求得到改造，从而使自然对象成为满足人的需要的"为我之物"。人在劳动中不仅使自然物发生形式变化，同时还在自然物中实现自己的目的。

最后，人类实践活动是具有社会性的历史活动。在人类的实践活动中，独立的人类个体无法同强大的自然力量相对抗，个人只有在社会关系中结合为统一整体，形成超出个体的社会力量，才能战胜自然。人的实践力量受其所处的历史现状影响，每一时代的人都只能也必须在继承前人实践成果的基础上开始自己的活动。每代人把前代人的实践力量纳入自己的活动之中，从而壮大了自己的实践能力。所以，尽管有时人类的实践活动可以表现为单个人类个体的活动，但在具体的活动中这些单个人类个体却总是凭借人类的力量同自然发生关系、从事实践活动。这就是实践的社会性和历史性。

人类实践活动的过程包括目的、手段、结果3个基本环节。目的是人从事实践活动的出发点，是人类从事活动所追求的目标。实践活动就是凭借一定手段以实现目的的活动。手段是人对外部对象所采用的作用方式，是目的在客观对象中实现自身的中介。手段依目的选定，并在目的制约下发挥功能，因而手段中体现着强烈的目的性。实践的结果是在外部世界中以客观形式实现了的主观目的，一般表现为劳动产品。马克思指出："劳动的产品就是固定在某个对象中、物化为对象的劳动，这就是劳动的对象化。"

随着物质生产实践的发展，人类在物质生活基础上，又有了精神文化的创造活动。这也是一种社会实践活动，它包括科学实验、文化教育和意识形态的创造等。科学、艺术和教育等实践构成人类总体实践的必要环节和部分，在人类社会生活中起着越来越重要的作用。

**（二）实践在人类认识中处于十分重要的基础地位**

人类社会的实践活动对认识起着决定性的作用，是整个认识过程的基础。实践在认识中的基础性地位或对认识的决定作用，主要表现在以下4个方面：

**1. 实践是认识的动力**

实践是人们有目的地改造和探索客观世界的物质活动，它总是在一定认识的指导下进行的。人们要改造世界就必须认识世界，认识是适应人类实践活动的需要而产生的。

人类的认识活动，总是为各个时代社会实践的特定需要服务的，科学研究的任务是围绕着人类实践需要这个中心来确定的。在古代，游牧民族和农业民族确定季节、了解气候以及后来航海的需要，产生了天文学；丈量土地、衡量容积和其他计算上的需要，产生了数学；建筑工程、手工业以及战争的需要，产生了力学；天文学和力学的发展又促进了数学的发展。近代资本主义生产的发展，产生了对新动力的需要，在这种需要的推动下，出现了蒸汽机。对蒸汽机的研究和改造，又进一步推动了动力学、热力学和机械学的发展。正如恩格斯指出的："资产阶级为了发展它的工业生产，需要有探索自然物体的物理特性和自然力的活动方式的科学。"

**2. 实践为认识提供物质条件**

人类实践活动提出的问题归根到底只能依靠实践来解决。实践不仅产生了认识的需要，而且通过创造出必要的物质条件，提供了认识及其发展的可能性。

对于自然科学认识来说，生产实践不是只发考题的主考官。它既提问，又给解决问题提供物质保证，包括提供经验资料、科学研究所需的实验仪器和工具等。恩格斯指出，近代工业的巨大发展，"不但提供了大量可供观察的材料，而且自身也提供了和以往完全不同的实验手段，并使新工具的制造成为可能。可以说，真正有系统的实验科学，这时候才第一次成为可能"。

恩格斯在谈到唯物史观创立的社会历史条件时指出，近代机器大生产的出现，使社会的阶级关系简单化，使阶级斗争、政治斗争与经济关系、物质生产的联系更清楚地表现出来，使历史的动因与它的结果之间的联系更清楚地表现出来，只有在这时人们才能揭示历史的动因，发现历史发展的规律。他说："在以前的各个时期，对历史的这些动因的探究几乎是不可能的，因为它们和自己的结果的联系是混乱而隐蔽的。在我们今天这个时期，这种联系已经非常简单化了，因而人们有可能揭开这个谜的。"因此，我们认为物质生产实践的发展为人们正确地认识社会历史的本质和规律提供了可能。

**3. 实践是认识的来源**

实践为认识提供动力和物质条件，实践为认识创造了可能。一方面，任何事物在自发存在的状态下是不可能充分显示它多方面的现象的，只有改变它的状态和环境，把它置于各种不同的条件、不同的关系之中，才能使它许多隐匿着的现象呈现出来；另一方面，人们只有使自己的肉体感官同事物的现象接触，才能使这些现象反映到头脑中来，成为感觉经验，从而为把握这一事物的本质和规律准备必不可少的材料。因此，要认识某一对象的本质和规律，只有亲身参加变革这一对象的实践，除此之外别无他途。要认识某一物质生产的本质和规律，就得参加这种生产过程，进行变革原材料的实践；要认识某一阶级斗争的本质和规律，就得参加这种阶级斗争的过程，进行变革阶级关系的实践；要认识某一物质的结构和性质，就得参加科学实验，进行变革这种物质的实践。实践是认识的唯一来源，"实践出真知"这句话简洁地概括了这一原理。

**4. 实践是检验认识真理性的唯一标准**

人们要在实践中实现预想的目的，必须使自己的认识符合客观实际，即符合客观外界的规律性，否则就会失败。因此，对人们改造世界的任务来说，认识是否符合实际是一个至关重要的问题。要检验和判定某种认识是否符合实际，即是否具有真理性，需要有一个客观、可靠的标准，这个标准也只能是实践。这是实践在认识中基础地位的又一重要依据。

因此，认识来源于实践，为实践服务，并受实践检验。离开实践的认识是不可能的。这就是马克思主义关于认识对实践依赖关系的根本观点。

**（三）理性认识向实践飞跃是开展农耕文化教育活动的理论依据**

在农耕文化教育实践活动中，理论知识是基础，但是要检验理论的正确性和把理论应用于实践，都必须开展实践活动。

第一，由理性认识向实践的飞跃，是理性认识本身发展的要求，是检验理论和发展理论的过程，因而是整个认识过程的一个必不可少的环节。正如毛泽东指出的："理论的东西之是否符合于客观真理性这个问题，在前面说的由感性到理性之认识运动中是没有完全解决的，也不能完全解决的。要完全地解决这个问题，只有把理性的认识再回到社会实践中去，应用理论于实践，看它是否能够达到预想的目的。"这就是说，要检验理性认识是否正确，唯一的途径就是由理性认识能动地飞跃到实践，也就是开展理论指导下的实践活动。

理性认识不但需要检验，而且需要发展。理性认识的发展同样离不开实践。理性认识归根到底还是在实践中对客观事物的反映，是对实践经验的概括和总结。只有让理性认识重新回到实践中去，从不断发展着的实践中汲取新的经验，才能保持自己的生命力，不断地得到丰富和发展。

第二，由理性认识向实践的飞跃，也是实践本身的要求，是整个认识过程的必然归宿。人类把握事物的本质和规律，形成理性认识的根本目的就是在认识世界的基础上自觉地、能动地改造世界。正如毛泽东所说："辩证唯物论的认识运动，如果只到理性认识为止，那么还只说到问题的一半。而且对于马克思主义的哲学说来，还只说到非十分重要的那一半。马克思主义哲学认为十分重要的问题，不在于懂得了客观世界的规律性，因而能够解释世界，而在于懂得了这种对于客观规律性的认识去能动地改造世界。"

列宁曾说，"没有革命的理论，就不会有革命的运动"。毛泽东更为明确地指出，在一定的条件下，理论可以对实践起主要的决定作用。马克思主义重视理论，正是因为理论能够指导实践。"如果有了正确的理论，只是把它空谈一阵，束之高阁，并不实行，那么，这种理论再好也是没有意义的。"

人的全部活动无非是两个方面，一是认识世界，二是改造世界，或者说，一是在实践中形成思想，二是在实践中实现思想。第一次飞跃解决的是认识世界、形成思想的问题，第二次飞跃解决的主要是改造世界、实现思想的问题，同时又是认识过程的继续和完成。第一次飞跃是第二次飞跃的准备，第二次飞跃是第一次飞跃的归宿。由于第二次飞跃内在地包含着第一次飞跃的成果，因而它比第一次飞跃具有更大的能动性。正如毛泽东所说："认识的能动作用，不但表现于从感性的认识到理性的认识之能动地飞跃，更重要的还须表现于从理性的认识到革命的实践这一个飞跃。"

开展农耕文化教育这种典型的实践性活动，正是把学生在课堂上学到的各个学科理论知识应用到实践中，检验理论的正确性，同时通过实践活动获得新的理性认识，发展理论的一个过程。

因此，要进一步提高学习效果，通过亲身体验最终有效地完成目标是有效途径之一。体验式学习法是指通过实践和体验来认知知识或事物，或者说通过学习者完完全全地参与学习过程，使学习者真正成为学习过程的主角。传统的学习对学生来说都是外在的，而体验式学习却像生活中其他任何一种体验一样，是内在的，是个人在形体、情绪、知识上参与的所得。正因为全身心地参与，从而使得学习效率、知识理解、知识记忆持久度都大幅度提升，体验式学习法是传统式学习方法效率的3~5倍。

## 第二节　农耕文化教育的社会属性

体验式消费是当今世界最大规模的一种社会现象，它与社会经济、政治、文化都有极其密切的联系。进一步了解农耕文化教育的社会属性，对于认识农耕文化教育的起因和发展是完全必要的。

### 一、普及教育及农耕文化教育是人类社会经济发展的产物

农耕文化教育的产生、发展是和社会生产力的发展水平相联系的，它是社会经济发展到一定阶段的产物。社会生产力的发展水平决定了各个时代学生学习的规模、内容和方式。在古代社会，生产力十分低下，人们往往是一边读书一边从事农业劳动。所以，农耕文化就是生活的一部分。

从私有制出现到 19 世纪前期，几千年中人类社会经历了几个不同的社会形态。每个时期的生产力都有不同程度的发展，但总的来说生产力还不十分发达，只有少数拥有特权的统治者才是富有的，而多数劳动者仍处于被压迫、被奴役的地位。因此在这一漫长的历史时期中，可以有专门时间进行十几年学习的人数很少，皇族、贵族、僧侣等特权阶层，以及比较富裕的地主阶级是这类人群的主体。

19 世纪后半叶，由于工业革命的结果，社会财富迅速增加。都市化的形成极大地改变了人们的生活方式，使学习活动发生了质的变化。可以有专门时间进行十几年学习的人数增多了，除了相对富有者外，更多阶级的成员也加入进来。

中华人民共和国建立之时，全国人民受教育程度很低。随着国家开展扫除文盲行动、普及义务教育，通过国家法律制度实现了全体青少年接受教育的目标。中国改革开放之初，农村人口比重很大，随着中国经济快速发展，农业人口比例迅速下降，许多农村人口走进城市，以"农民工"身份参与到城市建设中，并且最后在城市定居，小城市的发展也使农业从业人口再次减少。一些青少年对于农业知识知之甚少，急需通过开展农耕文化教育活动掌握农业常识、养成劳动习惯、了解传统农耕文化知识，并以此更好地树立"文化自信"。因此，开展农耕文化教育是时代的需求。

## 二、农耕文化教育是社会政治、文化的产物

农耕文化教育绝对不是传统意义的义务劳动活动，而是以培养人、教育人为目的教育活动。作为走出校园开展实践性教学活动的一种形式，必然是一项涉及政治、经济、文化各个方面的社会活动。农耕文化教育作为学生学习知识、了解社会的一种活动，不仅增长了知识，而且有利于掌握学习方法、提高自主学习意识。

农耕文化教育在帮助学生树立正确的世界观、人生观、价值观方面，在促进学生对社会现象认识和了解方面，是积极且有效的一个手段。随着教育理念的进步，越来越多的学校开始重视农耕文化教育在学生思想品德培养等方面的社会作用。

农耕文化教育要素与社会文化的关系表明，农耕文化教育是一种文化活动。首先，农耕文化教育这种教育模式是依赖于社会文化背景而产生的。农耕文化教育课程设计者自身的文化素养、农耕文化教育基地的社会文化环境，都会对学校确定农耕文化教育项目的动机和开展农耕文化教育活动产生巨大的影响；其次，农耕文化教育资源是社会文化的体现。不管是农业生产资源还是人文资源，都含有政治、经济、法律、道德、历史、科学、艺术和民俗风情等社会文化的内容。农耕文化教育资源本身就是凝聚着人类精神文化神韵的"教科书"，是农耕文化教育目的地——社会文化环境的体现；再次，农耕文化教育产业的发展是社会文化环境的具体表现形式。农耕文化教育活动涉及的硬件和软件发展，都要依靠属于社会文化范畴的科学与技术，受到历史、艺术、建筑等各方面文化因素的影响。农耕文化教育服务企业从业人员所体现出来的管理和服务水平，也能够体现出一种非物质文化的内涵。因此，农耕文化教育资源既是社会文化环境创造出来的物质和非物质的教育媒介，又是社会文化环境的自我表现形式。

## 三、农耕文化教育是现代社会生活发展的必然产物

随着社会生产力的发展，劳动条件的改善，人们生活水平的提高，农耕文化体验越来

越成为广大人民群众物质生活和精神生活的一个基本组成部分。外出参加这种自娱活动的人数越来越多，规模也越来越大。

在我国，随着经济的发展，人们生活水平稳步提高，参加旅行的学生人数逐年增加。在教育部文件的指导下，国内由学校组织的外出旅行活动发展速度很快，未来成为世界上人数最多的国内学生旅行市场趋势已经形成。同时，我国的学生出境旅行经历了一个从无到有、从少到多的发展过程，从最开始的"亲子出国游"，到目的性十分明确的学生出国旅行活动。在经济、文化发达地区，学生出境旅行已经形成规模。

# 第六章 农耕文化教育从业者能力养成

人才是开展农耕文化教育活动的基础和关键要素。要培养高水平的农耕文化教育者,就要在必修课教育基础上,丰富教学体系,全面提高从业者能力。开展农耕文化教育项目策划与指导,往往需要从事农耕文化教育从业者有相关的专业知识。提高从事农耕文化教育工作涉及的其他共性能力,也是培养农耕文化教育从业者的关键任务。但有些知识和能力却是很容易被忽视的,下面将重点讲述这部分内容。

## 第一节 提升科技素养、创新能力与工匠精神的价值

创新是一切实践教育类活动课程的灵魂,敬业是开展农耕文化教育活动的保障,上述工作要求体现在农耕文化教育从业者身上就表现为科技素养、创造创新能力和工匠精神。理解提升科技素养、创造创新能力和工匠精神的价值和重要性,是全面开展农耕文化教育从业者能力培养的基础。

### 一、提高农耕文化教育从业者科技素养的重要性

科学概念有广义和狭义之分。广义地说,科学包括自然科学、社会科学和思维科学。狭义地说,科学仅指自然科学,它是指人类认识自然的过程,以及由此建立起来的知识体系。

科普是一个大家熟悉而又相对陌生的词,说它熟悉是因为它作为我们国家的一项重要工作和活动,经常出现在我们的生活之中,在新闻里我们看到过,在活动中我们曾经参与其中。说它陌生是因为很多情况下我们并没有去认真思考科普这个词背后所包含的信息。

2002年12月18日,时任科技部部长的徐冠华院士在一篇讲话中曾指出:"科技普及与科技创新,是科技进步的两个基本体现,是科技工作的一体两翼。正像人的两条腿、车子的两个轮子,不可或缺。'创新'就是在科技前沿不断突破;'普及'就是让公众尽快、尽可能地理解'创新'的成果,不断提高科技素质,使科技创新真正进入社会,成为大众的财富,成为全社会的力量。"

农耕文化教育不仅涵盖传统农业,也包含最新的农业知识。因此,青少年农耕文化教育活动恰恰符合科学普及的很多标准,也可以说青少年农耕文化教育活动与青少年科学普及活动有很多交叉之处。由于人们对于科技普及事业理解存有偏狭性,科普所蕴含的人文性、亲和性没有得到充分发挥。因而,人们对待科普的态度是敬而远之,"提高科学素养"往往变成"高雅"的口号,中国科学技术的普及工作迫切需要全面展开,而农耕文化教育活动恰恰是针对青少年开展农业科学普及活动的有效途径。

20世纪六七十年代以来,国外的一些学者开展了有关"社会生活质量指标体系"的研

究，提出了不少有启发性的见解。我国的一些学者从20世纪80年代以来也开展了这方面的研究。例如，德国经济学家帕舍给出了一个综合评价社会生活质量的指标，认为社会生活质量的优劣取决于：

$a$——人均国民收入；

$b$——就业率；

$c$——义务教育普及率；

$d$——平均寿命；

$e$——人均住房；

$f$——劳动休息时间比；

$g$——环境绿化率；

$h$——人口增长率；

$i$——犯罪率；

$j$——物价增长率。

基于此，帕舍还认为社会生活质量的综合评价指数 $P$ 可按下式衡量，即：

$$P = a \times b \times c \times d \times e \times f \times g / (h \times i \times j)$$

按此公式，社会生活质量水平与作为分子的诸因素成正比，而同作为分母的诸因素成反比。尽管帕舍认为它未必能充分反映问题的本质，这个公式中诸因素的权重还有待研究，它终究会有助于我们来分析基层科普困境产生的社会原因。

首先，理性的思考告诉我们：有关社会生活质量的指标并不都可以靠经济发展来解决。但是由于经济效益等直接或间接的功利性因素的影响，人类思考问题时会重点考虑眼前问题，人类的关心度也只能限于时间和空间上较近的区域（图6-1）。这一点在人们的决策中显得更为明显。就像我们不可能苛求企业为没有把握的事情去冒险一样，同样也不可能要求每一个普通的中国居民都去关心环境保护、全球变暖等重大社会问题。因此，在上述公式中没有把科学普及、青少年农耕文化教育活动，或者说与之相关的人类继续教育问题考虑在内，也是可以理解的。

其次，美国心理学家亚伯拉罕·马斯洛的

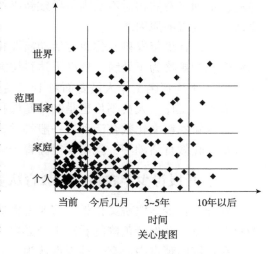

图6-1 人类关心度的时间空间区域

需要理论取得了很大成就，影响广泛。马斯洛提出需要层次理论，并将人的各种需要归纳为5类。这5类需要是互相作用的，按其重要性和发生的先后次序进行排序，可排成一个需要的等级图。第一级：生理上的需要。包括维持生活和繁衍后代所必需的各种物质上的需要，如衣食住行、性欲等。这些是人类最基本的，因而也是推动力最强的需要。在这一级需要没有得到满足前，下面提到的各级更高级的需要就不会发挥作用；第二级：安全上的需要。这是有关免除危险和威胁的各种需要，如防止工伤事故和伤害的威胁，资方的无理解雇等；第三级：感情和归属上的需要。包括和家属、朋友、同事、上级等保持良好的关系，给予别人并从别人那里得到友爱和帮助，自己有所归属，即成为某个集体公认的成员等；第四级：地位或受人尊敬的需要。包括自尊心、自信心、能力、知识、成就和名誉地位的需要，能够得到别人的承认和尊重等。这类需要很少得到满足，故常常是无止境的；第五级：自我实现的需要。这是最高一级的需要，指一个人需要做他最适宜做的工作，发挥他最大的潜力，实现理想，并能够不断地自我创造和发展。一个自我实现的人有以下特点，主动、思想集中于问题、超然、自治、不死板、同别人打成一片、具有非恶意的幽默感、有创造性、现实主义、无偏见、不盲从、同少数人关系亲密。马斯洛认为绝大多数人的需要层次是很复杂的，时时刻刻都存在着多种需要影响着人的行为。只有当低层次的需要已经得到满足时，高层次需要才会对人产生激励。"需要"是一个人努力争取实现的愿望。已经满足的需要，不再起促进作用，不再是激励的因素。一种需要一经满足，另一种需要就会取而代之。人们满足较高层次需要的途径比满足低层次需要的途径多。人们的需要会随着一般经济情况的变化而改变。越来越多的人，特别是管理阶层的人，对自我实现的需要和期望在不断增长。青少年农耕文化教育活动虽然涉及农业科学技术，但是由于其带有典型的较强的教育属性，常常被普通百姓所忽视。

再次，青少年农耕文化教育活动的形式需要不断更新，尤其是在现代新兴传播手段不断出现的背景下，青少年农耕文化教育活动的教学手段也需要不断更新。而在经济相对不发达地区，新兴的传播手段应用与普及是很难的。新兴技术的开发和使用是需要经济作支撑的，活动经费的相对不足则是导致新兴技术手段和方法无法在一部分青少年农耕文化教育活动中实现的原因之一。

最后，青少年农耕文化教育活动需要相应的人员。以北京市某城区为例，该区科学技术协会机构规格为正处级，核准下达科协编制总数为专项事业编制5名。而该区总人口数80余万，平均每名工作人员要面对16万余人的科普工作。除此之外，他们还要完成党建、人才等多项工作，人员不足也是制约基层科协开展科普工作的原因之一。

青少年农耕文化教育活动比一般科学普及活动要求更高。因此，为了更好地参与青少年农耕文化教育活动中，就需要提高青少年农耕文化教育从业者的科技素养。

## 二、开展青少年农耕文化教育从业者创造创新能力培养

要开发青少年农耕文化教育从业者创造创新能力，认真分析传统观点中关于创造认识的相关观点，并保持正确的看法十分必要。

在传统的观点中，有一种观点认为：创造是一种天赋，无法教授。这种观点会使人认为，创造力开发是没有意义的。然而，国内外种种成功的例子证明了这种观点的局限性。但是，这种观点的支持者仍然会从一些在人类历史上做出卓越贡献的创造型天才，尤其是那些在自己擅长领域中作用突出的成功者的例子中找到佐证。莫扎特、爱因斯坦或米开朗基罗都成为很好的例子，可以说明对人类历史产生重大影响的天才们是没法制造的。

数学能力、艺术表达能力，乃至运动天赋都有各种有用的级别，即使在缺少天才的时候也是如此。就像一组人参加百米比赛。发令枪响后比赛开始，必然有的人跑得最快，有的人跑得最慢。他们在比赛中的表现依赖于天生的奔跑能力。现在，假设有人发明了自行

车,并让所有赛跑者进行训练。比赛改为自行车比赛,再次开始。每个人都比以前运动得更快。但是,有的人仍然跑得最快,有的人仍然跑得最慢。

如果我们不为提高人类的创造力做任何努力,显然个体的创造能力只能依靠天赋。但如果我们为被训练者提供有效和系统的训练方法,就可以提高创新能力的总体水平。有的人仍然比其他人好,但每个人都可以学会创造技能,提高自己创造性解决问题的能力。"天赋"和"训练"之间根本不存在矛盾。每位教练员或教师都会强调这一点。

事实上,学习创造学理论与方法和学习其他知识之间没有什么区别。一方面,教学可以将人们培训成有创造能力的人;另一方面,受教育者已有的天赋可以通过训练来提高。因此可以认为"创造无法学会"的观点现在已经站不住脚了。创造力具有"可教性"和"不可教性"。天赋是无法训练的,但训练可以激发潜能。也许创造教育工作者不可能训练出天才,但是有很多有用的创造并不是天才的功劳,要提高全民的能力,创造教育工作必不可少。

在马克思主义哲学中,实践是人的生存方式。"实践活动是创新性与常规性的统一,从实践的内容与形式、目的与手段、过程与结果等方面看,与原有实践具有同质性和重复性的是常规性实践,而具有异质性和突破性的就是创造性实践。"

人类的创造创新活动是人类活动中的典型形式,既然如此,创造创新活动属于实践范畴,而实践活动是认识的基础,也就是可以学习的。这就为前述的案例找到了理论依据,也帮助学生理解马克思主义哲学原理的价值。

两种不同性质的实践恰好代表过去和将来,它们以现在为契合点,一个执着于未来,一个坚守于历史,构成人类生存的张力。

在传统观点中,另一种观点认为:创造来自与传统观点格格不入的思想。有许多创造是在打破旧有观点、观念基础上实现的,因此有的人就会产生上述观点。而且,这一观点也很容易在生活中找到佐证。在学校里许多成绩优秀学生似乎属于循规蹈矩派。而在实际工作中有所创造的人往往在学校读书时成绩不佳。有创造性贡献的人必然拥有与传统观点有差异的观点。但是,没有前人的积累,有创造价值的观点又从哪里来呢?

没有旧有的事物作基础,任何新事物都无法产生,创造本身就是一个辩证否定的过程。批判地继承绝不等于全面打倒,与传统观点有差异更不等同于与传统观点格格不入。

创造创新活动主要表现为实践活动本身的创造性和进取性,正如马克思在《德意志意识形态》中所说:"已经得到满足的第一个需要本身、满足需要的活动和已经获得的为满足需要而用的工具又引起新的需要。"人类不断以前人的实践成果为基础,进行创造创新活动,这是人类科学技术发展的规律,也是人类进步的必由之路。

在传统观点中,还有一种观点认为:有创造力的人往往在右脑/左脑的使用习惯和开发上有一种明显的倾向性。于是,就产生了左脑或右脑主动性的观点。这种观点进而认为:惯用右手的人的左脑是大脑中"受过教育的"部分,识别和处理语言、信号,按我们已知事物应该存在的方式来看待事物。右脑是"未受教育的无知"的部分。因此,在与绘画、音乐之类有关的事中,右脑单纯无知地看待事物。你可以画出事物本来的、真实的面目,而不是按你臆想的来画。右脑可以允许你有更完整的视图,而不是一点一点地构造事物。于是,在提到创造性思维时,这种观点认为创造只发生在右脑。为了具有创造性,我们所需要做的就是停止左脑思考，开始使用右脑。

事实上，所有这些事都有其价值，但当涉及关于改变概念和认知的创造时，我们别无选择，只能使用左脑，因为这是概念和认知形成和存放的地方。通过 PET( positive emission tomography，正电子发射断层成像)扫描，有可能看出在任何给定的时间，大脑的哪一部分在工作。在胶片上捕获到的放射线的闪光表明了大脑的活动。可以很清楚地看到，当一个人在进行创造性的思考时，左右脑会同时处于兴奋状态。这正是人们所期望的。

马克思主义哲学认为：世界是普遍联系的，如果割裂事物之间的联系对于世界的认识是不全面的，综合考察所有认识对象才能全面认识事物本质。左右脑开发就体现出这种思想。

有关创造力开发的误解很多，比较典型的、值得注意的是上述 3 种观点。

其实，就广义的创造理念而言，创造的本身就是创造性地提出问题和创造性地解决问题，是根据要解决的问题所确定的目的和任务，运用一切已知条件，产生出新颖、有价值的成果(精神成果、社会成果和物质成果)的认知和行为活动。问题以其"反动"作用(即反作用)阻碍了人的生活和工作的前进脚步。因而，除去那些循规蹈矩、随遇而安的人对"问题"无动于衷之外，每个人都必须面对问题、解决问题。在解决问题之中就蕴含着不同程度的创造机理和创造成果。既然生活与工作之中出现"问题"是必然的，那么每个人都必须承担解决问题的任务。针对个人环境和条件，每个人都在从事"创造性"的工作，因而每个人也都具有不同程度的创造能力。"创造"与"创造力"对生活与工作中的人既然具有普遍性，因而也就必然存在"可教性"。

在确立正确观点之后，教师需要讲述如下知识，帮助青少年农耕文化教育从业者提高创造力。首先，了解创造创新的概念与历史，并理解系统思维的本质。这里需要解决创造是什么的问题，同时回顾创造创新在人类历史上的表现。首先，在理解系统基本概念的基础上，掌握青少年农耕文化教育工作需要的系统观思维；其次，介绍青少年农耕文化教育从业者需要掌握的创造性思维方式与方法。在此重点介绍直觉思维、形象思维、逻辑思维、多向思维；再次，介绍问题及问题发现的规律，帮助青少年农耕文化教育从业者树立问题意识；最后，结合青少年农耕文化教育实践活动，理解开展创新的途径。此部分，重点厘清青少年农耕文化教育实践活动的选题思路，开展创新实践所需的信息和信息收集，并在此基础上介绍青少年农耕文化教育从业者需要掌握的创新技法。

### 三、培养青少年农耕文化教育从业者工匠精神

在 2016 年 3 月 5 日召开的第十二届全国人民代表大会第四次会议上，时任国务院总理李克强作政府工作报告时提道："鼓励企业开展个性化定制、柔性化生产，培育精益求精的工匠精神，增品种、提品质、创品牌。"

在一篇《不是总理说出来 我还不知道中国竟连圆珠笔头都生产不了!》的文章中提道：2016 年 1 月 4 日，李克强同志在参加一个有关钢铁煤炭行业产能过剩的座谈会时，他举例说，中国至今不能生产模具钢，如圆珠笔的"圆珠"都需要进口。

在当下关注工匠精神是一个很有意义的话题，也是一个很令人尴尬的话题。因为关于工匠、工匠精神的论述是很少的。在探索工匠精神的路上会发现很多很有趣的事情。回眸

中国历史上灿烂的农业和手工业文明，就会发现无法绕过的是世界上第一部关于农业和手工业生产的综合性著作，中国古代一部综合性的科学技术著作《天工开物》。《天工开物》是中国古代农工业生产的一部百科全书，也是一部实用性很强的技术专著。在这本书的序言里有这样一段文字："丐大业文人，弃掷案头！此书与功名进取毫不关也！"

在我国漫长的封建社会里，到明代时封建时期的儒家思想已经居于绝对统治地位。儒家思想教育人们要做君子，君子是什么样的人？要才能卓著、品德高尚，最起码的要求就是不能是个低级趣味、道德败坏的人。所以说"君子喻于义，小人喻于利""奇技淫巧，君子不为"，文化人们本身已经养成一种高贵感、优越感，因此鄙视从事劳动生产的工匠，甚至农夫。

进一步说，当时决定读书人前途的科举并没有考科技类或实践工农业应用知识。先贤们的伟大思想、道德操守、修身齐家治天下的本领才是真正重要的。读书人高人一等的优越感和他们教化苍生造福黔首的理想互相印证，加之科举前途的导向作用，谁还会去看一本内容明显应该是写给黔首细民看的杂书呢？

总之，在当时社会看来，有理想的年轻人应该多看夫子大义，学教化民众治理之方，看那些"奇技淫巧"的书，要被骂成"非主流"的吧。

一个国家要发展，竞争就是无法回避的。一个迅速崛起的经济体必须需要一批优秀的工匠。

目前欧洲发达国家应用技术型人才与学术型人才培养的比例一般在8:2，然而在我国，这一比例已经完全失衡。

如果不能解决如何培养出生产服务一线紧缺的应用型、复合型、创新型人才的问题，地方普通本科高校向应用型转变的目标将无法实现。在培养人才的过程中需要解决的三大问题：首先是人才的思想品质，其次是职业所需的精神，最后是具体的技术能力。对于应用型人才，职业精神往往表现为工匠精神，既相对独立又与思想品质和技术能力培养密切相关。因此，研究工匠精神实质和培养手段是当前高等教育，尤其是应用型高校和职业院校无法回避的话题。

《辞海》《辞源》中对于工匠一词的解释十分相似：手艺工人、从事手艺的人。在中国的传统习惯中，工匠参与的活动领域，一般情况下是不包括传统的农业生产内容的。按照现代产业的分类，工匠参与的活动领域属于第二产业和第三产业。

工匠精神，是指工匠对自己的产品精雕细琢、精益求精、追求更完美的精神理念。工匠们喜欢不断雕琢自己的产品，不断改善自己的工艺，享受着产品在双手中升华的过程。工匠精神的目标是打造本行业最优质的产品，其他同行无法匹敌的卓越产品。

首先，优秀的工匠们都是注重细节、精益求精的。他们对细节有很高要求，追求完美和极致，不惜花费时间精力，孜孜不倦，反复改进产品，对精品有着执着地坚持和追求，把品质从99%提高到99.99%，其利虽微，却长久造福于世。

其次，优秀的工匠们都是严谨、一丝不苟的。他们在工作中不投机取巧，必须确保每个部件的质量，对产品采取严格的检测标准，不达要求绝不轻易交货。

再次，优秀的工匠们都具有耐心、专注、坚持的特质。他们在工作中永远不会停止。在专业领域，他们追求进步，无论是使用的材料、设计还是生产流程，都在不断完善，努力实现不断提升产品和服务的目标。

最后，优秀的工匠们都是专业、敬业的。工匠精神的目标是打造本行业最优质的产品，其他同行无法匹敌的卓越产品。

当今社会心浮气躁，追求"短、平、快"（投资少、周期短、见效快）带来的即时利益，从而忽略了产品的品质灵魂。而青少年农耕文化教育活动的目标之一是提高中小学生素质，就更要求在潜移默化中不断提高项目质量。因此，企业需要工匠精神，以青少年农耕文化教育机构为代表的企业更需要工匠精神，这样才能在长期的竞争中获得成功。当其他企业热衷于"圈钱、做死某款产品、再出新品、再圈钱"的循环时，坚持"工匠精神"的青少年农耕文化教育机构，依靠信念、信仰，看着产品不断改进、不断完善，最终通过高标准要求历练之后，成为众多用户的骄傲。无论成功与否，这个过程，他们的精神是完完全全地享受的、是脱俗的、也是正面积极的。

工匠精神落在个人层面，就是一种认真精神、敬业精神。其核心是：不仅把工作当作赚钱养家糊口的工具，而是树立起对职业敬畏、对工作执着、对产品负责的态度，极度注重细节，不断追求完美和极致，给客户无可挑剔的体验。将一丝不苟、精益求精的工匠精神融入农耕文化教育的每一个环节，这样才能做出打动人心的一流的青少年农耕文化教育产品。

## 第二节　农耕文化教育从业者提出问题和解决问题能力

青少年农耕文化教育活动指导教师的重要工作就是引导中小学生完成农耕文化教育活动课程。青少年农耕文化教育活动的主要特点是遵循科学技术原理，有意识或无意识地应用科学技术方法，充分分析待解问题后，提出与众不同的解决问题对策。这是典型的创造、创新过程。

事实上，日常生活中的例子都可以说明人类的创新无处不在。一个三角形求面积的问题，对于有小学高年级文化水平的人可以说是一个没有问题的"问题"，而对于一个没有学过面积计算方法的人（无论是成年人还是儿童），他们都将面临一个计算难题。如果他们没有借助外来的知识或帮助，而准确计算出三角形的面积，尽管方法可能笨拙，但对本人计算的结果和方法无疑是一次创新的过程。

一个学徒工按照师傅给定的工艺参数和刀具角度加工一批钢质零件。由于磨刀时产生一个方向的误差，使加工的零件成为废品，这就产生问题。为了解决问题，起码要使刀具恢复到原来的经验刀具角度。如果他在磨刀时产生另一个方向的误差，使加工的质量和效果都有提高，他就会坚持使用这种刀具，尽管他本人没有认识到刀具变动的机理，但却是一次实实在在的革新。

一位野外旅行者行进中鞋跟脱落了一只，继续走路便成了问题。要解决问题首先应当想到的是修复。当缺少修复条件时，拆掉另一只鞋跟变成一双平跟鞋以解决突发的问题，也不失为一个绝妙的创举。

如果是遇到一段泥泞的道路而又不想脏了你的新鞋，则完全可以利用路边的秸秆捆成束，再紧紧地绑在鞋底使鞋变成高底鞋，帮你渡过难关。其中，也同样存在创意的构想。

雪地里行走，拄着手杖无疑起到了防滑和增加支撑的双重作用，但是如果手杖打滑将会造成更大的问题（因为手杖是一个主要支点）。如果在手杖端头加一个尖钉就可以解决手杖打滑的问题了。

问题一般说来有3个要素：首先，问题的初始状态，是指一组已经明确知道的，关于问题的条件的描述；其次，问题的目标状态（目的），是构成问题结论的明确描述，即问题要求的答案；最后，差距，就是问题的给定目标与初始状态之间的直接或间接的距离。解决问题的过程是千变万化的，一般可以分为4个阶段：提出问题、确定问题、解决问题和评价问题。因此，要提高青少年农耕文化教育从业者提出问题和解决问题的能力，就要沿着解决问题的过程进行相应训练。

## 一、青少年农耕文化教育从业者提出问题和确定问题能力训练

提出问题又称为形成问题，是科学研究的起点。形成问题就是在以前经验或直觉分析的基础上对问题情境的认知状态，是发现与组织问题的过程。在研究型的问题中，往往提出一个创意，就在很大程度上解决了一个问题。

在发现型问题和创造型问题情境下，提出新问题、新的可能性和以新的角度去考虑老问题，则必须有创造性的想象，这也是科学创造取得进展的标志。如果人们发现了前人未知的思维产品，如设计出某种新产品，或找到某一个问题的新解决模式，一个新的概念等……就是一种创造性的活动。

提出问题不是简单的概念描述。为使创造过程深入发展，并取得创造性成果，必须明确创造目标（寻求的结果）和阻止解决问题的各种因素（障碍），这样才能更清楚创造开发的努力方向，并且更进一步地提出有价值的问题。青少年农耕文化教育从业者需要掌握的提出问题的具体策略与方法有如下几种：

### （一）发散加工

发散加工就是采用发散性思维，寻求思维的广阔性，在求解中产生尽可能多的设想性方案或问题。一般采用以下方法。

**1. 提问法**

提问法是发散加工的基本方法，通过对问题的结果和障碍进行提问，并仔细查问这些疑问，从而发现有价值的新问题作为创造活动中的求解目标。

**2. 列举缺点和希望点**

列举缺点和希望点是提问法的一个变式。列举缺点，即首先将问题层次化，然后分析事实、发现缺点，并从中找出可能克服或改进的方式方法。列举希望点是通过提出对事物的希望或理想，将问题的目的聚合成焦点来加以考虑。

列举缺点和希望点是一个问题的两个侧面，但这两种方法在程序上的相似性和应用上的相同目标性，使两者可以融合在一起，对创造性开发起到同样的启发作用。缺点和希望点列举法最适合于硬件领域，但也可适用于软件领域。在硬件领域可以用来寻找产品质量、产品性能等的问题点，在软件领域可以用来寻找政策、管理、实施方案等问题。

**3. 列举属性**

列举属性是一种提出问题的技术。进行属性列举时，首先将事物对象分解成各个组成

部分，并针对每个组成部分寻找其属性与功能特征，再按属性特征找出对应的可行性方案和替代办法。

事物的属性是客观的，事物单元分的越小，就越容易发现问题。例如，刀是钢的，细化为刀体是钢的，进一步细化为刀刃是45#钢的，就可以根据45#钢的特性，解决刀锋不够锋利的问题。

### （二）收敛加工

发散加工中提出了很多问题，这些问题中有些可能是无意义的（不客观、不具备实施条件、超出想象等），收敛加工的目的就是在众多问题中，根据客观条件选择具有重要意义的领域进行创造性活动，以追求最好的结果。

选择的领域应当是客观的、有价值的和现有条件能有所作为的。收敛加工具体有两个方面：

一方面，关系收敛。关系收敛是问题领域与研究人员主体的问题协调。收敛加工的标准是：第一，选择的问题领域是研究主体影响力足够的范围；第二，保持与研究主体的动机是一致的。本着上述原则，对研究主体力所不及的，应坚决剔除或以后再行考虑。

另一方面，展望收敛。展望收敛是指运用一定的选择标准，选择最有价值的问题。展望收敛的标准是：第一，熟悉程度。愈熟悉的问题解决起来越容易。因此，应尽量选择较熟悉的领域，以避免半途而废；第二，重要性。通过需求状况、理论价值、经济效益等方面分析，应尽可能选择比较重要的问题，争取获得较有价值的成果；第三，紧迫性。就是分清轻重缓急，注意时间和进度，将急迫的问题放到优先位置考虑；第四，稳定性。就是摆正时空位置，优先考虑时空、结构环境等变化，保证解决问题结果的稳定性。

### （三）运用创新技巧

正确运用创新技巧，可以更好地发现有研究和开发价值的问题。运用创新技巧，主要关注如下几方面问题：

首先，增强问题意识。问题意识就是对问题的感受能力。创造活动首先源于问题意识，没有问题意识，也就难以注意和提出新的问题，创造活动也就无从谈起了。日常工作与生活中随时都会遇到问题，有些问题是稍纵即逝的，因而只有保持对问题的敏感性，才能为提出问题奠定基础。

其次，保持好奇心与提高观察力。好奇的人不一定都有创造力，而有创造力的人大多数都是好奇的人，真正的好奇心经常带来意想不到的创新。好奇会给人带来机会，而得到机会还要观察和思考，否则也难以发现问题，而只能是走马观花。有好奇心还要坚持探索，才能深入某个领域，加深了解。这样常常会得到意想不到的结果。

最后，掌握问题产生的途径。掌握问题产生的常见途径，可以有效提高一个人对问题的敏感度。提高对问题的敏感度的方法主要有如下几种：

**1. 抓住经验事实同已有理论的矛盾**

抓住经验事实同已有理论的矛盾是科学问题产生的常见途径。新的观察和实验结果，以及多数反常现象，都可能与现有的理论概念发生冲突。冲突积累到一定程度，现有理论及辅助原理、假设等都难以解释这些经验事实时，新的科学问题就必然会产生。此途径最重要的是要能从一些变化中洞察到其中不相容的程度，从而提出新的问题。

**2. 抓住理论的逻辑矛盾**

理论的一个基本要求应该是自洽的，如果理论内部出现逻辑矛盾，就将产生矛盾的论断。抓住理论的逻辑矛盾是实现理论突破的关键，因此必须要牢牢抓住此类问题。

**3. 抓住规律性的不良现象（故障、次品、缺陷等）**

规律性的现象，反映了事物本质上的联系和问题。找到规律及其现实条件，从而在质疑中寻找问题。

**4. 注意争论**

不同学术观点的争论是科学史上的常事，争论的焦点问题，也是学术研究的重点问题。

**5. 注意不同知识领域的交叉地带**

科学的发展呈现出细化、交叉、综合的大趋势，在交叉区域边缘之处，也是很有意义的课题潜在之处。从中寻求有意义的课题，可以为科学发展做出开拓性贡献。

**6. 从亟待开发的领域寻找问题**

亟待开发的领域，因为"新"，也是问题比较集中的地方。开发过程，就是创新的过程，开发的关键部位，也是问题突破的重点和可能取得成果之处。

**7. 在拓宽研究领域和应用领域中寻求问题**

在拓宽研究领域和应用领域中寻求问题有3个主要方向：

第一，寻求领域拓宽的途径。眼睛只盯着一个问题领域，往往会阻碍发现更新鲜、更充分、更值得探讨的问题的道路。当思维惯性使自己在一个特定领域中循环思索时，要努力使自己从循环中跳出来，从其他方向寻找材料得到启发，就会有新的问题展现出来。

第二，在拓宽研究和应用领域时，把障碍作为问题研究。因为对于可以拓宽的领域，遇到的障碍就是问题。

第三，把由外部世界观察到的刺激，强制地与正在考虑的问题建立起联系，使其原本不相关的要素变成相关，进而产生待研究开发的问题。

总之，提出问题的策略与方法很多，只要认真去寻找并形成问题，就找到了创造的起点。

确定问题实际上是一个问题重新组合的过程。在这一过程中，为了更好地重组问题，就要对问题的要求进行研究。一方面，可以通过对目标要求进行分析，找出问题的实质目标；另一方面，可以通过对目标要求进行分析，转化要求。

有一个著名的九点问题："用铅笔把9个点用最少的直线连接起来，在画线时，铅笔不准离开纸面。"很多人都设想画的直线，只能是在9个点组成的直线内思考，尽管这种限制在问题中并没有被提到过。如果画线的人把直线拓展到图形之外（图6-2），那么只要用4条线就可以完成任务。这个问题曾引起诺贝尔物理学奖获得者、"夸克"提出者盖尔曼的兴趣。他总结说"问题的阐

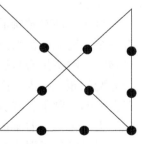

图6-2 九点连线

述涉及发现问题的真正边界"。九点问题给我们最大的启发是，许多难题产生于解决者在潜意识中将问题的规则作了过严的规定。这也是一种思维的惯性，自己很难打破它，除非别人点拨。因为这些规则是无意识中认定的，自己很难发现。

九点连线的问题，就是通过找出问题的实质目标，找到解决方案的实例。同样的解题思路，在历史上也曾经出现过。传说古代的哥丹城内有一个难以解开的"绳结"，如果有人能够将它解开就可以为王。后来，亚历山大王到了哥丹城，面对难以打开的"绳结"，他抽出宝剑，一剑将"绳结"劈为两半。在传统的思维习惯里，打开的"绳结"就意味着把绳子完全解开，但却认为不应该破坏绳子。而亚历山大王则突破了传统思维习惯——不应该破坏绳子的干扰信息，用剑将"绳结"劈开解决了问题。这里，一剑劈开"绳结"的办法和"九点连线"一样，都是通过对目标要求进行分析、转化要求使问题得以解决的实例。

## 二、青少年农耕文化教育从业者解决问题能力训练

在解决问题阶段，首先，要从需要解决问题的整体去思考问题，分析整体中各要素的结构是否达到合理优化配置。中国历史上有一个著名的孙膑赛马的故事。春秋战国时，一次鲁国和齐国比马，各牵上、中、下三匹马进行比赛。孙膑分析，如果着眼于局部，齐国的上马未必比得上鲁国的上马，中马、下马也是如此。但从整体考虑，只要胜两局就赢了全局。于是他用上马与鲁国的中马比，用中马与鲁国的下马比，用下马与鲁国的上马比，虽然一局输得惨，但是却胜了两局，从而在整体上超过了鲁国。这就是从整体考虑，得出一个获胜的最佳方案，其实他不过是把赛马的顺序给调整了一下。

其次，面对问题，可以利用规则去解决问题。从前有两个相邻国家关系很好，不仅互通贸易，而且货币也互用，即甲国的 100 元就等于乙国的 100 元。一次，两国发生摩擦而导致关系恶化，虽然两国人民还可自由往来，但甲国国王却宣布乙国的 100 元货币只能兑换甲国的 90 元货币。随即乙国国王也宣布甲国的 100 元货币只能兑换乙国的 90 元货币。某人虽然手中只有甲国货币 1000 元，却乘机大捞了一把，发了横财。他的具体做法如下：先在甲国用甲国钞票 1000 元购物 100 元，并声称自己将到乙国办事，要求找给乙国的钞票。由于甲国钞票的 90 元等于乙国的 100 元，所以找回乙国钞票 1000 元。然后，他跑到乙国又用乙国钞票 1000 元购物 100 元，再要求找回甲国钞票。此后又到甲国购物……如此往返下去，他自然要发一笔横财。

这个例子说明，有时解决问题的规则是存在漏洞的，只要利用规则，就可以创造性地解决问题。

再次，面对较难的问题，可以通过改变规则和打破规则去解决问题。古时候，阿拉伯有一个大财主，家财万贯。财主的两个儿子为了能在财主死后多分得财产，你争我斗、绞尽脑汁。财主担心自己死后儿子将因争夺财产而互相残杀，决定用一个公平的方法解决财产分配问题。一天，财主将儿子都叫到跟前，对他们说："你们骑马跑到沙漠里的绿洲去吧，谁的马胜了，我就把财产传给谁。但这场比赛不比往常，不是比快而是比慢。我先到绿洲去等你们，看谁的马后到。"

兄弟俩听了财主的话后，骑着各自的马开始慢吞吞地上路进行赛跑了。可是在干燥炎热的沙漠里，骄阳似火，慢吞吞地赛马叫人无法忍受。两人正在痛苦难耐、下马歇息的时

候，一位智者过来开导了他们几句，兄弟俩听了之后都非常高兴。稍后他们上马开始快马加鞭、绝尘而去。智者给兄弟二人的建议就是让兄弟俩互换马匹。由于财主父亲为两个儿子设立的比赛是以谁的马迟到为胜，所以让自己的马迟到就相当于让对手的马早到。因此，互换马匹以后两兄弟都会策马飞奔。

这个例子说明，有时解决问题的规则可能是没有活力的，只要改变规则，就可以创造性地解决问题。中国当代的农村联产承包责任制给农村带来变化，正是当时以邓小平为领导的党中央创造性地改变了农村土地使用规则取得的成功。

一天，小酒店里进来3个身佩手枪的牛仔。在喝了几瓶烈酒以后，其中一个牛仔指着桌上的四个空酒瓶说，他能用三枪将其全部打碎。他把其中的两只酒瓶摆成一条线，用三枪将四个空酒瓶全部打碎；第二个牛仔则说他两枪就可以打碎4个瓶子。他把四个空酒瓶分别以两只酒瓶为一组摆成一条线，用两枪将四个空酒瓶全部打碎；第三个牛仔说他一枪就行了。这时，第一个牛仔和第二个牛仔提出摆成一条线的空酒瓶最多不能超过3只，第三个牛仔仍然说可以实现。他举起枪，一枪打断了桌子腿，桌子被打坏了，桌子上的所用的酒瓶都被摔到地上而砸碎了。

这个例子说明，有时解决问题的固有规则可能没有办法直接解决问题，只有打破规则，才可以创造性地解决问题。

### 三、青少年农耕文化教育从业者评价问题能力训练

解决问题过程中，除了追求独特性、新颖性以外，还要保证方案的适宜性。因此需要在提出解决方案以后，对其进行评价。评价的标准侧重于有效性、恰当性、实施性和可行性。因此，对问题的评价就显得十分重要。

对于问题的评价一般包括技术评价、经济评价和社会评价3个方面。

技术评价是以所提出的方案能否满足要求的技术性能及其满足程度为目标，从而评价方案在技术上的先进性和可行性。技术评价具体包括：性能指标、可靠性、有效性、安全性、保养性、操作便利性和能源消耗等方面。技术评价要利用理论计算和试验分析获得的数据资料。有时，为便于在几个方案之间进行分析比较，可以把一些技术指标换算成评分指数。这一点在涉及现代最先进的农业技术学习活动中显得更加重要。

经济评价是围绕方案的经济效益进行的评价，要求方案的成本最低，效益最大。经济评价要考虑以下一些指标和内容：第一，成本。应以制造成本和使用成本最低为主要目标。第二，利润。利润是销售收入扣除成本与税金后的金额。不同对象降低成本提高利润的方式不同。有的成本低，利润也少，应考虑薄利多销；有的成本高，利润也高，适合顾客对产品性能高和坚固耐用的要求。第三，企业经营需要。评价方案价值的高低要考虑其是否符合企业的长远规划、经营方针和中、短期经营目标。企业经营需要考虑产品的经营寿命周期、市场规模及竞争企业、竞争产品等情况，还要考虑方案的适用期限。期限太短，满足不了社会和企业经营的需要。期限太长，又会由于技术逐渐陈旧而可能对企业与社会不利。

实施方案存在措施费用、损失费用、节约额与回收期问题。新方案的实施会带来人力、物力、财力的节约。对于所需费用较大的改进方案，应考虑投资回收期，回收期越短

越有利。

社会评价是评定方案实施后对社会带来的利益和影响。社会评价考虑的因素相当多，一般视不同情况而有所侧重。社会评价要评价的方面主要有：

是否符合国家科技政策和国家科技发展规划的目标。

是否有益于改善劳动环境和社会环境，如考虑空气、水、噪声污染；减少工伤事故和产品事故；防止交通堵塞；防止对心理、风俗和习惯的不良影响等。

是否有益于提高人民生活，包括有利于人民生活的多样化、高效化；有利于扩展人们的活动范围；有利于提高文化教养。

是否有益于资源利用，包括节省资源和能源、扩大资源利用范围和程度、开发新能源、可否回收再利用等。

评价方案社会效果的内容较多，有些内容一时难以权衡利弊得失。因此，社会评价更要求评价者有广博的社会知识和战略眼光。

在方案设计和挑选过程中，常常要进行多次评价。在提出解决问题的种种初步设想或初步方案之后，要先进行概略评价，把不可行的或水平不高的方案舍掉，留下少数较好的方案。然后，对少数方案做技术设计或施工图设计。之后，再行详细评价，选出供实施的最好方案。不论概略评价还是详细评价，都是从技术先进、经济可行、社会有益三方面着眼，并把这些指标联系起来进行综合比较。

## 第三节 青少年农耕文化教育从业者文化素养及表达能力

农耕文化教育从业者的科技与文化素养，是做好青少年农耕文化教育活动的知识保障。加强相关专业大学生科技与文化素养培养，是提高学生素质，为农耕文化教育机构储备优秀青少年农耕文化教育从业者的重要手段。因此，立志从事该领域工作的人员文化素养及典型能力培养同样不容忽视。

提高青少年农耕文化教育从业者文化素养的目标能更好地解决农耕文化教育活动所涉及的问题。同提升科技素养一样，掌握青少年农耕文化教育活动所需的人文社会科学研究方法，是可以通过开设相关研究方法课程解决的。因此，青少年农耕文化教育从业者应当在具备前文提到的提出问题和解决问题能力基础上，进一步提高文化素养，并努力提高以表达能力为代表的容易被学校忽视的能力。

### 一、青少年农耕文化教育从业者传统文化素养培养

青少年农耕文化教育活动的重要目标之一就是培养熟悉并掌握中国优秀文化的青少年，而中国几千年的优秀传统文化既是中国优秀文化的重要源泉和组成部分，又是农耕文化教育活动的抓手。因此，提高青少年农耕文化教育从业者传统文化素养十分必要。

要研究青少年农耕文化教育从业者文化素养培养，首先要面对的问题就是：什么是文化？或者文化是什么？文化的内涵是比较难以把握的，是人类最难以界定的概念之一。什么属于文化，什么不属于文化，其间的界限是什么？对"文化"一词的定义，一直是仁者见仁，智者见智。不同国家、不同时代的专家学者对"文化"都有着不同的解释。

"文化"一词，在中国古代就有论述。但是在中国历史早期最开始，"文""化"二字是作为不同的词单独使用，并各有其含义。"文"字本意是指各色交错的纹理。如《说文解字》中说："文，错画也，像交文。"其意思是说，"文"就是交错描画，由几种笔画交错而形成的图像就构成了文；又如《易·系辞》中说："物相杂，故曰文。"就是说几种不同的物质交错混杂在一起，就叫"文"；再如《礼记·乐记》中说："五色成文而不乱。"就是说各种各样的颜色有规律而非杂乱无章地错落交织在一起，就形成了"文"。

随着时代的发展，"文"渐渐有了若干引申意义。

首先，"文"被引申为包括文字在内的各种象征符号，被具体化为文书典籍、文章、礼乐制度等。例如，《尚书·序》中说："古者伏羲氏之王天下也，始画八卦，造书契，以代结绳之政，由是文籍生焉。"就是指古代的伏羲氏之所以能成为治理天下的大王，正始于他创造了八卦图，制造出文书和契约来代替结绳记事的行政管理方式，因此文书典籍就产生了。在这里，"文"就是被引申为文书典籍之意；再如，《论语·子罕》中说："文王既没，文不在兹乎？"就是说周文王虽然去世了，难道文王时代的礼乐制度就不存在了吗？在这里，"文"就是被引申为礼乐制度。

其次，"文"被引申为人为加工、人为修饰及华丽文饰等意义，这里的"文"就是与"质""实"等对应。例如，《尚书》中说："经纬天地曰文。"意即对天地进行改造、治理就叫作"文"。再如，《论语》中说："质胜文则野，文胜质则史，文质彬彬，然后君子。"就是说质朴胜过文采则显得粗野，文采胜过质朴则显得浮夸。文采与质朴恰当合理，就会把外在表现与内在本质配合得恰到好处，这才能够成为君子。在这里，"文"就是华丽文饰的意思。

再次，"文"被引申为美、善、德等意义。例如，《礼记》中说："礼减而进，以进为文。"就是说，礼仪形式简化而使礼仪本身更加精进，这里的精进即为"文"。郑玄注："文尤美也，善也。"就是说"文"就是美，就是善。

最后，"文"被引申为与"武"对应的文治、文事、文职，与"德行"对应的文学、艺术才能等。例如，《尚书》中说："王来自商，至于丰，乃偃武修文。"意思是说周王虽然是从好武之商朝而来，然而其到封地之后，仍然能够做到停止使用武力，修明文治。

此外，"文"还被引申为自然现象的脉络或人伦秩序的意思，如"天文""水文""人文"等词都是用来表述自然界的脉络。"天文"，就是指天道自然规律；"水文"，就是指河流、湖泊、江海的发展变化规律；"人文"，就是指人伦社会规律，也就是社会生活中人与人之间纵横交织的关系。

"化"字的本意是变化、改变、变易、生成、造化，古时写作"匕"。例如，《说文解字》中说："匕，变也。"又如，《庄子》中说："化而为鸟，其名曰鹏。"意思是说巨鲸变化为一只大鸟，名字叫作鲲鹏。在这里，"化"的意思是变成、变化。再如，《易传》中说："男女构精，万物化生。"意思是说男女交配，生儿育女，各种雄性与雌性交配，产生万事万物。在这里，"化"的意思是产生、生成。而《礼记》中说："可以赞天地之化育。"意思是说可以帮助天地化生长育万物。在这里，"化"的意思是化生、生成。

"化"的本来含义是指两种事物相接，其中一方或双方改变形态性质，进而产生一种新的事物。所以，"化"又被引申为教化、教行、迁善、感染、化育等各种含义。例如，《周礼·大宗伯》中说:"以礼乐合天地之化。"意思是说用礼乐来配合天地大道的教化。又如,《黄帝内经》中说:"化不可待,时不可违。"意思是说化育繁生不可以替代,时令季节不可以违背。在这里,"化"的意思是化育。

"文""化"二字一起使用,最早出现在中《周易·贲卦·象传》:"观乎天文,以察时变;观乎人文,以化成天下。"意思是说通过观察天象,人们可以考察到时令季节的变化;通过观察人间事务,人们可以来教化世人,成就平治天下的大业。西汉的刘向说:"凡武之兴,为不服也,文化币改,然后加诛。"意思是说依靠武力来征服人们,只是使大多数人懂得服从的道理,而对少数通过教化而仍然冥顽不化的人施以重刑,最终可以取得良好的治理效果。这是最早将"文""化"二字合为一词来使用的记载。

因此在中国古代,"文化"一词是"文治"与"教化"的合称,主要含义是"人文化成""文治教化"等。

19世纪英国人类学家,也是文化学的奠基人爱德华·伯内特·泰勒(E. B. Tylor)爵士,他在其1871年出版的著作《原始文化》中给文化下了这样的定义:"文化是作为社会一个成员所获得的,包括知识、信仰、艺术、音乐、习俗、法律以及其他种种能力在内的复合体。"

从古至今,全世界的学者从各门学科、各个角度给"文化"所下的定义已有近300个之多。而且,有理由相信这个数字还在继续增长。在人类文明史上似乎没有哪个概念会有如此大的分歧。因此,有人甚至认为,关于"文化"定义之争的解决绝不比文化研究本身更为容易。

《中国大百科全书》(1981年版)同样将"文化"概念进行广义和狭义的区分,认为:"广义的文化是指人类创造的一切物质产品和精神产品的总和。狭义的文化专指语言、文学、艺术及一切意识形态内在的精神产品。"

在汉语中,"传"字主要含义是传承、传递,"统"是指事物的连续状态,也就是"一以贯之"的意思。《现代汉语词典》将"传统"一词解释其为:"从历史上沿传下来的思想、文化、道德、风尚、艺术、制度以及行为方式等。它通常作为历史文化遗产被继承下来,其中最稳固的因素被固定化,并在社会生活的各个方面表现出来,如民族传统、文化传统、道德传统等。"美国社会学家爱德华·希尔斯认为:传统是指世代相传的东西,就是从过去延传至今,或相传至今的东西。传统的标准是:"传统是人类行为、思想和想象的产物,并且被代代相传。"因此,可以说传统就是指由各个历史时代特殊的自然地理环境、经济形式、政治结构、意识形态等综合作用而自然形成、积累并世代相传直至今天的,且在当代仍时时刻刻对我们的社会和生活方式产生巨大影响,起着重要作用,并表现于社会生活各个方面的思想文化、制度规范、风俗习惯、宗教艺术乃至思维方式、行为方式等的总和。

传统文化就是指在一个民族中绵延流传下来的,反映民族特质和风貌的文化,是民族历史上各种思想文化、观念形态的总体表征。传统文化既可以体现在有形的物质文化中,也可以体现在无形的精神文化中,如人们的生活方式、风俗习惯、心理特性、审美情趣、价值观念等。任何民族都有自己的传统文化,都是在其历史发展过程中形成、发展,并流传下来的。

从广义说,中国传统文化就是指中华民族在生息繁衍的漫长历史发展过程中,逐步形成并流传下来的比较稳定的反映中华民族整体特质和整体风貌的文化形态，是影响中华民族发展进程的一切物质和精神成果的总和。从狭义说，中国传统文化特指在中华民族历史上绵延流传下来的影响整个中华民族发展进程的，具有稳定的共同精神、心理状态、思维方式和价值取向的全部精神成果，也就是中华民族传统意识、观念、心态和习俗的总和。

帮助农耕文化教育从业者热爱并掌握传统文化，就需要在了解中国传统文化基本问题基础上学习如下知识。首先，介绍中国传统思想文化，重点介绍以儒家、道家、法家、兵家等为代表的优秀思想；其次，学习中国传统制度文化，重点分析中国传统制度文化形成过程，并进一步介绍中国传统文化中的人才制度文化；再次，介绍中国传统物质文化遗产的典型，主要介绍中国古建筑文化、中国古典园林文化、中国古代科技文化等方面的内容；最后，介绍中国民间生活蕴含的传统非物质文化，重点介绍中国传统民俗文化、中国传统戏曲歌舞文化、中国传统饮食文化、中国传统对联与灯谜文化等几方面的内容。

## 二、青少年农耕文化教育从业者表达能力培养思路

知识已成为社会经济发展的最重要资源和支柱，对现有生产方式、生活方式乃至政治改革等都将产生重大影响。人类信息交流量的加大，使信息的文字载体——文章（其中主要是实用文）的作用越来越大。实用文写作也必须摒弃陈规陋习，适应知识经济发展的新形势。伴随着社会进步、科学技术的发展，专业分工也日趋具体和精细。实用文应社会需求而产生，为满足社会发展而发展。只有掌握渊博的科学知识，才能撰写出好的实用文章。实用文需求量的增加，促使实用文的写作任务量也随之增大。越来越细的分工，使实用文应用领域进一步扩大，导致对实用文作者专业知识的要求提高，这些因素使需要学习如何写实用文的人数迅速增加。

许多朋友认为，提高农耕文化教育从业者写作能力，提供一个"课程方案设计模板"填充即可。但是，事实上即便有了模板，很多从业者也设计不出满意的方案。因为他们除了思维方式和逻辑能力以外，还需要全面提高写作能力。

一方面，掌握开展农耕文化教育所需的写作基本理论。首先，掌握实用文写作的取材立意。重点掌握材料处理、主题确立、写作构思等问题；其次，熟悉文体风格，重点掌握不同文章的结构特点、实用文写作的文体定位；最后，掌握文章的语言和修改技巧，即熟悉实用文写作的语言风格，掌握实用文的修改技巧。

另一方面，掌握开展农耕文化教育涉及的问题。一般地说，需要两大类文体，第一类包括基地建设规章制度、农耕文化教育计划、活动新闻报道等社会公共活动文体的写作；第二类包括市场调查报告、广告文案、合同、标书等经济活动文书的写作。

生活在信息高度发达的时代，人际交往是每一个社会人不可避免的。口头表达能力对于每一个刚刚或即将走入社会的年轻人都是不可或缺的。正如美国演讲训练大师卡耐基所说："现代人的成功，15%靠实力，85%靠口才。"口才的重要性也就不言而喻。一个口头表达能力强的人，往往具有全方位的素质。但是，不管具体的素质包括哪些内容，口才都是核心。而要想具有好口才，就要有很好的写作能力。要想在相对紧张的环境下有良好的表现就需要有丰富的知识和严密的思维。

在提升农耕文化教育从业者口头表达能力时，需要解决如下问题。

一方面，在了解口头表达能力基本概念和理论的基础上，介绍开展青少年农耕文化教育项目所需的口语表达方法和技巧。其中，重点介绍叙述、描述、说理、抒情等口语表达方法，以及重点介绍幽默、模糊、委婉等口头表达技巧。

另一方面，介绍开展青少年农耕文化教育所需的实用口头表达技巧。首先，介绍交际口才的表达技巧；其次，介绍实用演讲技巧。主要介绍演讲的基本问题、演讲语音语调修饰技巧、演讲稿的写作、演讲的准备与实战策略等几方面问题；最后，介绍辩论与辩论口才训练技巧。重点介绍辩论的基本问题、辩论的战略设计、辩论的战术准备，并通过辩论赛这种形式帮助青少年农耕文化教育从业者用"准实战"的方式提高实用表达能力。

# 第七章　农耕文化教育需要掌握的典型方法

要结合农耕文化教育全面提高学生素质，就必须有切实可行的教育方法。下面介绍农耕文化教育经常使用的典型教育方法。

## 第一节　农耕文化教育需要掌握的逻辑方法

思维是劳动实践的基础之一，要开展农耕文化教育活动，掌握必要的逻辑思维方法很重要。在农耕文化教育活动中，保证思维逻辑的严谨十分关键，下面将分析逻辑思维及其在农耕文化教育活动中的表现，为提高农耕文化教育教师的教育能力服务。

世界上任何事物都有其内容和形式，内容是构成事物的一切内在要素的总和，形式是把内容诸多要素联系起来的结构和表现内容的形式。思维也是这样，既有内容也有形式。思维内容是思维所反映的特定对象及其属性；思维形式是指思维对特定对象及其属性的反映方式，如概念、命题、推理等，这些思维形式又具有一般的形式结构，我们称其为思维的逻辑形式。

### 一、逻辑思维

#### （一）逻辑思维的含义

"逻辑"一词是由希腊文音译过来的。其原意是指思想、言辞、理性，有规律性。"逻辑"是一个充满歧义的词，几乎每一个逻辑学家、哲学家以及自然科学家都有他们各自所理解的"逻辑"，对逻辑的定义众说纷纭，没有共识。总体上看，逻辑研究的是理性思维，即人们通过大脑的抽象作用对客观的内在规定性的认识，是认识发展的高级阶段。人们对逻辑有广义和狭义上的不同理解。

广义的逻辑泛指与人的思维和论辩有关的形式、规律和方法。逻辑思维与形象思维相对，通常是指人们思考问题时从某些已知条件出发，借助概念、判断、推理这些思维形式，推出合理结论的规律。广义上的逻辑可包括以下几个层次：第一层次，指客观事物发展的规律性；第二层次，指思维的规律性；第三层次，指某种理论、观点或说法；第四层次，逻辑就是方法论，就是处理人生中许多事情的方法，就是基于已知的事实或条件运用科学的思维过程，利用最合理的技巧，做出最接近于真实的判断方法；第五层次，逻辑学是研究思维及其规律的科学。

狭义的逻辑主要研究推理，是关于推理有效性的科学，形式上表现为用特制的人工符号语言和公理化方法构造的形式系统。逻辑思维也叫抽象思维。所谓抽象就是在思维过程中撇开事物的具体形象而取其本质，逻辑思维的抽象特征与形象思维整体性特征正好相对。因此，逻辑思维是一种比较简单的直逼事物本质的"线型性"思维。逻辑思维通常分为形式逻辑思维和辩证逻辑思维。形式逻辑思维又分为归纳思维和演绎思维。

### (二)逻辑思维的基本形式

逻辑思维的基本形式是概念、判断和推理。这几个思维形式是互相联系的。概念的形成往往要通过一定的判断和推理过程，判断是肯定或否定概念之间的联系关系，而判断的结论是通过推理获得的。

**1. 概念**

概念是人脑对事物的一般特征和本质属性的反映，是在抽象概括的基础上形成的。概念不反映事物的非本质属性，例如，"人"这一概念只反映人是有思维能力的高等动物，有五官、四肢、直立行走等本质属性，而不反映是黑人还是白人、是男人还是女人等非本质属性。概念和词有不可分割的联系。每一个概念都是由于词的具有抽象性和概括性的刺激作用而在人脑中产生和存在着，并以词的意义或含义的形态在人脑中形成表象和巩固(记忆)下来。也就是说，概念是用词来标志的，每一个词都代表着一个概念。

**2. 判断**

判断是指人脑凭借语言的作用，反映事物的情况或事物之间的关系，并通过判断的过程得到某种结果(或结论)。可见判断一词具有两种含义，一种是指人脑产生判断的思维过程；另一种是人脑经过判断过程产生的思想形式。判断是通过肯定或否定来断定事物的。肯定或否定是判断的特殊本质。事物的存在、价值或事物之间的关系，都是通过肯定或否定做出判断的。人在判断的独立性和机敏性方面会表现出很大的个体差异，差异性取决于判断主体的性格、相关知识和经验等。判断可以分为简单判断和复合判断。

**3. 推理**

推理就是人脑凭借语言的作用，通过对某些判断的分析和综合，以引出新的判断的过程。所引出的新的判断叫作结论。在进行推理的过程中，所依据的已有的判断称为"前提"，也就是说已有的概括性认识和有关材料或事实是人在头脑中进行推理时所必须依据的前提，对过去的推断或对未来的预测是人在头脑中经过推理所得到的结论。很多判断都是推理的结果，所以推理是思维最基本的形式之一。推理可以分为归纳推理和演绎推理。归纳推理是从特殊事例到一般原理，演绎性推理是从一般原理到特殊事例。

### (三)逻辑思维在创新活动中的作用

逻辑思维是人类揭示客观世界本质和规律的极其重要的思维活动形式。逻辑思维包括形式逻辑思维和辩证逻辑思维。随着科学技术的发展，机械论自然观已为辩证论自然观所取代，辩证逻辑思维使人们对自然界有了更为深刻的了解。创造、创新活动中，紧张—松弛—紧张的循环，也标示了灵感—顿悟的心理机制。顿悟是紧张思索后，"能量"积蓄在松弛期间潜意识活动中的突发。因此其简单的模式可以归结为积累—突发。积累的过程，正是人们面对问题，用已有知识和经验冥思苦想的过程。这一过程不仅有过去的记忆，也有大量针对问题和占有资料的分析、预演、判断、归纳，是形成新的形象的过程。因此我们断言，在创造、创新过程的中间阶段，逻辑思维同样有不可取代的作用。联系逻辑思维在创造、创新过程中的前期和后期的作用我们可以清楚地认识到，逻辑思维几乎渗透到人类获取所有新理论和新知识的每一个过程。具体说来，逻辑思维在创新活动中的作用有以下4点。

**1. 发现问题**

发现问题是创新过程的起点，发现问题的方法很多，通过逻辑思维来发现问题是一条重要途径。在现实生活和社会科学领域中，矛盾就是问题，问题本身也蕴涵着矛盾，从某种意义上讲，矛盾与问题是同一的。矛盾在现实中是无处不在、无时不有的，如理论与理论的矛盾、理论与检验的矛盾、理论与实践的矛盾、需求与现实的矛盾等。要发现矛盾就要对现实进行考察，考察中又会发现新的矛盾。

**2. 直接实现创造创新**

并非逻辑思维不能创新，有些问题的创造性解决就是直接用逻辑思维的结果。例如，毛泽东的《论持久战》，就是通过严密的逻辑思维，分析抗日战争发展的基本规律，提出要经过三个阶段才能取得最后的胜利，成为抗日战争的指导思想。

**3. 筛选设想**

不管采用哪些新的思维方法，都可能提出两种以上的新设想或创新途径，这就需要根据可行性、价值和社会效益等进行筛选。筛选的过程主要用的就是逻辑思维。对每种设想进行分析、比较，做出判断，决定取舍，这都是逻辑思维的任务。

**4. 评价成果或验证结论**

创新成果完成之后要进行鉴定或验证，给出正确的评价，评价过程一般要进行逻辑比较，判断其水平。验证也要符合逻辑常规的程序。

## 二、归纳思维

### （一）归纳思维的含义及特点

人们对客观事物的认识，一般多是从个别事物开始的，即先认识一个个单独的对象，然后才能进一步把握其一般规律。归纳思维是一种从若干个同类个别事物或经验知识中概括出一般性认识或结论的思维方法。这种概括常常由部分推论到全体，它能够扩大人们的认识范围，并对已有理论提供一定程度的支持。

归纳思维是根据个别知识概括出一般性知识的思维。这种思维的方法称为归纳法，这种思维形式称为归纳推理。其主要特点是：

**1. 从个别到一般**

从个别到一般就是人类由事物的个别知识概括出一般认识的过程。归纳思维所依据的个别性知识可分为两种类型：一类是人们通过观察或实验所获得的关于思维对象自身属性的经验知识；另一类是人们在思维过程中积累起来的关于"方法"的若干次使用情况的经验认识。

归纳思维之所以能被人们大量运用，是因为人们的认识总是离不开从若干分散的实际情形到一般性概括的过程。而这种从个别到一般的概括遵循了以下原则：如果大量的情况 $A(A_1、A_2……A_n)$ 在各种情况下被观察到，而且如果所有这些被观察到的 A 都毫无例外地具有性质 B。那么，所有 A 都有性质 B，这一原则在逻辑学上称为"归纳法原则"，它是人们进行归纳思维所依据的原理。

**2. 从部分到整体**

在归纳思维中,从个别性知识得出一般性结论,除了极为有限的完全归纳概括外,一般的归纳思维过程都拓展了认识范围。也就是说,结论所断定范围超出了前提所涉及的范围,即由部分扩展到了全体。正是由于归纳思维突破了前提所断定的范围,人们的思维才能够突破当前情境的局限而扩大了认识领域,并获得新的知识。需要指出的是,归纳思维从部分推论至全体,虽然扩大了认识范围,但其结论不具有必然性。

从上述分析中可以看出,归纳思维是容易发生"以偏概全"的错误的。也就是说,把部分对象所特有的属性,推广到其他对象上,而其他对象又不具有这种属性。因此,在归纳思维中应尽量扩大考察对象的数量及考察范围,注意分析被考察的属性是否为部分对象所特有的,以提高概括结论的可靠性。

**3. 扩展认识范围**

归纳思维根据对部分对象的认识推论到该类事物的全体对象,所得出的结论不具有逻辑必然性,但它能弥补人的认识能力的有限性,扩大人的认识范围,拓展知识。应用归纳思维来扩大认识范围、升华知识层次,不仅有其必要性,也有其客观可能性。归纳思维是以同类事物为基础的,是在同类事物范围内的扩大。客观世界中,同类的若干事物尽管有其特殊性和差异性,但都存在着共性和普遍性,而且共性中还包含有本质属性。如果我们在经验中反映出该类事物的共性,那么所做的推广就有了可靠的基础。如果已知的关于部分对象的经验认识中反映了该类事物的本质属性,那么所做的推广就更可靠。

**4. 支持理论原理**

理论正确与否要靠实践活动来检验。一般来说,当一个理论(或观点)提出来以后,首先要以该理论为出发点推导出大量可以进行实践检验的事实,这些事实包括该理论所能解释的已知事实,以及所能预测的未知事实。然后,根据这些事实来支持该理论,说明该理论成立。

归纳思维因注重个别性事实,所以它能够利用事实给理论提出支持。同时,因其结论不必具有必然性,因而给出的理论支持不是充分的,只能是一定程度的支持,即不足以完全证明一个理论。

**(二)演绎思维**

演绎思维是一种从一般性知识推演到个别性知识,得出新结论的思维方法。在演绎思维中,一般性知识(如理论性知识、规律性知识等)起着重要作用,它既为人们的思维推演提供依据,也为人们的行为提供规范。思维推演活动既不同于归纳概括,也不同于横向类推,它借助于一般性的理论知识,来推论某类个别性事物所具有的属性。

思维推演中所依据的理论知识,是相对于经验而言的,它是以全称命题形式表述的关于概括经验事实共性的经验定律和反映事物间普遍性的理论原理。理论性知识都概括了一类事物的普遍性特征或普遍性规律,它涵盖了该类所有个体的共同性,因而适用所有个体事物。理论性知识为人们推断它所涉及的具体经验事实提供了依据。

理论性知识具有普遍性特征,因而具有规范和指导作用。在一切政治、经济活动中,政策法则为人们提供了规范和指导性政策，是创新活动中必须遵守的原则。

**1. 演绎思维的特点**

(1) 从普遍性到特殊性

演绎一词来自拉丁文 deductio（引申），后来它泛指从一般到个别的结论，即以某些一般性（普遍性）的知识为前提，推出个别性（特殊性）知识的结论。

(2) 结论受到前提的严格限制

所谓结论受到前提的严格限制，就是演绎思维从一类事物共性的理论到该类的部分对象，结论所断定的范围决不会超出前提所断定的范围。

(3) 推断的必然性

演绎思维从一般到特殊，结论所断定的范围不超出前提所断定的范围，结论也就被前提所蕴含，即前提与结论有必然性联系。真前提必然能推出真结论。前提与结论这种必然联系，是就其逻辑形式而言的，而不是指结论的真实性。结论的真实性既依赖逻辑形式的正确，又依赖于前提的真实。

(4) 深化认知领域

演绎思维因从一般到特殊，可以依据客观事物联系的普遍性和层次性，做出层层递进的连锁推导，从而不断深化认知领域，也为创造扩展了途径。

**2. 演绎思维的方法**

从一般推导特殊的演绎思维，有多种具体方法和形式，大致可分为三段论法、假言推理、选言推理等。演绎思维结合科学探索活动的思维实际，还有演绎解释法、演绎预测法、演绎论证法和公理证明法。下面仅就3种常用的基本方法，介绍如下：

(1) 三段论法

三段论法是指从两个含有一个共同性质（概念）的判断中，推出一个新的性质（结论）判断的演绎推理方法，例如：

所有抗日英雄都是参加过抗日战争的，

马本斋是抗日英雄。

────────

所以，马本斋是参加过抗日战争的。

在这里，前两个都是性质判断（断定事物具有某种性质），其中都包含着一个共同项（天体），通过两个共同项的判断，推出一个新的性质判断。三段论可用以下形式表示：

所有 M 是 P，

S 是 M。

────────

所以，S 是 P。

应用三段论方法时应遵守以下几项原则：

首先，两项前提中的共同项应是同一个概念，防止因同一词语不是表达同一概念，而引起判断模糊或错误。例如，群众是真正的英雄，某人是群众，某人是真正的英雄。这里的两个群众就不是同一概念，因而也就不能判断某人一定是真正的英雄；其次，两个前提中的共同项(中项)至少周延一次；再次，前提中尚未断定一类事物全部对象的项，在结论中不得扩大；最后，结论否定，当且仅当两个前提有一否定。

(2)假言推理

假言推理是根据假言判断所断定的前后条件的逻辑关系而进行的推理。这里的假言判断是断定一个事物情况(称为前件或大前提)是另一个事物情况(称为后件或小前提)的条件判断。而前件与后件的条件关系，有充分条件、必要条件和充分必要条件3种。假言推理就是根据不同前后件的逻辑关系(条件关系)进行的。假言推理也是确实可靠的推理。

(3)选言推理

选言推理是以断定若干个可能情况的选言判断作为前提，并依据选言判断的逻辑特征来进行推理。常见的选言推理是前提中断定了若干事物可能情况，并且排除了其中部分情况，结论中断定未被排除的其他情况的存在。在实际运用中，假言推理与选言推理也常常结合在一起使用。

选言推理可用以下公式表示。

或者A，或者B，或者C，

非C。

——————

所以，A B。

运用选言推理，应注意以下问题：

第一，前提应穷尽有关事物的所有可能情况，以确保至少有一种情况存在，否则推出的结论不一定是存在的。如"二人对弈，甲未赢"，就不能推出甲输了的结论。因为可能为平局。

第二，运用选言推理，还要注意前提中选言判断所反映的若干可能是否可兼容。如果它们是可兼容的，那么不能肯定一部分而否定另一部分。例如，某案件有两个嫌疑人甲与乙，现已查明甲作了案，但不能必然推出乙一定没作案。

## 三、分析与综合思维方法

分析思维与综合思维是形式逻辑思维和辩证逻辑思维共同的研究方法。在形式逻辑思维中，只是作为处理一般经验材料的方法进行探讨的矛盾分析思维法是辩证逻辑思维中研究的重要问题。

### (一)分析思维

分析就是人们在思维活动中，把研究对象由统一整体分解为各个组成部分、各个方面或独立特征的要素，并对它的各个组成部分或各种要素分别进行研究，揭示出它们的属性和本质，也即从未知追溯至已知的思维方法和研究方法，简称分析，也称分析思维或分析方法。

任何一个客观事物都是由各个部分或各种要素组成的复杂的有机整体，同时任何事物都构成一个独立系统，它们通过自身的运动、变化和发展过程中的各种各样的现象表现出来。同时，任何一个客观事物或现象，又与其他事物或现象处于相互联系之中。对于呈现在人们面前的复杂的、有机整体的自然事物或现象,仅凭直观无法认识它们的各种特殊的属性和本质,也更无法认识它们的根本属性和规律。因此,为了从总体上揭示和把握研究对象的性质及其规律性,首先必须了解复杂事物的各个部分或各种要素的性质和特点,也就是分析各种矛盾及矛盾的各个方面的特殊性。

运用分析的思维方法研究事物,必须把被考察的事物的各个组成部分或组成要素在思维过程中暂时从总体中抽取出来,抛开无关紧要的因素和相关影响,以对各部分或要素的单独作用进行深入研究。

分析的任务就是对事物的各个部分或要素进行研究,了解研究对象的属性和本质,并使人们对事物有比较清晰的认识,为进一步把握、揭示事物总体的性质与规律奠定基础。分析的初期目标是要考察研究对象的各组成部分或要素,在运动变化中的各自的地位、所起的作用,以及它们之间的相关联系与制约关系,为进一步寻求判断事物的各种属性的基础"情报资源"提供前提条件。

分析方法的基本特点有以下两点:第一,暂时分割,孤立地进行研究,变整体为部分、变复杂为简单、化难为易,加深对事物的理解和掌握;第二,深入事物或现象的内部,了解和掌握各个细节,揭示内部各个方面、各个因素的本质。

从不同角度看,分析的种类有多种形式,其侧重点也各不相同,具体说来有以下几种分类方法。

第一种,从分析要达到的目的来看,可分为定性分析与定量分析。定性分析是择取对象的某种特定性质,确定对象的某种特征,使之与其他事物区别开来。也可以说,定性分析主要解决有没有的问题;定量分析则是为了确定对象各种要素,成分的数量、规模、大小、速度等。因而,定量分析要解决的是有多少的问题。

第二种,从分析方向来看,可分为单向分析、双向分析及矛盾分析。单向分析,即分析某一事物的影响和作用,研究单向因果联系;双向分析,即不仅分析单向因果联系,而且分析作为结果的现象是否反过来对于原因产生作用,是研究双向因果联系;矛盾分析,则是专门研究具有对立统一关系的事物,对其矛盾着的各个方面加以对比,以便把握对立双方的性质、数量和相互关系。

第三种,从分析的客观对象来看,可分为要素分析和结构分析。要素分析即分析构成对象整体的各个要素成分或方面。结构分析主要是分析各要素间的关系,如因果关系、互动关系、反馈关系等,是把握构成对象的基本手段。

分析方法着眼于研究对象内部的各个细节,有助于分辨真相和假象,以及哪些是无关的因素,从而可以摆脱假象和无关因素的影响。使用分析方法可以透过事物的现象去研究其组成部分的结构、特点和属性,掌握它们的相互关系及作用方式,进一步认识研究对象的性质与规律。

分析方法主要着眼于局部的研究和分割孤立的考察,容易使人忽视事物间的有机联系,因此必须对此问题予以充分注意。

(二)综合方法

**1. 概述**

"综合"一词有多种解释。从创造性思维角度出发,综合可以被理解为是一种以问题为中心的，按一定的规律和模式，有序地组织材料和整合材料的思维方法。

综合方法就是在分析的基础上，通过科学的概括或总结，在思维中把研究对象的各个组成部分或各种要素再组合成有机整体。它是从整体上揭示和把握事物性质和根本规律的科学思维方法和研究方法，从已知引导到未知、从局部引导到全局。

综合思维是通过对所得到的与某个问题、任务、计划相关的全部认识加以比较、分析、组合、归纳、类比，从总体上、宏观上透视找出各要素、各部分、各层次之间的内在联系，按一定的方式和要求予以整合，使之形成整体、系统的认识。

综合的任务和目的在于它不是局部创新的叠加，而是对局部创新的扬弃，是从有机整体上揭示和把握研究对象的根本性质和根本规律，变局部的合理性为总体或全局的合理性，以解决生产实践、科学实验，或人们日常生活中所提出的急需解决的问题。

对于复杂的事物对象，综合思维还必须注意到综合的多元性、层次性和复杂性，综合是一个复杂的历史过程，也是一个不断更新的过程。

**2. 综合的作用**

第一，综合是研究领域贯穿始终的基本思维方式或方法。随着研究工作的发展，每个学科领域都形成自身完备的系统，系统内部的各个组成部分(分支)是彼此联系、相互制约的，具有历史性、现实性和未来发展的内在联系。随着横断科学的发展，一个学科领域或一个学科又与多个学科领域产生更为广泛的联系，构成更大的系统。因此，对这些学科的研究必须以系统综合的观点为指导，用综合的方法解决问题。

第二，综合是对多种思维结果的扬弃。在创新活动中，广泛运用发散、类比、直觉、想象等思维形式和方法进行思考，思考过程多半是以具体问题为诱导，所产生的思想观念往往是局部的、分立的、"就事论事"的。由于缺少系统的、全局的指导，因而可能是不完全的、不精确的，是针对特殊矛盾而产生的，有时彼此是相互对立的。而这一切，都必须以整体观念用综合方法去粗取精、去伪存真，进行合理地有机合成。

第三，运用综合方法有助于克服分析方法的局限性。分析方法是对局部认识，而非最终目的，它是探索自然奥秘过程中所采取的一种手段和环节，是为综合做准备的。综合则是对分析结果进一步地理性认识，是在分析基础上的科学组合和扬弃。

第四，运用综合方法弥补演绎法的不足。演绎法在从一般推理导出个别事物的属性时，无法反映具体事物属性的多样性。综合是在分析研究具体实践而积累起来的丰富而真实经验材料的基础上进行的，它得出的一般性结论能够反映出研究对象的多样性本质，因而所得出的一般性结论比较全面，也更可靠，从而弥补了演绎法的不足之处。

**3. 分析与综合的辩证关系**

分析与综合是对立统一，既有区别又相互联系的关系，不可分割。

分析与综合的区别是分析是在思维中把研究对象分解为各个部分并加以研究的方法，它是化整体为部分，化整体为单元，由未知追溯到已知。而综合则是在思维中变部分为有机联系的统一整体，化单元为整体，由已知引导到未知。分析与综合又是统一的、相互联系、相互依存的。两者的关系，主要表现在以下几个方面：

(1) 分析是综合的基础

要使研究结果能够正确反映事物多样性的统一，就必须以客观事物多样性的统一为基础。人们研究事物，一般是先分析、后综合，即正确的综合必须是先分析研究对象多样性同内部各个方面的本质及各种因素的特点，而后进行综合。问题是一种表象，而问题的实质是事物内部的矛盾，解决矛盾才是解决问题的根本。矛盾是由事物内部各个方面本质和特点在事物内部各个部分相互联系与作用的内因，因而只有了解事物内部的联系，进行周密地分析，才能使问题的"面貌"明晰地呈现出来，才能做综合工作，也才能全面地了解整体的特性与规律，从而达到解决问题的目的。从以上分析可看出，分析是综合的基础，没有分析也就没有综合的前提。恩格斯精辟地指出："思维既把相互联系的要素联合为一个统一体，同样也把意识的对象分解为它们的要素。没有分析就没有综合。"上述论断也反映了分析是综合的基础这一辩证关系。

(2) 综合是分析的完善和发展

分析本身不是科学研究的最终目的，而只是认识事物的一种手段，分析本身也有一定的局限性。因此，对事物或现象的研究和认识，还必须进一步深入，通过综合，以便揭示出研究对象最根本的性质和规律。

(3) 分析与综合矛盾双方在一定条件下可以相互转化

分析与综合在统一认识过程中，各自行使着与这一总的认识过程的一定阶段相适应的职能。在认识过程前期，分析是矛盾的主要方面；在认识过程的后期，当对研究对象的分析已达到一定程度，对研究各个方面的本质有了充分的认识，积累了一定的经验和科学事实之后，分析便转化为综合，成为主要矛盾；当综合得到一般原理、结论，并以此去分析未知的客观事物或现象，则分析又转化为主要矛盾，而综合又降为次要矛盾。这种螺旋式的循环往复，使人们对客观事物的认识不断地扩大和加深。

在自然科学中，人们对客观事物的认识，就是一个不断分析和不断综合的辩证发展过程，可以概括为"分析—综合—再分析—再综合……"的不断深化的发展程式。

综上所述，分析与综合是对立统一关系，是相辅相成的两种思维和研究方法。只有从对立统一关系去认识分析方法，才能深刻理解把两者结合起来的重要意义。

## 第二节　农耕文化教育需要掌握的创新及教学方法

创新是劳动实践发展的重要推动力量。因此，掌握适合在教育实践活动中使用的创新方法和其他现代教学方法十分必要。

伟大的古代科学家阿基米德曾经说一句令人振奋，并被广为传颂的名言："给我一个支点，我将撑起整个地球！"千百年来，人们在学习杠杆原理的同时，都被阿基米德的豪气所感动。而我们仔细分析阿基米德的观点就会发现，这只是对某种理论观点的形象而夸张的描述而已。支点能否找到暂且不论，就算找到了支点，如何制造和生产一支足够长且坚固的供阿基米德使用的杠杆却是更大的难题。而现实生活中，人们要解决实际问题，要关注的是解决问题的结果，而不是那些理论上可行，而现实中无法实现的理论方法。

按照美国加利福尼亚州立大学教授吉尔福特(J. P. Guilford)提出的思维分类法，思维可分为"发散思维"(Divergent Thinking)和"收敛思维"(Convergent Thinking)。沿着这一思路，创造技法可分为：扩散发现技法和综合集中技法。

扩散发现技法的主要作用是寻找问题所在，然后提出设想。部分技法要求使用者掌握工程技术知识。中小学生虽然没有这些知识，但是，掌握一些对于技术知识要求不高的技法还是很有意义的。

适合于所有农耕文化教育掌握的扩散发现技法，主要有如下几类：思维激励技法、联想技法、类比法。综合集中技法的主要作用是收集情报，或者用于按照顺序来解决问题。比较典型的综合集中技法主要有如下两类：收集资料和依靠预测能力解决问题的技法。由于收集资料方法教师都已经熟练掌握，下面将分别介绍农耕文化教育需要掌握的其他几种创新教育方法，以及可以在农耕文化教育课程中使用的体验式学习方法。

## 一、思维激励技法

人是创造主体，也是有血有肉、有感情的认识主体，许多细微的心理活动影响着主体创造活动的结果。创造是外部环境与主体心理体验相互影响的过程。好的心理环境使碰撞产生新的火花，不好的心理环境使创造的火花熄灭，这就是创造心理场效应问题。创造技法中除了含有促进思维创造的机制，还存在促进创造心理环境优化的机制。典型的改变创造心理环境的技法就是思维激励法。

思维激励法主要通过类比、相似和相反这3种联想提出设想，实现激励思考者思维开阔的作用。比较典型的思维激励技法是头脑风暴法。

### （一）头脑风暴法

#### 1. 头脑风暴法概述

"头脑风暴"（brainstorming）原意是"突发性的精神错乱"。该技法的发明者亚历克斯·F·奥斯本（Alex. F. Osborn）是美国大型广告公司BBDO（Batten Barton Durstine and Osborn）的创始人，他在介绍该技法的命名过程时写道："1939年，当时在我担任经理的公司里，首先采用了有组织地提建议的方法。最初的参加者把它叫作闪电构思会议。这一名称相当确切，因为在这种场合所说的闪电构思是针对突击解决独创性问题需要开动脑筋而言的。这就是说，每一个人都要像突击队员那样勇敢地向共同的目标突进。"

"头脑风暴法"这个名称最初是为集体举行献计献策会议而制定的。其后，由于人们发现，应用相同的原则和规则，即使是在单独设想的时候，它也十分有效。于是，在集体设想以外的场合，也使用"头脑风暴"这个名称。奥斯本从广告界隐退后，在美国纽约州的布法罗创立了创造教育基金会（Creative Education Foundation），并成为该会的理事长，献身于创造教育事业，把"头脑风暴"当作创造教育体系中的一个部分，并且对创造技法的本质进行了研究。奥斯本去世后，布法罗大学的S·帕内斯伯教授继续进行研究和教育实践活动。他对"头脑风暴"阐述如下："为避免语义上的混乱，应提出延迟判断（在解决问题的设想探索阶段要延迟判断）这一基本原则。集体遵循这一原则时的过程就叫作智力激励。"

#### 2. 头脑风暴法的两个基本特征

第一，延迟判断（deferred judgment）。所谓延迟判断，是指在提出设想阶段，只专心提出设想而不进行评价。

第二，量变引起质变。据奥斯本在他的论述中指出：在同一时间内思考出多达两倍设想的人，可以产生两倍以上的好设想，并且，即使是在同一献计献策会议中，后半期也可以产生多达 78% 的好设想。由此可见，该原则不仅是概率论方面的问题，还显示出量变产生质变的问题。

**3. 头脑风暴法的四条基本规则**

在进行头脑风暴时，还必须遵循四条基本规则。这四条基本规则是两条基本特征的具体化，其他附加的规则可以根据具体情况而相应地发生变化。正因为这四条规则是基本原则的具体化，所以，违反这些规则的就不能称为"头脑风暴"，并且也无法得到头脑风暴所能产生的效果。这四条规则是：

第一，不做任何有关优缺点的评价。如果对自己的设想提出疑问，那么这个人往往会保持自己的设想，而不去考虑新的更好的设想。

第二，欢迎"自由奔放"。这样可以开拓通往有独创性的独特设想的道路，同时要进行自我控制，不要说废话，以免浪费过多的时间。贯彻这一原则，一方面，要防止会上出现那些束缚人思考的扼杀句，如"这不可能""这根本行不通""真是异想天开"等。同时，也要禁止赞扬溢美之词的出现，如"妙极了""你这个想法简直绝了"；另一方面，一些自我扼杀的，即自谦的语言也要避免，如"我的想法不一定对，请大家指正""我提一个不成熟的想法，目的在于抛砖引玉"，这种自谦之语虽然没有直接压制别人的意思，但与会议活跃、热情、畅所欲言的气氛不协调，会影响别人敢想敢说的情绪。此外，主持人对每个人所提设想的评价，如"挺好""不错"，以及他的目的、神情所流露的肯定或否定的态度，都会不同程度地起到扼杀设想的作用。

第三，追求设想的数量。这是基本原则的直接应用。

第四，鼓励巧妙地利用或改善他人的设想。对已经产生的设想进行综合和修正，可以不断地引申出好设想来。

**4. 头脑风暴法行之有效的五条原因**

第一，根据禁止批评的规则，消除了过去妨碍自由想象的各种清规戒律。这一点在基本规则 1 和 2 项中得到了双重保障。

第二，让过去从各自的专业角度参加献计献策会议的成员，站在怀有共同目标的同一立场上提出设想。这一点可以由基本规则 3、4 项来体现。

第三，在开会时增添一些余兴，使会议有轻松愉快的气氛。

第四，把他人的设想加以综合和修正，造成敢于打破清规戒律的局面。因此，通过综合而进行设想就变得轻而易举了。

第五，如能理解规则（排除心理的障碍自当别论），那么在技术上就不会感到太难。

**5. 使用头脑风暴法的注意事项**

头脑风暴法在会议的成功或失败在很大程度上取决于领导者掌握会议的方法。领导者应当特别注意的是：第一，必须彻底地实行四项基本规则；第二，必须注意保持会上的活跃气氛；第三，必须注意让全体成员都能很好地参加。既要深化头脑风暴的经验，又要充分掌握问题的性质。要事先准备好问题性质检核表，当会议将要偏离方向的时候，主持人要委婉地示意引导。

### 6. 使用头脑风暴法的步骤

第一阶段，准备阶段。准备阶段要选择主持人，理想的主持人应对此法的运用和需要解决的问题熟悉，能在必要时恰当地启发和引导大家。

第二阶段，会议人员的遴选。参加头脑风暴法会议的人数以 5~10 人为宜，一般包括主持人和记录人员在内，以六七人效果为最好。可根据待解决问题的性质确定人员。人选的原则是：专业构成合理，但不宜有很多专家。专家过多容易在头脑风暴过程中发生评论的现象，影响自由思考。多数是熟悉专业和有经验的"内行"，少数是来自其他专业的"外行"。成员之间的知识水平和"职务"不应相差太悬殊，成员之间年龄差异不宜过大，注意选择对问题有实践经验的人，这对提高会议的效果有益。

指定人员负责做会议记录，记录人员要把会上提出的设想全部写下来。会议的记录最好有两名记录人员同时记，以保障会议的顺利进行。主持人自己也可以承担记录工作。

会议参加者提出的设想是提供改进的素材，必须放在全体参加者都能看得到的地方。所以要把纸张挂在大画架上，或者将质地较好的纸贴在壁上，也可以写在黑板上，不过这要另外有人同时做记录，当然还可以用录像机录像。记录时一定要对提出的设想标好序号。

应选择安静的开会地点，要讨论的题目由主持人在头脑风暴会议的两三天前通知参加人员。同时要加以必要说明，以便于参加人员有搜集相关资料和把握正确方向的思想准备。指定课题的范围不宜过宽，使参加人员能够朝着同一目标集中努力。

如会议主题为"新颖电扇的构思"，则可做如下提示：从外观上考虑，赋以奇特、典雅或豪华的新设计；从方便上考虑，使装拆、收藏、维修等简便，能控制或自动控制；从价廉物美上考虑，如节电、采用新材料、工艺上的改进；从增加辅助功能考虑，能否更富装饰性、兼有照明功能，能产生香味等；从保健角度考虑，模拟自然风，使风的方向、速度均可自动变化，让人体更感舒服。

如果由委托人直接向头脑风暴的参加者解释题目，在解释完了后应当离席，完全听凭头脑风暴小组自行处理。

第三阶段，热身活动。为了让与会者尽快进入"角色"，减少会议中僵局冷场的时间，制造轻松的气氛很重要。可通过播放音乐或放些糖果、茶水等，使与会者放松心情。之后，主持人便可提出一个与讨论课题对象无关的简单而有趣的问题，以激活与会者大脑的思维。例如，讨论"如何纠正孩子迷恋上网的习惯？""如果出差到了一个陌生的城市丢了钱怎么办？"之类既与会议议题无关又需发挥想象力的问题。待与会者全都积极地投入进来，气氛也活跃了，主持人便可调转话题，切入正题。

第四阶段，明确问题。首先，主持人向与会者简明扼要地介绍所要解决的问题。之后，可让与会者简单讨论，以取得对问题的一致理解。在这一过程中，把准备好的设想提完，再进一步把来自经验和记忆中的想法也全部提出。从这阶段开始就要按照适用、调整等提出新的设想。

其次，重新叙述问题，即改变对问题的表述方式。目的是加深对问题实质了解，使问题的重要方面不被遗漏。同时，启发多种解题思路，为提出设想做好准备。在此，要鼓励与会者从多方面、多角度去审视问题，然后对每一方面都用"怎样……"语句来表述。例如，假定要解决的问题是如何增加某商场的营业额，则可重新叙述如下：怎样降低成本？怎样扩大货源？怎样战胜竞争者？怎样做广告宣传？怎样完善售后服务？怎样推销高档或滞销商品？等等。这些新的提问方式，要由记录员记下，按顺序编号，并置于醒目的地方，让与会者随时从中受到启发，全面思考。

在这一阶段要注意两点：一是不要急于提出设想，二是应鼓动与会者尽可能多地对问题重新提出叙述形式。

第五阶段，自由畅谈。这是头脑风暴法的核心步骤。要求与会者突破种种思维羁绊，克服种种心理障碍，任思维自由驰骋。此阶段应借助与会者之间的知识互补、信息刺激和热情感染，并通过联想和想象等思维形式提出大量创造性设想。

第六阶段，加工整理。会议提出的解题设想大都未经仔细斟酌，也未做出认真评价，尚须加工整理使之完善才有实用价值。

首先，设想的增加。会议的第二天，主持人应及时收集与会者在会后产生的新设想。因为通过会后的休息，思路往往会有新的转换或发展，又能提出一些有价值的设想。有的会议提出了百余条设想，第二天又增补了20余条，其中有4条设想比头一天提出的所有设想都更有实用价值。

其次，评价筛选。先提出评价标准，如新颖性要求、实施条件要求、经济条件限制、市场需求等，然后可把设想分为3类：实用性设想（目前技术手段可实现的设想）、幻想性设想（目前技术手段无法实现的设想）、平凡及重复的设想。

最后，形成最佳方案。将被筛选出来的少数方案逐一进行推敲斟酌，发展完善，分析比较，选出最佳方案，或将几个方案的优点组合成最佳方案。

当然，头脑风暴法的程序不是一成不变的，实施时可根据具体情况而有所变化。

**(二) 头脑风暴法的改进技法**

头脑风暴法在解决问题方面被广泛应用于各领域。在不同的国家和地区，头脑风暴法被因地制宜地改造，形成了如下几种技法。

**1. 菲利浦斯66法**

这个技法是美国密歇根州希尔斯代尔大学校长菲利浦斯研究出来的。由于这个方法是把大团体分成每6人一个小组，只讨论（智力激励）6分钟的时间，所以就冠以他的名字被称为"菲利浦斯66法"。

有一次，菲利浦斯在德特罗伊特某制造公司演讲，听众有80人，讲题是"独创性的思考方法"。正在演讲时，他突然灵机一动，提出了"黑板擦应当怎样改进"的问题，把听众分为6个小组，进行了6分钟的智力激励会。结果令人感到吃惊的是，有的组提出把黑板擦底部改用海绵橡胶来制作，以防粉笔末飞扬；有的组提出把黑板擦芯子设法改换一下；还有的组提出疑问说："为什么不能在黑板擦上安个像熨斗那样的把手呢？"；另一个组受到这个疑问的启发，便提出了"制造熨斗形黑板擦"的创造性设想。

菲利浦斯由于一瞬间的主意而举行的智力激励会，仅在6分钟后，就出现了大量的具有实用价值的改进黑板擦的方案。据说那些方案已被具体实行。在那不久，市场上就出现了改进后的黑板擦。

这种分组讨论的做法还产生了其他有利条件。由于各小组在一个大会场上同时实行智力激励，在小组之间产生出一种抗衡意识，使参加者的积极性提高了，人人热烈发言，各自闪现思想火花，会议能够收到更加良好的效果。

菲利浦斯66法主要按以下步骤进行：①首先确定课题；②把大团体分为6~10人左右的小组；③各组设一名主持人（兼记录人），分别举行智力激励会议；④时间约6~10分钟；⑤各组作出结论，汇报结果；⑥全体参加人员根据汇报进行讨论，或评价设想。

**2. 635法**

635法是智力激励法被前联邦德国引进后改变了研究形态的一种技法。德国人的国民性决定了他们习惯于逻辑性的、有步骤的思维方法，而对于许多人吵吵嚷嚷地开展自由联想的智力激励会议，似乎稍有抵触。635法既不妨碍别人发言，自己也不需要发言，是一种吸取了智力激励法长处的设想法。它的命名来源于以下过程的重复，即6人参加，每人提3条设想，在5分钟内完成。

635法主要按以下步骤进行：

参加者为6人（6人比较理想，但也可以不是6人）。

每人面前放一张专用于填写设想的纸。纸张是八开横格，上面标有1、2、3号码，并留有较大空白。每条设想写3行。也可用其他纸张代替。

A~F的6人，每人必须在自己面前的纸上写出3条设想，而且在5分钟内完成。但事前出题人必须把课题告诉大家，把所有疑问都弄清楚。

5分钟后，每人把自己面前的纸按顺时针顺序传给邻座，在下一个5分钟内，也是每人在传到自己面前的纸上填写3条设想。这样30分钟6次为一个循环，可产生108条设想。

635法与智力激励法类似之点是同样要遵守四项规定。严禁批评，由于集体不出声，所以完全不存在这个问题；自由奔放也是同样；从提出的设想越多越好这点来说，30分钟108条设想是不算少的。与在智力激励会议上不能几个人同时发言的情形相比，这种6人同时作业的方式可以说是一种密度更大的设想法；在结合与改进他人意见这一点上，由于传到自己面前的纸上就写有他人意见供做参考，同样可以进行结合与改进。

635法与智力激励法的不同之点，最主要的是635法的"默不作声"。这种方式可以改变一些人因为地位不同或性格懦弱不敢发言的现状，对于性格内向的人，以及更关注秩序的东方民族更有意义。

**3. "是、否、也许"法**

新产生的设想，有的很粗糙，有的考虑不周，而最后下判断的往往是最年长、最具权威的人。久而久之，大家就形成了一个误解，即提出设想不如做出判断。为了避免在产生设想时过早下判断，我们可采用"是、否、也许法"。

是：同意。

否：不同意。

也许：对事物暂不判断，并创造性地对待它。

是、否、也许法，即对任何陈述都暂不做"是"和"否"的判断，并以创造性的态度对待它。这一方法，就是头脑风暴法中延迟判断观点的体现。

每一种审慎的创造技巧，都要求我们对一开始提出的初步设想推迟做最后的判断。没有批评和判断，我们就不可能挑选出最佳的设想，我们的聪明才智就会被挥霍浪费掉，无法用在刀刃上。在解决问题的过程中，是应该给批评留出余地的。但更重要的是，应该给任何一种意见留有申辩的机会。一边鼓励畅所欲言，一边又横加批评指责，就等于原地踏步，就像一边加大油门，一边踩住刹车，那样我们就永远别想赶超先进水平。

创造性方法的关键在于，当你试图产生新思想、新起点时，应推迟判断。在没有充分考虑你所能想出的尽可能多的观念之前，切莫阻塞向各种观念开放的道路，切莫随意将某种观念拒之于千里之外，切莫作茧自缚，把宝押在某一种观念上。

某苹果商人在报上看到这样一个笑话。一群小孩在比谁爬树快。一个说，我光着脚丫爬得快；另一个说，我坐直升机从云梯往下落；还有一个说，在树小的时候，我就直接坐在上面，等树长大后，自然我就坐在上面了。这个商人对此并未觉得可笑，而是采取了"也许"的态度。他在苹果还是青的时候，就在苹果上贴上各种各样的吉祥字。待苹果成熟后揭去这些字，字迹自然留在了苹果上。结果，他生产的苹果身价倍增。"也许"是有意不加判断，而不是无力进行判断。在解决问题的初期，有意使用"也许"是很有用的。

用"是、否"的态度判断"有电灯就得有开关"，只能得到一个"是"的结论就结束了。因为这几乎是常识。但是，如果用"也许"的态度，不急于判断会怎样呢？普罗克特—甘布尔销售公司的一个排除小组成员，就对在一个待建仓库中安装电灯开关的计划提出异议，主张取消电灯开关。他的思路是如果让电灯一直亮着，一年的电费约需支出300美元。如果安装开关，随手关灯，从节电的角度来看，一年可以省下150美元，但开关本身得花去7200美元。就是说，50年节省下来的电费才能抵得上开关的成本。就这样，他们从兴建仓库的计划中排除了电灯开关的支出，从而节约了开支。如果再考虑维修的方便性和平衡开支的方法，所有的灯可以只用一个开关，也可以收到另一个意想不到的效果。

**4. 快速思考法**

快速思考法是一种用于会议上的集体思考法。美国电信电话公司（美国ATT公司）的营业负责董事麦克因基，不满意过去会议的开法，觉得既花费时间，又得不到有效的提案和措施，因而研究出这个技法。

它的特点是选出参加成员的办法：一是规定参加成员必须是实际业务经验丰富的企业中层管理人员；二是规定成员人数5~6人，但其中不得包含上级与部下，以免因上下级关系而影响自由发言；三是参加成员必须对讨论的课题不具备专门知识，其目的是为了不受任何限制地进行设想。因为从专家的固定观念中很难产生最佳的创造设想。

从上述选拔成员条件的特点可以看出，这个技法是要使会议处于一种非常融洽的自由气氛之中，参加成员不为固定观念所束缚，而又具有丰富的实际业务经验，这样的会议其结果必然是成功的。

为实现这个目的，做好周密准备、创造良好气氛是十分必要的，同时也是这个技法的一个特点。对开会日期和时间的安排上也应当充分注意。要排除那种心理上不安定的日子，在星期天或节假日的前一天和第二天都不宜开会。会议时间最好定在一天中情绪比较安定的上午，不要超过2个小时。要趁着头脑清晰的时候迅速进行，这是最要紧的。

会议不设主席或领导人，只有1名工作人员掌握会议的进行和负责记录，以不妨碍成员毫无拘束地进行设想。

使用快速思考法的要求是：第一，无论是什么样的设想都可按照自己所想的那样去讲；第二，所想到的设想，用什么方法去实现（解决问题的方法），可以不必考虑；第三，对提出的设想不需要做细节上的说明；第四，对提出的设想一律不得批评；第五，对最后结论不需要负责。

## 二、提高联想能力的方法

某一位饭店经营者在国道边开了一个饭店，但开业以后并不景气，眼看着众多车辆过去，却很少有人光顾饭店。他就思考为什么自己物美价廉的经营却并不能招揽顾客呢？后来他换了一个方位和着眼点，在饭店旁建起一个很好的厕所，并做了一个很醒目的标志。这样，许多司机为了方便而停下车，也同时就光顾了饭店。

从这个看起来像笑话的案例中，我们可以发现，正是饭店经营者在转换思维角度的基础上大胆地展开了联想，才解决了问题。因此，提高人的联想能力是十分重要的，典型的联想技法有如下几种。

### （一）检核表法

当思考某一问题时，为了不漏掉要点，便于逐项检查核对而做成的表，就是检核表。例如，出外长期旅行时，事先准备一个携带物品明细表，临出发前进行一番检查核对。使用"检核表"同样可以提出创造设想和解决问题。在进行创造性设想时，检核表法是个很有效的方法。典型的检核表法有奥斯本检核表法、特性列举法和扩大功能法。

**1. 奥斯本检核表法**

迄今为止所有的检核表中最著名的是奥斯本最早使用的方法，即奥斯本检核表法。这种方法对于指导学生开展课外活动，进行"小发明"很有效。奥斯本检核表法主要选择9个项目作为检核表的核心。这9个项目分别是：

①有无其他用途　按原有现状有无新的用途？改革后有无其他用途？

②能否应用　有无与此相似的其他东西？能否启发出其他的创造设想？有无与过去相似的东西？能否仿效什么？能否应用他人的成功经验？

③能否修改　有什么新主意？意义、颜色、活动、音响、香味、式样、形状等能否改变？能否做其他改变？

④能否扩大　能否增加什么？时间、频度、强度、高度、长度、厚度、附加价值、材料等能否增加？能否复制？能否扩张？

⑤能否缩小　能否减少什么？再小点？浓缩？微型化？再低些？再短些？再轻些？省略？改流线型？能否分割化小？能否采取内装？

⑥能否代用　谁能代？什么能够代用？其他材料？其他原料？其他制造工艺？其他动力？其他场所？其他方法？其他颜色？

⑦能否重新调整　可否改换元件？用其他的型号？用其他设计方案？用其他顺序？可否倒置因果？能否改变速度？能否改变程序？

⑧能否颠倒过来　可否变换正负？颠倒会怎样？使它向后？上下翻转？反向的作用？转动工作台？同其他的相向？

⑨能否组合　混成品、合金、成套东西是否统一协调？单位、部分能否组合？目的能否综合？主张能否综合？创造设想能否综合？

**2. 特性列举法**

特性列举法是美国内布拉斯加大学克拉福德教授所提倡的捕捉问题的分析方法。特性列举法是把"问题越缩小越容易产生创造性设想"，以及各种物件（产品部件）中都有它自己的特性，这两个观点加以组合而研究出来的创造技法。

运用特性列举法，首先要按照名词特性、动词特性、形容词特性对物体的特性进行分类。

例如，想要改进一辆汽车时，就可以用特性列举法把汽车分成各种部件，发动机怎样？底盘怎样？轮胎怎样？车身怎样？设计怎样？速度怎样？这样把问题中心尽量地集中到很小的一点上，然后再去分别逐个地研究改进办法，这是一种非常有效的思考方法。

**3. 扩大功能法**

扩大功能法是麻省理工学院教授约翰·阿诺德研究出来的一种面向设计技术工作者的设想检核表。

这种方法以待开发产品原有特性为基础，必须思考4个典型外展条件为范围，并且把这4个典型外展条件看作是研究产品的总的需要，以扩大功能方式提出新设想。

这4个典型外展条件如下：

（1）增加功能

一个产品应当不止于一种功能，而要使它具有多种功能。例如，在煮咖啡器具上面加上一个咖啡磨之类的设想。现在的产品必然要多功能化，因为这种想法已成为产品开发的基础。在一袋速溶咖啡中，连砂糖、牛奶都包装一起，把它倒在杯里用开水冲泡马上就可以饮用，像这类商品想必也是出于这种设想的。

（2）提高性能

产品要坚固、小型化，要改进它的安全性、准确性和便捷性，此外还要容易修理和保管。对于产品开发来说，提高产品性能是理所当然的。如果研制一个咖啡磨，就要它能磨得又快又细。

（3）降低成本

要考虑能否改变原材料，使零件标准化，减少制造工序，实行自动化，使生产费用进一步降低。

（4）增加对顾客的吸引力

要研究产品的设计、色彩、包装等如何使消费者更加喜爱。目前每个公司的产品都十分相似，要突出差别，就是我们所要研究的范围。

按上述4个范围，分别提出创造性设想，或者用于教育训练，或者用于产品的开发实践。

**（二）强制联想法**

强制联想法就是通过媒介，把关系不大的两事物通过联想进行联结。强制联想法主要有两种表现形式：商品目录法和焦点法。

**1. 商品目录法**

商品目录法是在思索某一问题的解决办法时，一面迅速翻阅作为资料的目录性质的素材，一面把偶然出现在眼前的情报同正在思考的主题强制结合（强制联想），以期获得创造性设想。由于使用的目录性质的素材像商品目录一样，因此，该方法被称为"商品目录法"。

使用商品目录法，要根据解决的课题性质，准备好适当的商品目录（为适应临时需要，平常就要准备妥当），这是一件很重要的事情。这个所谓"商品目录类"最好具有以下条件：①常有许多照片、插图等容易产生联想的东西；②主题要面宽些，避免偏颇；③翻阅下去，每页都有主题的飞跃。

**2. 焦点法**

焦点法是指当研究某种特定事物时，以一个特定事物作焦点，把任意选出的要素同它强制结合，由此产生出新的创造性设想的方法。

使用焦点法，以强制联想法为重点把强制联想法与自由联想法合并起来进行联想。

如果要为某商品写广告词，只依靠对那个商品的形象和联想，很难出现突然的思想飞跃和产生新颖的设想。使用焦点法，就可以想人们最感兴趣的是什么，把联想到的内容一个一个作为"由头"，然后全部同商品相联结，就可能写出引人注意的广告词来。

在新产品开发时，也是从多方面任意选择一些和产品无关的东西，把它们同产品强制地联结在一起。就是说，把选出的要素特性和由这些特性产生的联想联结就可以了。如果这样也无法联结起来，那就要从那个联想再进一步地继续联想，不断地引申下去，同输出相联结。

使用焦点法的要领是：继续不断地自由联想，巧妙地与输出相结合。作为结合，最好是选择那种能够引起人们兴趣的东西。步骤如下：①确定应成为焦点的商品或课题，这就是输出；②任意寻找可能成为输入的启迪；③把商品或课题同输入用联想结合起来，诱发创造性设想；④如果离得太远不能顺利进行联结时，就再进一步扩大自由联想尝试联结；⑤归纳成一目了然的思考表，提出结果。

如果想使用焦点法设计一把新式的椅子，就可以采取如下步骤：

选择"灯泡"作为输入的要素。

首先，从灯泡具有的特性可产生了下列的设想：玻璃的椅子、薄椅子、球形椅子、螺旋式插入组装的椅子、电气保温椅子、电动椅子……

其次，联想进一步发展下去，就会从这个"球形椅子"产生出"球""形"之类的联想来。从"球"产生的联想，会发展到"球根"花→设计镶花的椅子→花香→带香味的椅子→花茎→设计花茎或花叶的椅腿→花名，联想到"玫瑰红"之类的椅子。再从关于"形"的联想产生出适合人体的椅子、带有星的标志的椅子等各种各样的设想。

这样就不仅是从椅子这个角度进行思考，而是从"灯泡"这个要素，并通过这些从根本想不到的角度产生出创造性思维的飞跃。

## (三)形态分析法

形态分析法本来是产生于机械工程学领域的一种方法,发明人是加利福尼亚大学宇宙学教授韦克博士。

这个方法是把要解决的问题作为几个独立的构成要素的组合加以捕捉,然后使之图表化。韦克把这种构成要素叫做"独立参数"。每个"独立参数"都成为形态图的轴。假如有几个独立参数,就成为几维图。

例如,要解决如下问题:使用有动力装置的运载工具将某一物体从某地方移到另外地方。

这个问题的独立参数有3个。

①使用运载工具的类型  可细分为:手推车、椅子、起重机、床等。

②运载工具移动时的媒介物  这方面有:空气、水、油、坚硬地面、没有摩擦阻力的表面、滚轮、轨道。

③动力  可细分为:利用压缩空气在轨道上移动、利用电力在空中移动、利用电缆在水中移动等。

如图7-1的立方体模型,可能的解决方案就在该模型的"抽屉"里,设计者就可以通过对"抽屉"的内容进行分析从而找到最佳解决方案。

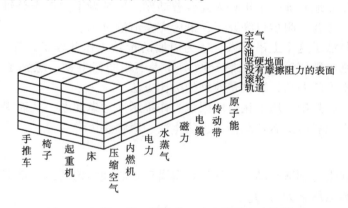

**图7-1 运输工具、媒介物、动力源的立方体模型**

在该例子中,如果将各种目标要求设计的设计要素及其关系一一列举,必然建立多个体系,3个变量就需要建立7种关系。7种关系如果分别考虑,思考的内容是较多的、思考的工作量也是较大的。而形态分析法可以在保证问题目标不变的条件下,将7种关系组合成一种关系,大大减少思考问题的量。

检查"抽屉"会发现,在这些"抽屉"中有些组合已经被存在的机械所占用。例如,使用内燃机的、在坚硬的表面上移动的、运货车式的运载工具,就是汽车。吊车式的、靠电缆在空中移动的运载工具,使人想起滑雪场的上山缆车。当然也有在现实中不大可能存在的那种"抽屉",但是在空"抽屉"当中,也许有的乍看似乎很愚蠢无聊,而那里就有至今还未被任何人所想到的具有可能性的组合。

使用形态分析法,要注意以下几点:①当解决问题时,要尽量克服先入为主的观念和事前评价的影响;②"如果我们要建造一个合理的世界,一定需要消除能够克服人类意识的重大错误";③在支配相互作用的一切事物中,无论它们是物质的也好,是精神的也好,需要看清楚真正的相互关系;④要明确理解人的思想、概念及行动的真实性质与相互作用。运用形态分析法时的一条原则就是,任何事情除非已确实证明为不可能者外,都不应该认为是不可能的。

使用形态分析法的工作步骤如下:①必须正确记述想要解决的问题。记述时面要尽量宽些,而且要用一般化的形式;②要查出可能参与解决问题的全部独立变数,赋予其性格;③做成形态图,即能够包含一切解决问题措施的矩阵;④对形态"抽屉"中所包含的全部解决方案,按需要的目的进行分析和评价;⑤选择最佳解决方案。

### 三、类比法

东汉时期医学家张仲景不仅精通医术,博学多才,而且在行医过程中还勇于实践,敢于创新。有一次,他看到一个上吊的人已经快要断气了,围观的人们都认为人死了。张仲景心想:"这人也许是憋昏过去了,小猪掉进水里憋了气,老农不是有一种急救办法吗?憋气是一个理,我们不妨试一试,看能不能把他救活。"张仲景请了几位年轻小伙子帮忙,把上吊的人轻轻地放在床板上,叫两个人站在他的头旁,把他的两只胳膊一会儿往上抬,一会儿放在胸前。张仲景又叉开双腿,蹲在床板上,用两只手抵住他的胸部和上腹部,压一下再松一下,反复地和那两个年轻人配合着动作。连续做了二三十分钟,那个人终于慢慢地呼吸了,不一会儿,眼皮也睁开了,最后完全清醒过来。

张仲景不仅救活了这个上吊的人,还为以后的抢救工作开辟了道路。张仲景的成功,就在于他能从猪溺水憋气和人上吊憋气两个外表不相同的事物,想到了它们是同一个原理,由此提出了救人的办法,这就是典型的类比方法。

所谓类比法,就是把本质上相似的因素当作提示来考虑问题,从而提出解决问题方案的方法。典型的类比思考法有:综摄法、仿生法、康顿法3种。

#### (一) 综摄法

综摄法是指在进行创造活动时,注意观察潜意识心理结构的运用情形,并对此做出解释,做到有意识地运用它为目的。

这个技法同智力激励法相反,不是以自由联想为基础,而是以类比作为基本方法。就是在思考问题时,找出与课题"本质上相似的是什么",用这个作为启示,诱发出创造性的设想。

1609年,伽利略发明了天文望远镜,使天文学有了长足的进步。月球的山谷、木星的四个卫星、太阳黑子以及金星的盈亏现象等都是在随后的一段时间里发现的。但是,望远镜的色差问题始终困扰着人们:在望远镜中物体的像总会出现颜色干扰,使像模糊不清,越是镜的边缘就越严重。

白光是由7种不同颜色的光线组成的,这些光线的折射程度各不相同。因此一束白光通过透镜后就成了一条色带。望远镜是由一系列透镜所组成,所以星光经过透镜到达人眼就会有色差。牛顿经过研究后,断言透镜的色差不能消除。于是,他本人转向研制反射式望远镜,另外一些人继续改进由透镜组成的望远镜。为了使白光经过透镜时色散得不太厉害,发明家们就采用了折射率较小的透镜。这样一来,望远镜的尺寸必须加长,有的竟长达 3.66 米。

数学教授格雷戈里把望远镜与人的眼睛作对比：光线在眼睛里反复折射，人眼看到的物体没有色差。所以，如果处理得当，望远镜也应该能够达到色差为零的效果。人眼由角膜物质、水晶体、玻璃体等几种不同折射率的物质所组成，望远镜也应该用折射率不同的几种玻璃透镜搭配起来。

在这样的思想指导下，发明者进行了多次计算，提出了用两种折射率不同的玻璃适当配合，作为制成无色差望远镜的方案。又过了一些年，业余科学家霍尔于1733年第一个制成了无色差的折射望远镜。

从天文望远镜的改进过程看，发明者不仅从结构组成方面把望远镜和眼睛作了类比，而且从眼内各部分的不同折射率得到启发，证明只要各部件的折射率搭配适当，就可以制作出无色差的望远镜。这一思维过程，正是综摄法思维的典型表现。

### （二）仿生法

在漆黑的夜晚，无论田鼠怎样轻手轻脚地爬出洞口，远处的响尾蛇都能准确无误地一口吞掉它。是响尾蛇的眼力特别尖锐吗？不。根据试验，响尾蛇眼睛的视力并不太好，能够准确判断田鼠位置的不是它的眼睛，而是它眼睛下面颊窝地方的那两只"热眼"。热眼其实并不是眼，而是一个灵敏的红外线接收器。远处的动物如果有一定温度，随之而生的红外线就会在蛇的热眼中得到反应。热眼把信息传给大脑，响尾蛇便可以根据热眼传来的信息准确无误地捕食那个猎物。

军事科学家们根据响尾蛇热眼的启示，给导弹装上了人工制造的"热眼"——红外线自动跟踪制导系统。导弹一旦发射升空，会专门寻找喷气式飞机喷出的热气流的红外线，顺着红外线射来的方向前进。飞机拐弯，热气流也拐弯，导弹就自动朝着热气流拐弯后的方向前进，直到撞上目标爆炸。这就是人们常说的"响尾蛇导弹"。

人工制造的响尾蛇导弹的"热眼"要比实际的响尾蛇热眼灵敏得多。它不仅能接收飞机喷出的热气流红外辐射，还能接收到喷出的二氧化碳废气的红外辐射。

长时间以来，人类就一直这样有意识或无意识地把从自然界得到的启示应用于人工制造的原理上。仿生法，就是利用仿生学原理，从生物的行为得到启发，进而拓展思路，实现发明创造的思维方法。

仿生学是从生物学这个词汇中派生出来的一门新的科学。从它的命名可以理解，它是从生物界获得启示而为人工制造服务这个观点出发的。仿生学是一门系统的科学。这个系统以生命系统作为基础，具有生命系统的特征，与生命系统相似。

对于仿生学的研究者来说，具备生物学、动物形态学，特别是植物学等方面的知识是必要的。为了使仿生学发展下去，仿生学的研究者和理解这一研究目的，并表示兴趣的生物学者之间的合作已成为重要问题。

利用仿生法实现发明创造，主要有动物仿生法和植物仿生法两种。

第一次世界大战期间，德军在比利时的伊普雷战役中，使用了180吨的液态氮气攻击对方阵地，致使英法联军的150 000人中毒，5000多人丧命。同样，大量野生动物也相继中毒而亡。但令人吃惊的是，唯有野猪安然无恙。这一现象引起了英法联军的重视。他们派出了最优秀的化学家深入实地考察研究。通过反复调查，化学家们发现野猪特别喜欢用嘴巴拱地，当它们嗅到强烈的刺激味时，常用拱地来躲避刺激。后经进一步分析发现，正是因为野猪拱地时，松软的土壤颗粒吸附和过滤了毒气，才使得它们幸免遭难。这使化学家们受到了很大启发。

根据这一原理，化学家们想到让人们所吸的空气也先经过松软物质的吸附和过滤。于是他们设计了头盔，把人的面部与外界空气隔开，只留一个呼吸空气的通道，并且在通道口放上既有吸附、过滤功能，又能保持空气流畅的木炭。这就是世界上第一批防毒面具。

公元前500年左右，在我国春秋时期的鲁国有一个著名的能工巧匠，姓公输，名般，即鲁班。有一次，鲁班受命去建造一座大宫殿，这在当时是一个非常大的工程，需要很多木料。由于工期很紧，鲁班每天都派人上山砍伐大树以获取木料。但当时的砍伐工具十分落后，除了斧子以外，几乎没有其他砍伐树木的工具，用斧子对付一棵棵大树，效率之低是可以想象的。一大群人每天起早摸黑地砍树，累得筋疲力尽，可是砍下的木料还是远远不能满足工程的需要，严重地影响了工程的进展。在当时的奴隶社会，完不成或没按时完成国家的工程，将受到严厉的惩罚，甚至处死。看着因木料不足而拖了工程的后腿，鲁班心急火燎，寝食难安。一天，工程又因木料短缺而停工了。鲁班在工地实在待不住了，就想上山亲自督促伐木工作并寻求良策。在上山的路上，他为了攀上一处山岩，就顺手抓住一把长在石缝中的野草，却因草上有水发滑，未能抓紧，使手与草相对滑动了一下。上了山岩后，他感到手有点痛，一看原来是手被草划破了。鲁班很奇怪：小草竟然能如此锋利！要知道，鲁班的手经过长期的劳动磨炼，结下了又硬又韧的老茧，一般的硬物是划不破的。于是鲁班就停了下来，把那些野草折下来仔细观察。他发现这种草与别的草差别不大，只是两边都长着许多尖利的小齿，他的手就是被这些小齿划破的。鲁班想：既然弱小的小草有齿，就足以划破我的手，那么若在一根铁条上也做上很多小齿，用它来锯断大树应该没有问题吧？有了它，不是就可以加快伐木进度，解决工程木材供应不上的问题了吗？

想到这里，鲁班非常兴奋，立即向山下跑去。到了山下，他马上找来了加工金属工具的工匠。在他们的帮助下，鲁班先做成一根片状铁条，又在这根铁条上制作了许多齿。做好后，试着用它采伐木，果然既快又省力。世界上第一把实用的锯子就这样诞生了。随后，他们又做成了很多这样的锯子，并立即将它们送到山上的伐木现场，并指导伐木工用这种简陋的锯子来锯树，果然，比用斧子伐树效率高多了，从而保证了工程按期完工。锯子就这样被发明并迅速普及开来。后来又经过鲁班及后人的不断改进，锯子越来越好用，品种也越来越多。但万变不离其宗，其原理都与鲁班发明的锯子一样，都有与那小草类似的齿。

防毒面具的发明，正是动物仿生法的成果；锯子的发明，正是植物仿生法的成果。不仅如此，通过模仿蝙蝠，人类研制了"超声眼镜"；通过研究苍蝇，人类开发了"复眼相机"；由于受到鬼针草种子的启发，人类研制出了"尼龙搭扣"。这些产品都是利用仿生法产生的发明成果。

(三) 康顿法

康顿法是从智力激励法派生出来的一种使用自由联想的技法。它与智力激励法有所不同，智力激励法明确提示课题，并要求课题尽量具体化。康顿法与此相反，它未明示课题，而是提出抽象的课题，寻求根本的解决办法。

例如，谋求一个关于烤面包器的方案时，如果用智力激励法，那就会是"新的烤面包器的设想"之类的课题。可是，康顿法认为这样的课题拘泥于一般形式，不易产生出新奇的设想。所以只用一个"烤"字做课题，寻求各种各样有关烤的方法的设想。使用这个技法时，先不让成员们知道真正的课题是什么，只有主持人自己了解和掌握课题，他从成员的发言中去获得启示。

下面引用一个创造学界开发的熟知新产品——"割草机"的实例，来说明康顿法的工作过程：

主持人：这次会议的议题是个分离的观念。请考虑能够把某种东西从外部分离开来的所有方法。有没有什么疑问？如果没有，现在就开始。

参加人甲：用离子或电解可以把盐从盐水中分离。

主持人：这是利用电化学反应使它分离的意思。

参加人乙：利用化学反应也可以做到的。

参加人丙：筛子能把大小不同的东西分离。

参加人丁：利用离心力能把各种固体从液体中分离。

主持人：换句话说，就是让它不停转的意思，就像把奶油从牛奶中分离时那样。

这时主持人抓住利用离心力这个设想，形成这样一种想法——使用一种利用离心力旋转的带有冲孔的滚筒。

主持人：赶紧把这个记录下来。让会议继续开下去，要得到第二个启示。

参加人丙：离开船坞的船是分离的一种形式。

参加人丁：做糕饼时，从蛋白中取出蛋黄来。

主持人：棒球投手在投球时是怎样地分离呢？球离开球手的手时，是发生一种什么现象呢？能用的力是……

参加人丙：那时会有两种力量，一种是投的力量，另一种是分离的力量。如果不松开手指，即使用最大的力气，球也不会从手中离去。

参加人丁：如果不是地滚球的话，那投球的人恐怕会跟着球走吧。

参加人甲：假若是雪球的话会怎样呢？握久了就融化了。

参加人乙：那可是真的分离啊！

主持人：那是由于热或温度的分离。利用热使东西分离还有别的方法吗？

参加人甲：电焊工用高温的方法使金属分离为二。

这时主持人已经得到了利用乙炔火和利用红外线把草烧割掉的设想。

主持人就是这样地引导着把会开下去，到最后阶段才说出真正问题。然后，基于会上提到的启示，同与会成员们一起思考如何实现的具体对策。

康顿法实质就是从待研究的事物中抽象出一些符号来，这样更便于类比，实现创造性解决问题的目标。

牛黄是一种贵重药材，由于牛黄是牛的胆结石，只能从屠宰场上偶然得到，获得的数量很少，因此价格很高，比鹿茸还贵。有关科研人员想提高牛黄的产量。他们查阅资料，了解到牛胆石的形成与胆囊受到刺激后引起胆汁成分异常有关。但应如何恰当地刺激胆囊呢？他们百思不得其解。查阅资料时，科研人员又发现了河蚌育珠方法，将少量异物塞入河蚌内，在异物的刺激下，蚌内会慢慢地形成珍珠。这使科研人员联想到，如果在牛的胆囊中埋入异物，也许也能形成胆石——牛黄。科研人员给牛施行外科手术，在牛胆里放进一段异物。一年后，剖开牛胆，果然发现牛黄，增产牛黄的方法找到了。这一创举是在河蚌育珠启发下进行类比做出的尝试，启发过程是从育珠联想到形成胆石，产生类比的原因是猜测到异物对河蚌和牛胆有类似的刺激作用。

在这一过程中，"异物"这一类比的概念，就是从"将少量异物塞入河蚌内，在异物的刺激下蚌内会慢慢地形成珍珠。"这一现象抽象出的可供类比的概念。

康顿法大多用于解决科学和艺术问题。在科学、技术、艺术的创造性工作中，人们常常无意识地使用着康顿法。应用好康顿法的关键就是选择可供类比的概念。下面两个例子就是比较典型的证明。

19世纪20年代，巴黎的一所盲童学校请来法国海军为孩子们介绍夜间战地通信的情况。舰长巴比尔介绍说：在伸手不见五指的夜晚，要秘密地把信息传出去，不暴露目标，就不能靠眼睛看信号了。他们是把上级命令先翻成电报码，再在厚纸上找出各种凸出来的圆点子表示这种电码。接到厚纸的战士凭着手摸"凸点子"来接受命令，像用眼睛看电报文一样。

介绍完了之后，巴比尔舰长离开了学校。可是听这场报告的盲童学生布莱叶却久久不能忘怀。他想，这真是个好办法。无论是在厚纸上戳出"凸点子"，还是用手摸点子，都可以不用眼睛。盲人用这种办法不就能写字、读书了吗？

接着，他就考虑用"凸点子"表示文字的方案。巴比尔的每个字母是用12个位置来表示的。布莱叶把它简化成用横2竖3的6个位置来表示，即在6个位置中，用"凸点子"的不同数量和不同位置代表不同的字母或符号。例如，在图的几组位置中，以实心点代表凸点，空心点代表空位，那么该图就代表几个不同的字母或符号。用手抚摸着一连串的字母，就知道了它们所组成的单词、句子以至整篇的文章。这就是人们所说的"点子盲文"。

盲人读书的问题解决了，怎样用这种文字去写字呢？布莱叶又进行研究，发明了盲人书写的模板。在这种模板上，预先按照每组6个位置排着许多打好的小孔。写字时，把模板压在厚纸上，用一种像锥子一样的尖笔插进小孔，在不同的位置上戳出"凸点子"。这样，自己想写的话就能用点子盲文写出来了。

1854年，布莱叶发明的盲文被法国确认为法定盲文。1887年，布莱叶逝世的35年之后，该盲文得到国际公认。

盲文的发明，正是布莱叶从电报码中抽象出"凸点子"这一概念，才取得了成功。不仅如此，应用康顿法不仅需要抽象概念，更需要进行概念整合。2008年北京第29届奥运会的会徽——中国印，就是用中国印和"京"字这两个代表中国文化的概念，进行了整合形成的成果。这两个事例都说明了通过抽象符号可以引发更高层次思考，进而产生创造性成果。

## 四、依靠预测能力解决问题

1944年4月，苏联卫国战争已经进行到第4年。苏联以一个集团军的兵力，试图消灭彼列科普的守敌，解放克里木半岛。

彼列科普是通往克里木半岛的要塞，易守难攻。德军妄图凭借天险，依托坚固的阵地，用一支4万多人的部队长期坚守，以吸引一定数量的苏联部队，阻止其全面进攻。

为了保证战役的胜利，苏军决定用一个星期的时间对德军实施侦察。4月6日夜，天气骤变，彼列科普突然降了一场大雪。早晨，集团军炮兵司令在掩蔽部里，注意到刚从外面进来的参谋长的双肩上落着雪花，其边缘部分有些溶化了，水珠清晰地勾画出肩章的轮廓。炮兵司令通过这个现象想到，气温转暖了，敌人掩体内的积雪也将融化。他进一步推断，为了避免泥泞，德军必然要清理掩体里的积雪。带雪的湿土被抛到掩体周围，容易与其他自然积雪的地方区分开来。通过湿土就能够了解到敌军的兵力部署。于是他立即命令对德军阵地上的湿土，实施侦察和航空照相。

果然不出司令员所料，一会儿，德军开始清扫掩体里的积雪了。从掩体旁的湿土看得出来，德军的第一道防线并没有多少兵力，大部分兵力都集中在第二道和第三道防线。从外表上看到的许多碉堡，有些是虚设的。这样，苏军只用3个小时就查明了德军的真正兵力部署。于是骤然发起了准确而又猛烈的炮火攻击。经过8天的殊死战斗，取得了俘敌38 000多名德军的辉煌战果，解放了克里木半岛。

炮兵司令的决策能以较短的时间、较小的代价取得重大战绩，成功的关键是他以尽人皆知的事实根据，积雪即将融化，推导出不寻常的战役决策来。炮兵司令的准确判断是通过一系列正确推理进行大胆预测得出的结论。在使用预测技法时，选择好推理的出发点，通过连锁推理，就可以创造出辉煌的成绩来。

而在思考者提出问题、分析问题、解决问题的过程中，要借助人的直观、飞跃的设想、逻辑的展开等方法作辅助。在此基础上，利用问题之间的关联性对所研究的问题进行整理。经过对问题进行合理地整理，就可以对问题进行有效的预测。要更好地进行预测，主要按照如下步骤思考问题：第一步，提出并界定待解决的问题；第二步，对待解决的问题的重要性、紧急性、互相关联性进行初步分析；第三步，以对问题的初步分析为依据，对课题的若干问题进行分析后，请教专家和有识之士，进行测验调查；第四步，根据测验调查的结果进行问题间的关联分析，归纳课题。典型的预测方法有很多，一般来说可以分为定性分析预测方法和定量分析预测方法。

在计算机专业领域中，对数据的处理是以成对互相对应的逻辑关系来实现的，这在该领域中被称为离散型变量。而要把这些离散型变量形象地表现出来，研究人员根据树木的特点，以树根、树枝、树叶的关系设计了一种树型结构。在实际应用中，比较典型结构的"树木"往往由"树根"开始逐步被分成两"枝"（专业术语中被称为"二叉树"），"树根"往往被称为"根节点"，与"树根"相连的两个元素分别被称为"根节点"的"左孩子节点"和"右孩子节点"。而由两个节点作为"根节点"形成的相对小的"树"分别被称为"根节点"的"左子树"和"右子树"。当然，树木的叉也可以更多，专业术语中被称为"多叉树"。

利用这一方法，人们借助这一类结构形式来辅助定性分析预测，因此这种方法又称关联树木法。使用关联树木法进行分析预测时，一般选用的是"多叉树"。关联树木法有很多种类，比较典型的有如下几种：

第一种，决策树木法。当企业要对产品开发、销售战略、技术引进等各方面做出决策时，就可以应用由关联树木法派生出来的决策树木法。使用决策树木法进行决策时，通常按照如下步骤操作：首先，把问题界定清楚，确定一个待解的目标；其次，提出与原有的解决问题方案不同的代替方案；最后，对提出的代替方案进行评价。通过上述3个阶段的工作，决策树木法对互相关联的若干问题拥有了各种各样的解题方案，进而根据不同外界环境选出最适合的方案付诸实施。

第二种，目标树木法。当要解决的问题确定之后，可以以问题的目标为出发点，分析为了达到这种目标必须考虑什么样的战略，而为了实现这种战略必须有什么样的战术，按顺序把目标分解，分开后制成的东西就是目标树。同时评价各个级别之间的相对重要程度，根据这种评价得出的关系，确定它们在整个项目中的地位，并且假定在各个级别中总和（即整个项目的重要性）为1。确定每一个问题在整个项目中的重要性，这一量化指标称为它的"权"。将一个子项目涉及的每一个问题"权"的值相乘，就可以计算这个子项目在全体中所占的值。

第三种，远景树木法。企业在开发新产品时，有必要预测这种产品销售时的环境。这种方法就称为远景树木法。

第四种，森林法。对于大型的项目，可以将小问题建成树木，再将这些树木转化成更大树木的"枝叶"，这样树木，就变成了森林。

第五种，定量化关联树木法。使用这一方法，就是在定性分析的基础上，把相关参数细化、量化，进行相关的计算、推导，提出解决问题的方案。

## 五、角色扮演法与游戏教学方法

### （一）角色扮演法

角色扮演法是通过戏剧的形式再现实际生活当中可能会遇到的各种情境。在农耕文化教育课程中将角色扮演法应用于教学，通过展示一个观点或程序，给出处理情况的练习或经历，获得某些学生对别人的行为、活动与态度的反应，为实际生活中正确对待这些问题提供了指导准则。这种方法的主要优点包括：增强学生处理实际问题的信心、提供角色扮演者的表演技能、为其他学生提供借鉴。但是，模拟问题与实际问题的偏差是不可避免的。另外，开展角色扮演也要求表演者具备比较高的表演天赋。如果处理不好上述问题，将会影响教学效果。

使用角色扮演法，应当注意以下3点：首先，教师需要做好"导演"；其次，角色扮演者需要做好"演员"；最后，应当鼓励其他学生做好"观众"。

在具体的教学工作中，教师应当首先设计教学需要的角色扮演"剧本"。需要说明的是，农耕文化教育课程所需要的"剧本"都有明确的教学目的，这与一般的戏剧和小品剧本是有本质区别的。因此，要保证逻辑严谨，剧本内容与所要反映的知识点相吻合。

在此基础上，在课前要选择"演员"，要求被选中的学生依照剧本进行排练。教师要全程参与学生的排练工作，对于学生的即兴发挥要控制，即便出现"演员"提出修改剧本的要求，也要权衡是否与教学目标相悖，如果与教学目标一致，可以适当修改。但必须要求学生按照定稿剧本演出。

在课堂上，学生开始表演前，教师要适当交代背景，同时要求其他同学带着思考观看

"演出"，提出一些供讨论或总结时使用的问题。当"演员"表演结束后，可以由学生进行讨论，然后选择学生代表发言，对教师预先提出的问题进行回答，表达个人看法。教师在学生发言的基础上进行总结，引出需要学生掌握的知识点。

使用角色扮演法，教师要牢牢控制整个教学进程，保证不偏离教学方向，实现角色扮演需要达到教学目标。

### (二) 游戏教学

采取体验式学习方式，在教学中更便于学生掌握劳动中的一系列复杂问题。

例如，在开展以预测、决策、计划3种表现形式为代表的劳动者决策教育时，可以通过课程理论的讲授实现。但要让学生更好地理解和掌握劳动者决策技能，就要首先分析劳动者决策的本质，在使用讨论、角色扮演等体验式学习方式的基础上，引入模拟商业等劳动活动的游戏环节开展游戏教学。

在农耕文化教育课程使用游戏参与教学的优点有：可以消除隔阂，建立友谊；消除疲劳，活跃课堂；突出主题，启发思考。但是，如果游戏设计过于简单，则不利于实现教学目的。同时，也必须看到如果学生只关注游戏本身，可能也会影响教学效果。因此，在引入游戏参与教学时，应当注意以下3点：首先，制定明确完整的游戏规则；其次，游戏与教学主题相匹配；最后，引导学生积极参与，还要注意做好游戏后的总结。

农耕文化教育课程所使用的游戏一般包括破冰游戏、暖场游戏和主题游戏。破冰游戏适用于课程开始时打破隔阂、互相认识；暖场游戏适用于课程中调动大家的积极性，活跃课堂气氛；主题游戏适用于特定主题，有助于启发学生深入思考，寓教于乐。

农耕文化教育课程所使用的主题游戏，即教学游戏模块，是课程使用的核心游戏，它是经过有关专家论证过的教学内容，也是教师帮助学生提高劳动能力的有效方法，这是其他大班型教学活动难以实现的。游戏模块与理工农医学科教学中的实验环节有许多相似之处，但也有差异。相同之处在于通过这种模拟，实现验证理论的目标，因此必须采取小组组合方式，让更多的人通过实践环节掌握教学目标所要求的知识。不同之处在于，理工农医学科教学中实验是验证性的，学生只要严格按照教师要求进行实验，所得出的结论，尤其是实验数据的精确程度是与理论教学要求所描述的高度一致，而且对实验的精度要求是比较高的。农耕文化教育课程所使用的游戏模块，要模拟的是变化的劳动者职场活动，游戏目标要求并不是追求一个数字上的精度，而是让学生通过游戏，掌握未来工作中可能面临的问题本质，这是一种以追求"质"的研究，而不是以追求"量"的研究为目的的实验。出现这种差异是农耕文化教育的性质所决定的。

从一定程度上说，劳动游戏与角色扮演法有相似之处，也有差异。

两者相似之处在于，通过模拟事件让学生掌握知识点。在活动之处都存在"剧本"，活动过程都依据教师设计的流程进行，活动结束后都有学生发言、教师总结环节。

两者差异之处在于，第一，劳动游戏的"剧本"是一个流程提纲（因此也有人认为这不算"剧本"），并且不会事先告知学生；第二，由于竞赛分组是在课上进行，游戏活动前讨论时间比较短，学生所订立的计划虽然可以通过数学方法进行计算，但由于游戏活动过程存在诸多不可预知因素，实际上最佳的方法应该是估值，这种模糊性与角色扮演法中的尽可能精确的要求有很大不同；第三，角色扮演法中教师会对"演员"进行大量提前布置，同时严格要求"演员"按照"剧本"演出，属于典型事前干预。而教师介绍"剧本"只讲明流程，并可以适当隐藏一些问题，希望学生通过思考、讨论、通过向教师提问的方式找到自己所需的信息。同时，在游戏过程中教师可以设计"障碍""突发事件"等，改变游戏的走向，属于典型的事中干预。

在开展游戏教学中，教师需要注意如下几方面的问题：

第一，规则、流程要讲清。在游戏教学中，教师首先要向全体学生介绍游戏规则，这个时候教师一定要把关键的、可能产生歧义的规则、流程讲清，以防止因为上述信息交代不清导致冲突出现。

第二，游戏要"入戏"，但不要"入戏"太深。在游戏教学中，教师要参与其中，充当一个辅助角色。教师可以通过自己的行为，引导学生积极进入游戏中，演绎好自己被定位的角色。但是，教师应该要时刻提醒自己是起引导作用的，不能深陷角色，被游戏环境带离教学方向。同时，教师也要注意不要让学生"入戏"太深，如果学生过度专注于游戏，而忘记了思考应当思考的游戏背后的东西，游戏的效果就会受到影响。

第三，要有脚本，同时要有预案，防止突发性事件的发生。在游戏教学中，学生积极进入游戏中被定位的角色后，会以积极竞争的心态进入游戏环境。这时，教师要根据场地情况做出预案，对可能出现的潜在隐患要做出预判，消除不安全因素（如在游戏采购环节中发生的碰撞等），保证学生在安全环境中开展游戏。对游戏教学中可能出现的争执，教师要提前预见，及时处理，保证游戏环节的平稳进行。

第四，教师总结要有现场感。农耕文化教育课程游戏模块总结环节十分重要，教师开展总结时要根据游戏现场出现的问题，与备课准备的提纲有机结合。切不可按照预先准备的讲稿自说自话，这样总结不仅没有现场感，而且容易漏掉学生通过游戏环节产生的关键问题，让学生失去针对自身不足点评的机会，不利于学生能力全面提升。

## 第三节　农耕文化教育与"五育"系统结合

在系统观思想的指导下，青少年农耕文化教育不再是一项单独的工作，而可以与原有的教育工作实现上下贯通。具体地说，农耕文化教育可以与"德、智、体、美、劳""五育"有机结合。

### 一、坚持文化自信把握青少年农耕文化教育的德育方向

在纲领文件指导下，让学生掌握正确的文化理念，树立文化自信，是做好劳动教育工作的目标之一。要学好农耕文化，首先就要坚持文化自信，把握中国农耕文化学习方向，在此基础上理解中国农耕文化的思想内涵，这样才能把握好学习农耕文化的方向和关键问题。2016年7月1日，庆祝中国共产党成立95周年大会在北京人民大会堂隆重举行。中共中央总书记、国家主席、中央军委主席习近平在大会上发表重要讲话。在讲话中，习近平总书记指出："坚持不忘初心、继续前进，就要坚持中国特色社会主义道路自信、理论自信、制度自信、文化自信，坚持党的基本路线不动摇，不断把中国特色社会主义伟大事业推向前进。"

对于首次提出的文化自信，习近平总书记这样定义："文化自信，是更基础、更广泛、更深厚的自信。在 5000 多年文明发展中孕育的中华优秀传统文化，在党和人民伟大斗争中孕育的革命文化和社会主义先进文化，积淀着中华民族最深层的精神追求，代表着中华民族独特的精神标识。我们要弘扬社会主义核心价值观，弘扬以爱国主义为核心的民族精神和以改革创新为核心的时代精神，不断增强全党全国各族人民的精神力量。"

习近平总书记的重要论述明确地告诉人们：努力实践马克思主义思想与中华优秀传统文化有机结合，在党和人民伟大斗争中孕育的革命文化和社会主义先进文化，才能更好地弘扬社会主义核心价值观，弘扬民族精神和时代精神，增强全党全国各族人民的精神力量。这也是开展"劳动教育"工作必须关注的问题。

习近平总书记在庆祝中国共产党成立 95 周年大会上的讲话中指出："当今世界，要说哪个政党、哪个国家、哪个民族能够自信的话，那中国共产党、中华人民共和国、中华民族是最有理由自信的。"

中华文化是世界上持续时间最长的文化。从理论逻辑看，中华文化具有互补多元的价值结构、具有开放包容的价值态度、和谐统一的价值取向。

文化自信、社会主义核心价值观，是实现中国梦的"加速度"，是弘扬中国精神的"源动力"，是凝聚中国力量的"向心力"，是坚持中国道路的"稳定力"。

人类文明的历史几乎就是农业文明的历史，任何一个国家，即使现代发达国家，现代工业文明无一不是在农业基础上发展起来的。农业文明形成了丰富多彩的多民族文明和文化。虽然农业生产属于自然科学技术范畴，但在历史上，由于农业所处的基础地位，农业已经成了人类意识形态的一种特殊形式，与宗教、哲学、道德、政治、法律思想、艺术等作为社会意识形态的社会精神文化成果产生了联系，并在与这些社会精神文化成果相互作用的过程中，融入人类精神文化生活之中，其中的文化部分则成为类精神文化的一个组成部分。不同地域、不同地理条件下农业生产活动的差异，也导致不同的农业类型、农业技术形态和文化的产生。以种植为主的农耕文化、以畜牧为主的游牧文化差异巨大。同时，在人类社会的早期，一些农业相关的活动，如人类对农业收成的企盼活动逐渐演化成一些形态各异的民俗和宗教仪式，成为不同地域和民族所独有的宗教、风俗和人文历史。

在世界古代历史存在的文明中，中华文明是唯一起源早、成就大，虽然曾经历经磨难、起伏跌宕，却始终没有中断的一种文明形态。学习 5000 多年文明发展中孕育的中华优秀传统文化，就需要研究中国的传统农业文明。

中国是世界农业文明起源地之一，中国古代的农业文明涉及的地域范围十分辽阔，气候环境跨越寒、温、热三带，地形包括辽阔的平原和盆地、连绵的高山和丘陵、众多的河流和湖泊。在相对独立、大小不同的地理单元内，自然条件复杂多样，既有适合于农业生产的环境，也有不利农业生产，甚至是农业生产严峻的地区。生活在不同地理单元的不同民族，基于自然条件和社会传统的多样性而形成差异巨大、丰富多彩的农业文化。这些因地域、民族差异而不同的文化在不断地交流中相互补充、相互促进，最终形成了中华民族多元交汇、博大恢宏的优秀传统文化体系。通过中国古代劳动人民的农业生产实践，传统农业形成了独具特色的中华文化。几千年农业社会里所形成的思想、观念，涉及社会生活的各个领域和各个方面，在中华民族优秀传统文化体系中占据重要地位。中国传统农业博大精深，内容既涉及人与自然这种宏观问题，也涉及以个性心理为代表的微观问题，这些都是在古代世界中既有广度又有深度的精神文化体系。

中国传统农业丰富的生产实践活动，使不同自然条件下的中国古代劳动人民扬长避短、克服困难，创造出巧妙的农艺技术，形成了以精耕细作为代表的农业科学技术优良传统。虽然，在中国古代历史上传统农业发展过程中遇到过许多困难和挫折，但是精耕细作的生产传统始终没有中断，这也成为中国民族面对各种困难时，古代农业生产和整个社会可以多次走出困境，实现复苏的重要因素。因此，以多元交汇、精耕细作为主要特点的中国古代农业，使中华民族的生产力水平在古代世界中长期处于领先地位，是中华文明具有的强大生命力的根本原因，也是中华文明得以持续发展的最深厚的根基和文化自信的源泉。

按照当下的社会生产力水平，传统农业作为农业发展的一种历史形态，已经落后于时代，用现代科学和现代装备改造农业，实现从传统农业向现代农业的过渡，已经成为中国社会主义建设的重要任务。传统农业文化的一些思想和观念也伴随着时代的变革而失去原有的规范力和影响力，新的文化观念已经被现代人所接受。但是，以中国传统农业精耕细作为代表的农业科学技术优良传统所凝结的中国古代不同历史时期劳动人民对中国自然条件的深刻认识，并没有因为社会制度的进步和农业生产技术、设备的更新而过时。以集约经营、提高土地生产率和土地利用率为目标的生产理念仍然是符合中国人口众多、耕地相对较少这一国情的意义深远的发展战略选择。

李约瑟博士指出："中国的骄傲应当是在许多方面，在思想和实践方面都作了先河，但可惜由于继承下来的经济和社会因素没能在中国使其发扬。"《齐民要术》中提出的指导农耕实践的系统思路，朴素的农业"一技术一社会经济大系统"理念，用养相结合使地力常新的可持续系统思维方法，以及建构农学体系的思想，开辟了世界农业系统思想的先河，不仅为人类文明做出了不朽的贡献，而且是当代中国发展农业的思想宝库。生长于中国农业社会土壤中的重视农业生产的总体，关注适应和利用农业生态系统中农业生物、自然环境等各种因素相互依存和相互制约的理念，是符合人类农业本质的，也在一定意义上反映了农业发展的方向。这正是这些深刻的理念顽强地突破了时空限制传承到当下，构成文化发展由传统到现代的根本原因。在西方现代农业环境污染、水土流失、能量投入与产业化下降等弊端逐渐暴露的背景下，人们开始努力从中国的传统经验中寻找解决问题的出路。因此，在中国实施乡村振兴战略、实现农业现代化过程中，精耕细作的优良传统仍然是具有强大的生命力的。"中国农业生产知识，很早就形成了一个哲学思想体系"。中国古代的四大农书，以及书中提出的天人合一、"天、地、人"的"三才理论"等，都对后世农业乃至后世文化有着深刻的影响。不仅如此，依托中国古代农业生产实践所形成的自强不息的民族精神、天人合一的"和合理念"，以及整体思维方式等优秀文化，不仅是研究中华古代文明的重要素材，而且是探索中国农业现代化道路，树立文化自信的重要精神源泉。

中华文化长期居于世界的秘诀和具有生命力的原因就在于它不仅善于自我发展，而且拥有博采众长的特质。"博采众长"理念中体现出系统的综合性，"博采众长"思想时刻提醒着开展劳动教育的教师，只要是好的、正确的都要积极引进。中国把马克思主义思想确立为指导思想，就是因为马克思主义思想符合中国国情。而实现马克思主义中国化，恰恰是"博采众长"不断创新的表现。

要更好地开展涉农劳动教育工作，一方面要了解中国传统农业丰富遗产；另一方面，要了解中华文化中的"博采众长"思想和实践成果。

一个国家和民族的发展必然是兼容并包的。中国历史上很多创新、社会发展与进步都是在吸收外来优秀文化基础上实现的。

在历史教科书里，赵武灵王"胡服骑射"变革中原的作战方式，使我国由车战时代进入了骑战时代，提高了军事作战能力。事实上，胡服除了有利于骑兵作战需要，在农业生产和生活中，比当时中原的服装也有着突出的优越性，使人们的生产劳动和其他社会活动更加便利，逐步成为中原地区的大众服饰。

张骞出使西域，虽然起初是出于军事目的，但西域开通以后，它的影响远远超出了军事范围。从西汉的敦煌，出玉门关进入新疆，再从新疆连接中亚、西亚的一条横贯东西的通道，再次畅通无阻。这条通道，就是后世闻名的"丝绸之路"。"丝绸之路"把西汉同中亚许多国家联系起来，促进了它们之间的政治、经济、军事和文化的交流。张骞出使西域促进了汉朝与西域地区国家之间的第一次文化交融。在农业领域，也使中国获得了很多新的物种和技术：西域的核桃、葡萄、石榴、蚕豆、苜蓿等十几种植物，逐渐在中原栽培。汉军在鄯善、车师等地屯田时使用地下相通的穿井术，习称"坎儿井"，在当地逐渐推广。

在新的历史时期，习近平总书记分别提出建设"新丝绸之路经济带"和"21世纪海上丝绸之路"的合作倡议。依靠中国与有关国家既有的双多边机制，借助既有的、行之有效的区域合作平台，"一带一路"倡议通过借用古代文化中"丝绸之路"的概念，高举和平发展的旗帜，积极发展与沿线国家的经济合作伙伴关系，共同打造政治互信、经济融合、文化包容的利益共同体、命运共同体和责任共同体。习近平总书记提出建设"一带一路"倡议、构建人类命运共同体，正是新时期中华文化自信的重要表现。

因此，在开展农耕文化教育，进而丰富涉农劳动教育内容的过程中，一定要注意有所取舍，努力传播文化精华。

## 二、将青少年农耕文化教育与体育有机结合

在中国以农业生产为主的时代，不仅产生了农耕文化，而且伴随着农耕文化也产生了灿烂的体育文化，将青少年农耕文化教育与体育有机结合可以从两个方面入手。

一方面，加强中国传统体育文化教育，可以帮助学生在养成锻炼习惯的同时理解中华文化的博大精深。受中国传统文化的影响，中国传统体育在价值上表现出"中庸"的价值原则。在整个体育过程中，强调"养生化"的价值主线，不刻意追求外在的负荷、强度和肌肉的收缩方式。力求通过养生使人体与自然相互交融，汲取日月精华、天地灵气，而使五脏通达、六腑协调。这是对西方体育价值取向中崇尚力量，力求通过体育达到肌肉与力量、速度的完美结合，并在整个体育过程中，强调通过剧烈地大负荷肌肉训练，塑造完美的人体形象理念的有益补充。中国传统体育文化中人与自然、人与社会和谐的思想，对于解决现代竞技体育领域出现的如"无道德竞争"等弊端意义重大。因此，可以在体育课程和校园体育活动中推广中华武术，并以此为平台开展"武德"教育。在教学和校园活动中，教育学生继承传统武德中的精华，把习武同发扬祖国灿烂文化、热爱祖国联系起来，培养强烈的

民族自豪感，维护中华民族的尊严。练武之人当有宽广的心胸，对人民要以礼待人，不恃武伤人，不以强凌弱；对危害祖国、人民利益的坏人、坏事要敢说敢管，见义勇为；保持不盗名、不夺利、不保守，乐于助人的美德；尊老爱幼，尊师重道，对前人和长辈的著作和经验要虚心学习，认真钻研，努力学习技术，刻苦练功，培养慈、勇、智、恒的坚强意志，拥有良好的身体素质，文武双全，为社会做出个人最大的贡献。

另一方面，以中国传统体育文化为基础养成正确体育锻炼观，理解体育劳动者锻炼的意义。在一段时期里，有一种观点很有市场："体力劳动者每天工作所消耗的能量不少，因此，不需要再进行锻炼。"要应对这种观点，劳动教育中就要引入人体医学知识，帮助学生理解，劳动只是部分人体器官参与，即便是体力劳动也不能完全调动全部身体部位参与。

群众体育文化主要体现在体育活动给参与者带来的快感和美感，并给社会带来健康和活力，全面发展、和谐发展是群众体育文化的核心理念。中国传统体育文化则是和历史悠久、博大精深的中国传统文化密切相关，追求与自然的和谐是其真谛。中国传统文化认为健康和长寿的根本因素在于人体的内部而不在于外部，人可以通过与自然的交换排除身体内部的浊气、吸取真气、五脏通达、六腑调和。中国传统体育虽然动作简单很少有强烈的肌肉运动却内涵深刻，重视自身修炼、追求内在和谐之美是中国传统体育文化的精髓。

### 三、挖掘农耕文化中美的元素促进农耕文化教育与美育融合

中国悠久的农耕文化，形成了世代相承的、与群众生活密切相关的各种非物质文化遗产。在这些非物质文化遗产中有很多是有美育价值的。挖掘非物质文化遗产的美育元素，促进农耕文化教育与美育融合，可以关注如下3方面的资源。

首先，欣赏中国农耕时代产生的传统戏剧，理解农耕文化内涵。

原始社会，人以歌娱神、自娱的习惯，埋下了中国戏剧艺术的种子。原始宗教祭祀活动中，巫觋扮神且歌且舞，既有明显的装扮对象、专职的扮演者，又有扮演成果的被观赏，这就是戏剧的萌芽。

中国最初的戏剧是汉代的"角抵戏"，演员三三两两，头戴牛角相抵。汉代百戏，也称散乐，是民间歌舞、杂技、武术、戏剧等杂耍娱乐节目的总称。

隋唐时期出现了参军戏，一般是两个演员，一个是参军，头脑愚痴；一个是苍鹘，头脑机灵，两人互相问答，多为滑稽讽刺的内容。其后发展为戏剧中的净和丑，一人扮演戏弄者，一人扮演被戏弄者，很像今天的相声。

北宋年间，都城东京有供艺人们演出献技的娱乐场所——"勾栏"，出现中国最早的戏剧——宋杂剧。宋杂剧是各种滑稽表演、歌舞和杂戏的统称。宋杂剧虽然没有形成严谨、宏大的完整体制，但其角色、演出程序、内容和风格都有了比较严格的定制。

大约在12世纪和13世纪，元杂剧在中原一带正式形成，并很快流行于北方广大地区。元杂剧是用元曲演唱的戏曲形式，是在金院本和诸宫调的基础上，广泛吸收了多种词曲和技艺发展而成。剧本体裁一般每本四折，每折用同一宫调，若干曲牌组成套曲，角色有正末、正旦、净等。著名的元杂剧作家有关汉卿、王实甫等。现存作品有150种左右，优秀作品有《窦娥冤》《西厢记》《赵氏孤儿》《李逵负荆》等。14世纪中叶后，杂剧的黄金时

代已去，南戏开始流行。南戏的曲调形式和唱词格式变化很多，适合表现各式人物的情感，角色行当也较杂剧齐全，代表作是高则诚的《琵琶记》。

明清的传奇是以演唱南曲为主的一种戏曲形式，结构紧凑、整齐，情节复杂，人物刻画细致，曲调、表演艺术、角色分行等有进一步发展，每本传奇一般分为四五十出不等。明清两代传奇作家代表作有：汤显祖的《牡丹亭》、洪昇的《长生殿》、孔尚任的《桃花扇》等。在明嘉靖到清乾隆年间，戏剧形成了五大声腔系统，即高腔、昆腔、弦索、梆子和皮黄，其中昆腔委婉动听，集南北曲之大成，深得人们喜爱，流传至今。从乾隆到道光年间，各大声腔在"合班"演出中相互影响，形成了一种新的大型剧种，即中国国粹之一——京剧。清末，民间地方戏纷纷崛起，如花鼓戏、采茶戏、花灯戏、秧歌戏等都很有影响。

中国传统戏剧有 360 多个剧种，其中影响较大有：京剧、评剧、越剧、黄梅戏、豫剧、吕剧、昆剧、川剧、粤剧、沪剧、桂剧、汉剧、楚剧、湘剧、淮剧、绍剧、藏剧、吉剧等。欣赏这些戏剧可以帮助欣赏者领略中国历史，理解农耕文化内涵。

其次，欣赏中国传统曲艺精品，挖掘农耕文化中的美育元素。

曲艺是各种说唱艺术的总称，就是用带表演动作的说唱来叙述故事，塑造人物，表达思想感情，反映社会生活。唐代的"说唱""转变"等是后来曲艺的雏形。宋代"说话""鼓子词""诸宫调""唱赚"等艺术十分流行。元明清三代，由于文人的参与创作，出现了《三言》《二拍》等话本小说，曲艺发展很快。新中国成立后，曲艺得到发展的良机，全国有影响的曲种达 300 多个。

曲艺可以一人饰多角，表演演员需要的少，往往一至三个即可，简便易行。曲艺化装简单，仅仅面部略加修饰，衣饰也不分角色变换，多为女旗袍、男长衫，属于清唱、清说一类。曲艺场地不用布景、要求不高，舞台、堂会、庙会、道边均可，一般不用道具或只用扇子、醒木、竹板等极简单的道具。

曲艺的主要艺术手段是说和唱，运用从生活中提炼出来的生动形象，说唱化的语言来讲述故事，描绘人物，状物写景，抒发感情。曲艺主要诉诸观众的听觉，它在视觉方面的艺术职能是次要的。所以，曲艺说唱底本直接来源于生活，语言生动活泼、洗练精美、适于说唱。

中国戏剧中的一些剧种，也是由曲艺发展而来的：东北的吉剧由二人转发展而来，南方滑稽戏的前身是独脚戏。同时，不少曲艺中的身段、程式动作等表演成分又从戏剧中吸收了养料。中国曲艺是来自民间的一种充满泥土味的说唱艺术，因此还同民间音乐、各地方言关系密切。

中国曲艺有 400 多个曲种，光彩夺目，其中有说的、唱的、说唱结合的、似说非唱的。其中，比较有代表性的形式有：评书、大鼓、相声、弹词、二人转、河南坠子、山东快书、河北梆子、四川清音、好来宝、赞哈、大本曲等。

研究中国传统曲艺蕴含的美育元素，可以在鉴赏艺术的同时理解农耕文化的脉络。

最后，体验民间音乐和舞蹈，愉悦身心。

民间音乐主要包括民间歌曲、民间器乐、舞蹈音乐和说唱音乐等。各类民间丝竹曲，如《春江花月夜》《将军令》，广东乐曲《旱天雷》《雨打芭蕉》，福建乐曲《梅花操》，民间音乐家阿炳所传的《二泉映月》《听松》等是器乐曲的优质作品。民歌起源于《诗经》《楚辞》，后发展为汉乐府、唐曲子、明清小曲。历代的民歌包括号子、山歌、小调 3 类，都是劳动人民的智慧结晶。

民间歌曲即民歌，作为劳动者口头创作的作品，地域特色十分明显，与当地文化资源融为一体。中国地域辽阔，民族众多，自然环境、风土人情差异较大，每个民族都有自己风格独特的民歌。汉族民歌分为号子、山歌、小调三类。号子是集体进行重体力劳动时鼓劲用的民歌，一领众和，亦歌亦呼，旋律简单，节奏鲜明，粗犷豪放，刚健雄浑；山歌大多是根据环境即兴而发，直抒胸臆，顺口成歌，曲调高昂，节奏自由；小调形式比较规整，旋律强，细腻含蓄。蒙古族民歌、哈萨克族民族、藏族民歌、维吾尔族民歌是比较有代表性的少数民族民歌。

民间器乐曲分为锣鼓、吹打和丝竹 3 种类型。锣鼓是锣、鼓、铙、钹等打击乐器合奏，常在民间的喜丧活动中使用，代表性曲目有《万花灯》《下西风》等；吹打多在节庆庆典中出现，主要使用唢呐、管、笛、笙，辅以锣鼓，气氛热烈，旋律奔放，节奏欢快，音响洪亮，代表性曲目有《满庭芳》《大辕门》等；丝竹用二胡、三弦、琵琶、扬琴等丝弦乐器和笙、笛、箫、管等竹制管乐器合奏，辅以板鼓而不用锣鼓，风格优雅华丽，曲调流畅委婉，富有江南水乡情韵，代表性曲目有《梅花三弄》《柳青娘》《欢乐歌》《春江花月夜》等；广东音乐也属于丝竹类，乐器有高胡、扬琴、秦琴、箫等，乐曲柔美悠扬，婉转流利，韵厚味绵，意境幽远，富有南国风味，代表曲目有《雨打芭蕉》《平湖秋月》《龙飞凤舞》《三潭印月》《步步高》等。

舞蹈音乐主要包括秧歌舞、花灯舞、狮子舞等，以锣鼓伴奏，有人物和情节的歌舞表演演唱的伴奏、无伴奏干唱、丝竹伴奏等。

说唱音乐主要包括唱腔和伴奏两部分。唱腔结构包括联曲体和板式变化体两种，可以唱、白相间叙述故事，也可以仅唱不说。不同种类的说唱艺术有不同的伴奏乐器和伴奏方式。弹词以三弦、琵琶为主。京韵大鼓由唱者自打鼓、板，以二胡、四胡等弦乐器伴奏。单弦以三弦伴奏，唱者手打八角鼓为节。琴书以扬琴为主。

舞蹈是人类最古老的艺术，在中国新石器时代的仰韶文化中，就已经出现附有乐器伴奏的连臂踏歌的集体舞蹈。《诗经》也记载很多舞蹈场面。汉代设"乐府"官署，专门收集歌舞。唐代教坊中有许多优秀的民间歌舞艺人。宋元以后歌舞的地位逐渐被新兴的戏曲所取代，但民间舞蹈不仅得以保存，而且继续发展。

中国有 56 个民族，由于文化传统、习俗不同，各民族都有自己独特的传统舞蹈。比较有代表性的有傩舞、秧歌、花灯、狮子舞、萨满舞、耍大头、旱龙船、芦笙舞、孔雀舞、扇子舞、铜鼓舞、腰鼓舞、舞龙灯等。

民间音乐和舞蹈由于对表演者艺术基础要求不高，比较便于参与，这样可以更好地品读农耕文化的魅力。

### 四、正确理解相关概念把握青少年农耕文化教育中劳动教育的方向

前文已经分别给出"劳动"和"劳动教育"的定义。但是，一个值得注意的话题是：在开展劳动教育时，简单地用职业教育和职业教育体验来代替劳动教育的观点，例如，"让职业院校担纲策划、设计所在区域所有学校，包括幼儿园、中小学甚至大学的劳动教育课

程。""让职业院校的师生到本地区所有学校,包括幼儿园、中小学甚至大学担任劳动教育课的授课教师。"等观点也越来越盛行。

2020年3月20日印发的《中共中央 国务院关于全面加强新时代大中小学劳动教育的意见》明确指出:"根据各学段特点,在大中小学设立劳动教育必修课程,系统加强劳动教育。"文件同时指出:"小学低年级要注重围绕劳动意识的启蒙,让学生学习日常生活自理,感知劳动乐趣,知道人人都要劳动。小学中高年级要注重围绕卫生、劳动习惯养成,让学生做好个人清洁卫生,主动分担家务,适当参加校内外公益劳动,学会与他人合作劳动,体会到劳动光荣……初中要注重围绕增加劳动知识、技能,加强家政学习,开展社区服务,适当参加生产劳动,使学生初步养成认真负责、吃苦耐劳的品质和职业意识。普通高中要注重围绕丰富职业体验,开展服务性劳动、参加生产劳动,使学生熟练掌握一定劳动技能,理解劳动创造价值,具有劳动自立意识和主动服务他人、服务社会的情怀……高等学校要注重围绕创新创业,结合学科和专业积极开展实习实训、专业服务、社会实践、勤工助学等,重视新知识、新技术、新工艺、新方法应用,创造性地解决实际问题,使学生增强诚实劳动意识,积累职业经验,提升就业创业能力,树立正确择业观,具有到艰苦地区和行业工作的奋斗精神,懂得空谈误国、实干兴邦的深刻道理;注重培育公共服务意识,使学生具有面对重大疫情、灾害等危机主动作为的奉献精神。"

领会文件精神,不难发现"参加生产劳动"是中学阶段的工作,小学生直接参加生产劳动存在安全隐患和风险。普通高等学校要明确劳动教育主要依托课程。事实上,很多历史悠久的本科院校是十分重视劳动教育和义务劳动等活动,如清华大学等高校就有组织学生开展义务劳动的传统,而且这种传统义务劳动在改革开放以后还逐步丰富成为志愿者服务的一种特色活动。而且,很多高校的义务劳动就是以体力劳动形式存在的。

习近平总书记强调,"要树立正确的世界观、人生观、价值观,掌握了这把总钥匙,再来看看社会万象、人生历程,一切是非、正误、主次,一切真假、善恶、美丑,自然就洞若观火、清澈明了,自然就能做出正确判断、做出正确选择"。

人生目的、人生态度、人生价值构成了人生观的核心内容。一个人为什么而活动,一生的理想和目标是什么,正确的人生观会帮助人们做出正确的人生决定。例如,东北大学就有"1955届冶金、机电和建筑系毕业生在毕业离校前夕,用自己的义务劳动开辟运动场,作为毕业礼物奉献给母校"的事迹,这座体育场也被学校命名为"五五体育场"。在中国经济并不发达、学生可支配的生活费用不多的时代,很多毕业生是不可能像当代大学生一样购买一件有纪念意义的商品,作为集体留给学校的礼物的。但是,东北大学(当时学校名为东北工学院)的1955届毕业生,却用自己辛勤的汗水、无私奉献,为母校留下了至今还在使用的运动场。可以说,"五五体育场"不仅是1955届毕业生留给学校的珍贵礼物,也是让后来东北大学的学生肃然起敬的劳动教育实例,更是他们自己树立在母校的一座丰碑。东北大学1955届毕业生的一个阶段性的义务劳动,看上去似乎平凡,却是正确人生观的体现。

劳动观是劳动者对劳动的基本看法和基本态度,是劳动者在劳动过程和择业过程中的具体表现,决定了劳动者对劳动的价值判断和价值选择。劳动者为什么要劳动?或者说劳动者是为了什么劳动?首先是为了生活,为了更美好、更幸福地生活。但是,更高境界的劳动观就是为了更多人更美好、更幸福地生活。在那些为祖国建设而远赴条件艰苦地区的建设者，以及为了国家而隐姓埋名多年的"两弹一星"的功臣身上，都体现了为了更多人更美好、更幸福地生活而付出劳动的理念，这种思想带有明显的利他性，也是当今社会需要倡导的劳动观。

不仅如此，在中国共产党的发展历史上，有很多有名的劳动运动，不仅可以成为劳动教育课的教学内容，而且可以成为劳动教育课融入德育观点的典型案例。例如，抗战进入相持阶段后，由于日军作战逐步转向敌后战场，以及国民党实行"消极抗日、积极反共"的政策，陕甘宁边区在经济和财政上日益困难。1940年冬，国民党政府不仅完全停发八路军的薪饷、弹药和被服等物资，而且调动几十万军队对陕甘宁边区和其他抗日根据地实行军事包围和经济封锁。在这种情况下，中共中央把发展生产作为解决经济财政问题的关键，在边区开展了大生产运动。中央领导人身先示范、参与生产，更是成为中国历史上一笔宝贵的精神财富。在这个过程中，毛泽东、朱德带头开荒种菜，周恩来、任弼时带头学习纺线，陈云、张闻天带头参与生产的故事，都被传为佳话。

马克思主义中国化就是将马克思主义基本原理同中国具体实际相结合，不断形成具有中国特色的马克思主义理论成果的过程。具体地说，就是把马克思主义基本原理同中国革命、建设和改革的实践结合起来，同中国的优秀历史传统和优秀文化结合起来，既坚持马克思主义，又发展马克思主义。一是马克思主义在指导中国革命、建设和改革的实践中实现具体化；二是把中国革命、建设和改革的实践经验和历史经验上升为马克思理论；三是把马克思主义植根于优秀的中华文化之中。因此，在理解"劳动"和"劳动教育"之后，用当代马克思主义中国化成果中关于农业的论述，指导青少年农耕文化教育与劳动教育的意义十分重大。

农业是一个国家国民经济和社会发展的基础，没有农业的现代化，就不可能有整个国民经济的现代化。新中国成立以后，中国也一直将农业作为国民经济的基础。中共历届领导人都十分重视农民问题和农业发展问题，他们在探索中国社会主义现代化建设的道路中，把马克思主义基本原理与中国实际相结合，逐渐形成了具有中国特色的农业现代化思想。在改革开放之初，改革开放的总设计师邓小平同志领导全面实施的农村家庭承包责任制，极大地解放和发展了农村生产力，使我国农业与农村发生了巨大变化，农业现代化建设取得了长足进步。邓小平同志一贯坚持经济工作要确立"以农业为基础、为农业服务"的思想，他指出，"工业越发展，越要把农业放在第一位"。

随着时间的推移，尤其是在工业及其他领域的改革不断深入，中国现代农业发展现状远远滞后于工业化、信息化与城镇化发展水平的情况开始显现，中国农业现代化已成为"实现四个现代化"目标各领域同步发展中的短板。在新的历史时期，加快农业现代化建设是我国经济社会可持续发展的必然要求和重要基础。用当代马克思主义中国化成果指导农耕文化、涉农劳动教育，保持涉农劳动教育的正确方向，就需要深入学习习近平农业思想，并用科学的理论指导中国农业现代化建设的伟大实践。

党的十八大以来，以习近平总书记为核心的新一届中央领导集体，从理论与实践创新的思想逻辑和历史经验出发，领导全党继续深入开展农业、农村与农民问题的研究，并制定了新形势下国家发展总战略下的实现农业现代化的重大战略方针。习近平总书记在继承历届中央领导集体的农业发展思想、总结不同时期与地区农村基层工作的实际经验的基础上，结合进入新的历史时期之后农村实践发展中出现的新情况、新问题，提出稳固农业基础地位、科技兴农、农村市场化、"三位一体"新型合作化，以及"大农协"和"大农政"体制等一系列新观点、新思路、新举措，形成系统的现代农业发展的思想体系，为新时期我国农业现代化建设提供理论指导。进行农耕文化及涉农劳动教育必须首先学习这些重要思想，把握农耕文化及涉农学习的方向。

在具体的工作中，应当领会习近平总书记提出的如下几个方面农业思想的主要内容：

第一，保障粮食安全，是农业现代化发展的首要任务。农业是国民经济发展的基础，更是稳民心、安天下的战略产业。粮食安全问题是关乎国家发展和政权稳固的根本问题，保障粮食安全历来是中国国家的根基与国本。习近平总书记更是从治国安邦的高度把握粮食安全的重要性，将保障国家粮食安全置于经济建设的首要地位，明确提出要构建新形势下的国家粮食安全战略，他指出："要加强和巩固农业基础地位，加大对农业的支持力度，加强和完善强农惠农富农政策，加快发展现代农业，确保国家粮食和重要农产品有效供给。"2020年12月28日至29日，中央农村工作会议在北京举行。习近平总书记出席会议并发表重要讲话，再次指出："要牢牢把住粮食安全主动权，粮食生产年年要抓紧。要严防死守18亿亩耕地红线，采取长牙齿的硬措施，落实最严格的耕地保护制度。要建设高标准农田，真正实现旱涝保收、高产稳产。要把黑土地保护作为一件大事来抓，把黑土地用好养好。要坚持农业科技自立自强，加快推进农业关键核心技术攻关。要调动农民种粮积极性，稳定和加强种粮农民补贴，提升收储调控能力，坚持完善最低收购价政策，扩大完全成本和收入保险范围。地方各级党委和政府要扛起粮食安全的政治责任，实行党政同责，'米袋子'省长要负责，书记也要负责。要深入推进农业供给侧结构性改革，推动品种培优、品质提升、品牌打造和标准化生产。要继续抓好生猪生产恢复，促进产业稳定发展。要支持企业走出去。要坚持不懈制止餐饮浪费。"

第二，推进科技兴农。在当地中国农业生产进入高成本、高风险、资源环境约束趋紧阶段后，要实现农业现代化必须依靠科技进步，积极推进科技兴农，加快改造传统农业，走具有中国特色的农业现代化道路。2013年11月，习近平总书记在山东省农业科学院举行座谈会时强调："解决好'三农'问题，根本在于深化改革，走中国特色现代化农业道路。要给农业插上科技的翅膀，加快构建适应高产、优质、高效、生态、安全农业发展要求的技术体系。"

第三，加强组织化，实现农村市场化道路。农民要想成为农村改革与建设的主体，就必须提高组织化程度。改造传统农业、实现农村市场化建设和中国特色农业现代化道路的目标，就需要走组织化的农村市场化道路。习近平总书记早在1999年就指出："农村市场化是农村改革和发展的关键。"此后，习近平总书记在其博士论文《中国农村市场化建设研究》中进一步提出："要走组织化的农村市场化发展路子。"只有将农民组织起来，才能"使农民尽快安全、顺利地进入国内外市场，并能够有效地降低进入市场的成本，提高农产品的市场竞争力、市场占有率"。同时指出：中国如果不能在新的世纪中将广大农民组织起来，通过"帮"的方式引导他们安全、顺利地进入国内和国际两个市场，那么"要加快推进农村市场化建设和加快实现农业现代化都将是不可能的"。

第四，建立"三位一体"新型合作化机制。20世纪90年代初，邓小平同志提出关于中国社会主义农业改革和发展的"两个飞跃"的论断，废除人民公社、实行家庭联产承包为主的责任制为第一个飞跃，适应科学种田和生产社会化的需要来发展适度规模经营、发展集体经济为第二个飞跃。实现第二个飞跃，就是用适度的规模经营、发展集体经济的方式，改造传统农业，解决城镇化和农民职业非农化进程，不断加快引发的农村耕地撂荒现象不断加剧等问题。针对此问题，习近平总书记早在2006年任浙江省委书记期间，就提出了要建立新型合作经济联合组织、建立"三位一体"新型合作化机制的构想。"三位一体"是指三类合作组织（农民专业合作、供销合作、信用合作）的一体化，也是三重合作功能（金融、流通与科技）的一体化，又是三级合作体系（经济合作组织、群众自治团体与行政辅助机构）的一体化。

第五，统筹推进"大农协"与"大农政"。为了解决推广"三位一体"合作组织过程中可能遇到的来自农资、农贸、农技机构等涉农部门的阻力问题，习近平总书记在"三位一体"的构架下创新性提出"大农协"和"大农政"体制。

"大农协"实现了横向和纵向的两个联合，即基层合作社横向联合以达到一定的规模效应，而为了减少信息的不对称，基层横向联合规模又不能太大，这时就需要纵向的一个联合，即农民专业合作、供销合作、信用合作，以及农村经济合作社、资金互助社等各级各类合作社都加入"大农协"。因此，农民专业合作社实现规范化管理，供销社回归"三农"与回归合作制，合作银行的小股东通过"农协"托管持股合作银行，而合作银行又依托"农协"和合作社发展信用评级来控制风险。在客观总结"日韩模式"和"欧美模式"经验的基础上，习近平总书记指出，各（欧共体）成员国除了注重运用法律手段外，都实行了"大农业"范围的行政管理。针对国内现状，习近平总书记主张尽快改革政府管理体制，提出建立从农业生产资料的经营到农产品进出口贸易各个环节进行统一管理的政府管理体制，同时要及时有效地对农产品的生产、流通和国际贸易，以及三个市场（农业要素市场、农村消费品市场、农村工业品市场）的供求关系进行宏观调控。只有统筹推进"大农协"与"大农政"，将自下而上的合作体系建设和自上而下的行政管理体制改革结合起来，才能在降低成本的同时，提高行政效能，也只有逐步整合政府支农资源，农村合作组织才能迅速得以茁壮成长。在此基础上，习近平总书记进一步从乡村振兴战略角度发展了"大农协"与"大农政"理念。在2020年12月28日至29日召开的中央农村工作会议讲话中，习近平总书记强调："全面实施乡村振兴战略的深度、广度、难度都不亚于脱贫攻坚，必须加强顶层设计，以更有力的举措、汇聚更强大的力量来推进。一是要加快发展乡村产业，顺应产业发展规律，立足当地特色资源，推动乡村产业发展壮大，优化产业布局，完善利益联结机制，让农民更多分享产业增值收益；二是要加强社会主义精神文明建设，加强农村思想道德建设，弘扬和践行社会主义核心价值观，普及科学知识，推进农村移风易俗，推动形成文明乡风、良好家风、淳朴民风；三是要加强农村生态文明建设，保持战略定力，以钉钉子精神推进农业面源污染防治，加强土壤污染、地下水超采、水土流失等治理和修复；四是要深化农村改革，加快推进农村重点领域和关键环节改革，激发农村资源要素活力，完善农业支持保护制度，尊重基层和群众创造，推动改革不断取得新突破；五是要实施乡村建设行动，继续把公共基础设施建设的重点放在农村，在推进城乡基本公共服务均等化上持续发力，注重加强普惠性、兜底性、基础性民生建设。要接续推进农村人居环境整治提升行动，重点抓好改厕和污水、垃圾处理。要合理确定村庄布局分类，注重保护传统村落和乡村特色风貌，加强分类指导；六是要推动城乡融合发展见实效，健全城乡融合发展体制机制，促进农业转移人口市民化。要把县域作为城乡融合发展的重要切入点，赋予县级更多资源整合使用的自主权，强化县城综合服务能力；七是要加强和改进乡村治理，加快构建党组织领导的乡村治理体系，深入推进平安乡村建设，创新乡村治理方式，提高乡村善治水平。"

# 参考文献

巴里·康芒纳，1997. 封闭的循环[M]. 侯文蕙，译. 长春：吉林人民出版社.
班固，2005. 汉书[M]. 北京：中华书局.
陈昌曙，1993. 哲学视野中的可持续发展[M]. 北京：中国社会科学出版社.
陈昌曙，2012. 技术哲学引论[M]. 北京：科学出版社.
邓小平，1983. 邓小平文选[M]. 北京：人民出版社.
恩格斯，1972. 自然辩证法[M]. 北京：人民出版社.
傅世侠，罗玲玲，2000. 科学创造方法论[M]. 北京：中国经济出版社.
高志亮，李忠良，2004. 系统工程方法论[M]. 西安：西北工业大学出版社.
官春云，2000. 农业概论[M]. 北京：中国农业出版社.
胡绍宗，2019. 空间、手艺和仪式：农耕文化的整合记忆[M]. 上海：上海文艺出版社.
胡跃高，2000. 农业总论[M]. 北京：中国农业大学出版社.
黄楠森，杨寿堪，1993. 新编哲学大辞典[M]. 太原：山西教育出版社.
景中强，2004. 马克思精神生产理论研究[M]. 北京：中国社会科学出版社.
李根蟠，2011. 农业科技史话[M]. 北京：社会科学文献出版社.
李宗正，1996. 西方农业经济思想[M]. 北京：中国物资出版社.
梁启超，2003. 梁启超散文[M]. 上海：上海科学技术文献出版社.
刘向兵，2020. 劳动通论[M]. 北京：高等教育出版社.
罗玲玲，1998. 创造力理论与科技创造力[M]. 沈阳：东北大学出版社.
罗玲玲，2006. 创新能力开发与训练教程[M]. 沈阳：东北大学出版社.
马克思，1975. 资本论[M]. 北京：人民出版社.
马克思，2006. 1844年经济学哲学手稿[M]. 北京：人民出版社.
闵庆文，杨东升，王斌，2020. 四川郫都林盘农耕文化系统[M]. 北京：中国农业出版社.
内尔·诺丁斯，2009. 幸福与教育[M]. 龙宝新，译. 北京：教育科学出版社.
庞元正，董德刚，2004. 马克思主义哲学前沿问题研究[M]. 北京：中共中央党校出版社.
乔治·巴萨拉，2000. 技术发展简史[M]. 周光发，译. 上海：复旦大学出版社.
沈凤英，秦丽娟，2020. 农耕文化与乡村旅游[M]. 北京：中国农业出版社.
施培公，1999. 后发优势[M]. 北京：清华大学出版社.
斯塔夫里阿诺斯，1999. 全球通史[M]. 吴象婴，译. 上海：上海社会科学院出版社.
宋应星，2008. 天工开物[M]. 沈阳：万卷出版社.
瓦罗，1981. 论农业[M]. 王家绶，译. 北京：商务印书馆.
王宏，2020. 2019年中国庆阳农耕文化节论文集[M]. 北京：中国农业出版社.
习近平，2014. 习近平谈治国理政[M]. 北京：外文出版社.

亚历山大·科萨科夫,威廉姆·N.斯威特,2006.系统工程原理与实践[M].胡保生,译.西安:西安交通大学出版社.
约翰·齐曼,2002.技术创新进化论[M].孙喜杰,曾国屏,译.上海:上海科技教育出版社.
张岱年,方克立,1994.中国文化概论[M].北京:北京师范大学出版社.
张芳,王思明,2011.中国农业科技史[M].北京:中国农业科学技术出版社.
张岂之,1994.中国传统文化[M].北京:高等教育出版社.
张伟刚,2006.科学方法论[M].天津:天津大学出版社.
张子睿,2005.创造性解决问题[M].北京:中国水利水电出版社.
张子睿,2008.大学生创新与创业能力提升[M].北京:科学出版社.
张子睿,2015.创造创新理论与实践[M].北京:光明日报出版社.
赵惠田,谢燮正,1987.发明创造学教程[M].沈阳:东北工学院出版社.
中共中央马克思恩格斯列宁斯大林著作编译局,1995.马克思恩格斯全集[M].北京:人民出版社.
中央编译局,1956.列宁哲学笔记[M].北京:人民出版社.
邹珊刚,1987.技术与技术哲学[M].北京:知识出版社.